■ 高校学生事务管理丛书

# 广东高校学生事务管理精品项目

广东省高等学校思想政治教育研究会学生工作专业委员会　编

GUANGDONG GAOXIAO XUESHENG
SHIWU GUANLI JINGPIN XIANGMU

中山大学出版社
SUN YAT-SEN UNIVERSITY PRESS
·广州·

版权所有　翻印必究

**图书在版编目（CIP）数据**

广东高校学生事务管理精品项目/广东省高等学校思想政治教育研究会学生工作专业委员会编．—广州：中山大学出版社，2020.3
（高校学生事务管理丛书）
ISBN 978-7-306-06470-7

Ⅰ. ①广…　Ⅱ. ①广…　Ⅲ. ①高等学校—学生工作—研究—广东　Ⅳ. ①G645.5

中国版本图书馆 CIP 数据核字（2018）第 244853 号

| | |
|---|---|
| 出 版 人： | 王天琪 |
| 策划编辑： | 赵　婷 |
| 责任编辑： | 赵　婷 |
| 封面设计： | 曾　斌 |
| 责任校对： | 曾育林 |
| 责任技编： | 何雅涛 |
| 出版发行： | 中山大学出版社 |
| 电　　话： | 编辑部 020-84110771，84111997，84110779，84113349 |
| | 发行部 020-84111998，84111981，84111160 |
| 地　　址： | 广州市新港西路 135 号 |
| 邮　　编： | 510275　　传　真：020-84036565 |
| 网　　址： | http://www.zsup.com.cn　　E-mail:zdcbs@mail.sysu.edu.cn |
| 印 刷 者： | 佛山市浩文彩色印刷有限公司 |
| 规　　格： | 787mm×1092mm　1/16　21.75 印张　415 千字 |
| 版次印次： | 2020 年 3 月第 1 版　2020 年 3 月第 1 次印刷 |
| 定　　价： | 60.00 元 |

如发现本书因印装质量影响阅读，请与出版社发行部联系调换

## 编 委 会

主　　编：刘洁予
执行主编：陈保瑜　姜　冰　张　剑　郑梦婕

# 序

习近平总书记在全国高校思想政治工作会议上强调，高校思想政治工作关系高校培养什么人、如何培养人以及为谁培养人这个根本问题。总书记在全国教育大会上又指出，"培养什么人，是教育的首要问题"，教育必须把培养社会主义建设者和接班人作为根本任务，培养一代又一代拥护中国共产党领导和社会主义制度、立志为中国特色社会主义奋斗终生的有用人才。这是教育工作的根本任务，也是教育现代化的方向目标。按照习近平总书记的要求，高校学生事务管理教师和思想政治教育工作者必须牢牢抓住立德树人这一中心环节，坚持全员育人、全过程育人、全方位育人，围绕关照学生、服务学生、助力成长的宗旨，努力构建"大思政"育人工作体系。这些项目当中，既有运用新媒体新技术，推动思想政治教育工作传统优势同信息技术高度融合，增强时代感和吸引力的网络思政；又有形式多样、健康向上、格调高雅的校园文化活动；还有历练敢于担当、不懈奋斗、乐于奉献的社会实践；更有培养领袖气质、刚健有为的学生骨干培训活动。这大大丰富了学生的生活体验、精神追求，不断提高了学生的思想水平、政治觉悟、道德品质、文化素养，完善了高校人才培养体系。

广东省高等学校思想政治教育研究会学生工作专业委员会每年在全省高校范围内开展高校学生事务管理精品项目评选，是对学生事务管理教师和思想政治教育工作者的激励。特别是把第四届获奖的优秀项目汇编成册，为全省学生事务管理的传承与提升作出实质性的贡献。这本书具有实用性、启发性和示范性。书中的案例从高校到专业都有代表性，领域覆盖面广，每个学生工作者都可以从中找到适合自己所负责学生的特点的案例来借鉴，然后打磨自己的学生事务管理项目，开展大学生第二课堂教育的探索。这是一本既适合辅导员培训，也适合党团、社团学生干部培训的教材。

尽管本人从事学生工作已有28年，今天读起这些精品项目依然很受启发，很受感染,感受到学生工作者的爱心和智慧、坚持与奉献,也感受到学生的纯真和可爱、聪明与精进。

许俊卿

中山大学光华口腔医学院、附属口腔医院

党委副书记兼纪委书记

# 目　　录

只为你的微笑里有阳光的味道
　　——中山大学光华口腔医学院"爱牙护齿"宣教义诊实践活动 ………… 1
砼人携手互助工作站 …………………………………………………………… 8
以学生党员标杆系统建设工程 ………………………………………………… 15
传承容国团精神 ………………………………………………………………… 23
红网工程 ………………………………………………………………………… 29
融合新媒体，探索智慧育人 …………………………………………………… 36
"红色先锋，愿景支部"4D建设工程 ………………………………………… 43
梦想创新园
　　——大学生创新育人平台的构建与实践 ………………………………… 53
学生党支部培训"微"课堂 …………………………………………………… 62
以非物质文化遗产为载体培育大学生社会主义核心价值观 ………………… 69
"七彩集体"促进学生全面发展 ……………………………………………… 75
"德学修身，五进育人"大学生素质提升工程 ……………………………… 85
"立德树人"5A卓越引领计划 ………………………………………………… 94
"生涯梦工坊" ………………………………………………………………… 102
打造校园法律文化周活动品牌，推进法律服务与实践育人平台建设 ……… 108
高职学生职业核心能力培养机制建设 ………………………………………… 115
以竞赛促素质 …………………………………………………………………… 122
大手牵小手 ……………………………………………………………………… 129
"党建、传统文化教育、半军事管理"相结合的育人模式 ………………… 137
汕头大学校领导与学生餐会项目 ……………………………………………… 143
宿舍民主生活会 ………………………………………………………………… 152
"农"情蜜意 …………………………………………………………………… 159
"搭把手"工程学院党团志愿服务队 ………………………………………… 167

| | |
|---|---|
| 基层党校工作室微服务 | 174 |
| 仲恺时光网络文化工作室 | 181 |
| "十大教育之星"评选 | 187 |
| 临床医学八年制医学生暑期人文技能实践 | 194 |
| "五室一站"实践育人项目 | 200 |
| 创新引领，艺术育人 | |
| ——"艺术与社会"双实践的学生事务管理项目 | 206 |
| 学长导航 | |
| ——江门职业技术学院教育与教育技术系学长计划项目简介 | 214 |
| 创客启梦空间 | 225 |
| 工学结合，学以致用；校企合作，协同育人 | |
| ——汕头职业技术学院"助学—实训—就业'一站式'"项目 | 233 |
| "语心晴"项目 | |
| ——广东女子职业技术学院二级心理辅导站开展心理健康教育的探索与实践 | 241 |
| 成长之轨 | |
| ——三阶递进式创新创业教育培育辅导员工作室 | 252 |
| "心烛"计划 | |
| ——朋辈心理训练项目介绍 | 262 |
| 奔跑吧，药苑创客们 | 269 |
| 大学生思想教育与创新创业能力融合培养工程 | 274 |
| 岭南师范学院教育科学学院教师教育文化节 | 282 |
| "菡萏书香"系列读书品牌文化活动 | 290 |
| 巧匠孵化室 | 298 |
| 关爱伴成长·同舟十载情 | |
| ——大学生关爱留守儿童服务学习与成长工程 | 306 |
| "真人图书馆" | 313 |
| 校园110，时刻守护您 | 322 |
| 琅琅书声诵经典，威威国风咏华章 | |
| ——广东岭南职业技术学院国学经典早读项目 | 329 |
| 后　记 | 338 |

# 只为你的微笑里有阳光的味道

## ——中山大学光华口腔医学院"爱牙护齿"宣教义诊实践活动

斗转星移，22年时间里，中山大学光华口腔医学院"爱牙护齿"宣教义诊服务队队员虽然换了一茬又一茬，但"关爱牙齿，博济苍生"的服务宗旨矢志不移。我们的队员们曾无数次深入少数民族聚居区和边远贫困山区，其服务人群达8万多人次，人均志愿时长达100小时。关注民生，促进民族团结，在尽显当代大学生社会责任的同时，我们也在陶冶自己的医德情操，提高自己的专业技能，打造着光华人的校园文化品牌。

## 一、"我们要做您身边的口腔卫士"

某天的课堂上老师拿着一幅很著名的油画，画的名字叫《父亲》。画上的老人是个朴素的农民，黝黑干涸的皮肤下，满口缺牙导致的颌面下陷让我们记忆深刻。老师告诉我们，在偏远的山区，像这样的人还有很多。据全国流行性疾病调查显示，在偏远山区和少数民族聚居区，很多人的牙齿全部成了龋齿，他们一患感冒，就牙痛得难以忍受，而导致这种现象的原因主要是他们大多没有良好的口腔卫生观念，且缺乏口腔医疗条件。

作为新时代的口腔医学生，我们除了学好本专业的知识以外，还应该学以致用，对改变全社会的口腔保健意识和口腔健康状况有所担当。面对目前少数民族聚居区和边远贫困山区缺医少药、当前的口腔卫生防治工作满足不了人民群众需要的现实情况，我们应该走出校门，到基层去，到最需要的地方去。于是一开始，我们便利用课余时间协助光华口腔医学院口腔预防科涂家珍医生到韶关乳源县进行口腔流行病调查和宣教工作，当地民众对口腔知识的匮乏让我们感到震惊。后来，我们在全院范围内发出成立"爱牙护齿"宣教队的倡议。1991年7月，光华口腔医学院"爱牙护齿"宣教队正式成立，由光华口腔医学院实践部负责制定章程和指导制度，口腔预防科的医生是我们的指导老师，负责培训队员。在首发仪式上，院领导给予我们高度评价，在大家的祝福声中，我们出发前往韶关乳源县。

我们的"爱牙护齿"宣教队走进幼儿园、中小学，针对学生牙齿保健不良的情况,拿着牙模,手把手地教他们正确的刷牙方法和牙线的使用方法,还现场检查了他们的口腔状况,为有效地预防龋齿的发生,更力所能及地对他们进行了窝沟封闭。同时,给他们派发精心准备的口腔科普资料以及牙膏、牙刷、漱口水等用品,普及口腔保健知识。在街道和乡间,"爱牙护齿"宣教队向民众解释口腔疾病与全身疾病之间的关系,比如,白血病、糖尿病贫血都会最先在口腔里表现出症状,如果做到了早发现早治疗、无疾病早预防,就能够最终达到提高生活品质的目的。

(一) 规模日盛——"爱牙护齿"宣教队伍壮大

"爱牙护齿"宣教队深受服务民众的欢迎,我们通过知识讲座和示范,慢慢培养人们的口腔保健意识、改变他们的口腔卫生习惯,使他们少患牙病或不患牙病,节省社会医疗资源,为建设资源节约型社会贡献微薄的力量。我们回校后在校道上举办图片展活动,引起了师生的共情。医学院越来越多的教师和同学也加入到宣教的队伍中来。1997年,乘着"9·20全国爱牙日"的东风,"爱牙护齿"宣教活动在医学院的支持下,增加了义诊活动,活动范围扩大到广州市的社区、中小学以及大学校园。2004年开始,在高露洁棕榄(中国)有限公司的支持下,在每次活动中我们都能给民众派送大量免费的口腔护理用品。活动内容也从简简单单的健康宣教、咨询拓展到趣味活动、知识讲座、口腔检查、义诊、免费治疗等多元化形式。

(二) 星火燎原——医疗车等现代设备加入诊治行列

如今,"爱牙护齿"宣教队的足迹已经遍布广州市的社区、中小学、幼儿园、中山大学的四个校区,广东省内的云浮、清新、紫金、怀集、蕉岭等地区,从街头到学校、少管所、孤儿院、"五保"户、少数农民工子弟学校、民族班,都有我们的身影,服务人群达8万多人次,让民众感受到共产党的温暖、社会的关怀,为落实党和国家关注民生、促进民族团结、建设和谐社会的时代任务,履行大学生应尽的义务。我们的宣教义诊活动受到许多当地媒体的报道。广东省领导也觉得口腔巡回治疗意义重大,2008年,原广东省政协副主席蔡东士拨出专项经费为光华口腔医学院购买了口腔巡回治疗车,以支持我们的宣教义诊活动,使宣教义诊的条件更加现代化,口腔巡回治疗车像一个流动的医院。

光华口腔医学院的学生对宣教义诊活动的参与热情很高,历届学生1200人中有1000人次参与活动,为了使山区和少数民族群众提高口腔保健意识,养成口腔卫生习惯,解决困扰他们的牙患,提高他们的生活质量,我们一直在路上，愿意永远做他们身边的口腔卫士。

（三）创新形式——微信科普平台受多方赞誉

2013年，"爱牙护齿"宣教队的成员在总结历年宣教义诊的经验中发现，医学宣教中的一些晦涩的文字、冗长的篇幅往往吃力不讨好，人们也很难从中快速获取实用的信息；而生动的图片与精短的小贴士结合，则能在短时间内吸引大家的目光，传播有价值的口腔健康资讯。那么，为何不采用漫画与科普结合的形式？种子破土，绿叶抽芽，灵感的闪现往往令人心潮澎湃。于是，我们用最便宜的数位板，开始绘画口腔科普漫画，并利用网络微信平台零成本、可行性高、推广容易、传播快捷的特点，创立了全国首个口腔科普平台——"Iam丹提斯特"。如今，"Iam丹提斯特"口腔科普平台最高一期阅读量已达3万人次，平均每期阅读量可达6000人次。同时，平台获得"中山大学科普大赛"（第一名）、"中华口腔医学会科普项目"等多个大奖，并受广州市疾控中心邀请绘画广州市小学生作业本插图。对于我们来说，想推广的并不仅仅是一个科普平台，更重要的是一种情怀，无论是针对医学生而言的医学人文情怀，还是另一层次的悲天悯人的情怀。

## 二、光阴荏苒二十二载，枝繁叶茂荫始成

"爱牙护齿"宣教队22年如一日，兢兢业业，热情勤勉。我们的足迹覆盖了整个广东省需要关注和呵护的群体地区，用实际行动将"关注民生，服务基层"的精神贯彻于实践中，将"关爱牙齿，健康一生"的理念传播开来，让健康的笑容绽放在到过的每一个角落。

（一）少数民族心连心，口腔健康伴我行

一直以来，口腔健康作为人类健康的十大评定标准之一，是反映人们的健康和生命质量的一面明镜。本着"关注民生，促进团结"的理念，将爱牙知识普及给各少数民族同胞，光华口腔医学院全体师生进行了不懈的努力与探索。"爱牙护齿"宣教队除了到广东省少数民族聚居区开展宣教义诊工作外，还想为新疆维吾尔族民众和西藏藏族民众服务，用我们点滴的爱去感化他们，增加他们的国家认同感。

虽然受能力的限制，"爱牙护齿"宣教队没有办法远赴边疆，但是了解到有很多少数民族群众在广东各地接受教育，我们马上通过各种途径联系到他们。我们多次到惠州市第八中学和广州市第六中学，为西藏班和新疆班的学生

开展了一系列的口腔健康促进活动。

全国爱牙日当天,在光华口腔医学院副院长、预防科专家林焕彩教授的带领下,"爱牙护齿"宣教队将口腔巡回治疗车开到惠州市第八中学,为该校西藏班的200多名学生开展口腔健康促进活动。"大象活到60多岁的时候牙齿就基本掉光了,因无法咀嚼食物而饿死;要是它们能保护好牙齿,就会更长寿。"林焕彩副院长有趣的导入,引起了大家的兴趣,并以图文并茂的方式,详细地给西藏班学生讲解了如何预防龋齿和牙周疾病,以及如何选择牙刷牙膏、正确刷牙等保护牙齿的方法,随后,还为同学们做了义诊。大约一半的西藏班学生有不同程度的龋齿。大部分人表示没有不适症状,这说明目前这些学生的龋齿还不是太严重,正处于治疗的最佳时机,只需一次治疗就可解决,若等到三五年后出现难以忍受的疼痛再治疗的话,治疗过程就比较复杂了。同学们听完解释后,都非常感激我们的到来。

(二) 山区情谊暖,义诊爱相随

时常看到新闻中关于边远贫困山区村民缺医少药的报道,因此,每年寒暑假,光华口腔医学院的高年级本科生都会自发地组成医疗小分队,克服重重困难,深入边远贫困山区开展义诊活动。22年来,我们的足迹遍布云浮、清新、紫金、怀集、蕉岭、平远、揭阳的多个贫困县、贫困村。2016年8月,我们再次深入山区,走进了河源紫金县。

"爱牙护齿"宣教队经过8个小时长途车的颠簸才来到紫金县县城,可是大客车在崎岖的山路上难以前行,我们只好换上小三轮车继续前进,却又遇上山体塌方,水积聚成塘,我们不得不抬着沉重的医疗器械,步行很久才到达目的地。

虽然我们早已疲惫不堪,但还是提起精神,入家到户为村民进行口腔疾病治疗。其中一位80多岁的老奶奶,已经强忍着牙痛两年多,症状一直都没有缓解。我们打开便携式折叠牙椅,马上为她做了相应的治疗,使她的病痛有了很大的好转。

我们在村子里住了一段时间,发现当地居然没有一位专业的口腔医生,村民们的口腔疾病一直都没能得到及时的治疗。我们马上着手开展当地口腔医生的培训工作,培训内容基本覆盖龋齿、牙髓病、根尖周病、牙周病等牙科常见疾病的发病机理、临床表现和治疗方案。同时,我们留下了很多口腔药物和保健用品,用于支持当地的口腔医疗发展。

憨厚的村民拉着"爱牙护齿"宣教队同学的手,不停地说:"明年你们还要来啊,我们煮好了饭等你们,一定要来啊……"

## 三、影响深远，育医学时代新人

转眼间，"爱牙护齿"宣教队的宣教义诊活动已经走过了 22 年的光阴岁月。22 年的时间，足以让很多活动匿迹于无形。但是，大浪淘沙，始见真金。"爱牙护齿"宣教义诊实践活动却在 22 年中生存、发展并不断壮大。22 年的发展和传承，"爱牙护齿"宣教义诊活动已然成为光华人的品牌，在中山大学各学院的众多活动中形成了特色，更是年度活动的重头戏。民族班的学生们和偏远山区的老人们关心的是"口腔的义诊活动什么时候开展"，"我们能不能排上队接受诊治啊"。其活动氛围之浓，参与度之高，前所未有。"爱牙护齿"宣教义诊实践活动也越来越受到广泛关注，中山大学校报、中山大学电台多次对我们进行相关报道。于光华口腔医学院的师生而言，我们收获了更多。

（一）走进基层，关注民生，促进各民族团结

全国爱牙日系列活动的举办，促使同学们学习贯彻群众路线，深入基层、深入群众。中华人民共和国是一个民族团结和谐的大家庭，56 个民族共同构成了中华民族的有机整体。大学生们不仅肩负着努力学习、建设祖国的使命，还肩负着维护民族团结、促进各民族共同发展的重任。我们要安心适应环境，遵守学校各项管理制度，讲究学习方法，增强学习能力，努力提高自身的文化素质和专业能力，维护祖国的安定和民族团结，为各民族共同团结进步、共同繁荣发展作出贡献。

（二）构建节约型社会，推进和谐社会更好更快地发展

目前的医学发展已经让人们深刻意识到疾病预防的重要性。"爱牙护齿"宣教义诊实践活动，实质是普及口腔预防医学的知识，经过 22 年坚持不懈的完善，"爱牙护齿"宣教义诊实践活动在宣传口腔保健知识方面贡献最大、影响最广。把疾病控制在发展的初期，减少口腔疾病的发生，既节约了大量宝贵的医疗资源，又减轻了民众的医疗负担，同时深入贯彻落实规划建设节约型社会。如果队员们走上社会岗位时，还能像当初参加活动一样耐心讲解病情，用心为病人服务，和病人亲密无间地交流、沟通，当前紧张的医患关系也不是不能缓解的；若心中有爱，在工作中推己及人，很多医疗纠纷也是可以避免的。光华口腔医学院通过对毕业生的就业跟踪了解到，用人单位对口华口腔医学院毕业生的工作技能和态度满意度达 98.5%，病人评价很高，满意度达 95% 以上。我们相信，这与"爱牙护齿"宣教义诊实践活动中培养医学生悲天悯人

的情怀和锻炼提高专业技能有很大的关系。

(三) 加深专业理解，增进社会认识

从实践者的角度来说，参与"爱牙护齿"宣教义诊实践活动的经历令我们受益匪浅。对于医学生而言，这项活动既有利于学生早期接触患者，给学生提供实践平台，也有利于丰富学生的校园文化生活，活跃校园文化氛围，还有利于激发医学生了解社会、奉献社会的热情。就个人的发展而言，活动加深了学生对专业和社会的认识，为充分实现自我价值搭建了一个良好的平台。光华口腔医学院策划组织和参与活动的学生在个人学业和事业发展上都有很大的突破，整体学习成绩优良率达到63%。2002级、2003级参与活动的陈珊等12位同学毕业后留在中山大学各大附属医院工作，曾担任活动小组长的郑树灿同学工作一年后被选为花都区胡忠医院团委副书记，还有许多同学以优异的成绩出国深造……他们认为参与宣教义诊实践活动对个人成长的帮助在于，这样的校园活动不是在玩，而是在学习，在为他们将来的学业和事业遴选胜出奠定了基础。这也是该活动别具一格的精髓所在。

(四) 壮大义诊队伍，贯穿职业终生

在22年的风雨穿梭里，光华口腔医学院宣教义诊实践活动贵在坚持，也重在参与。做一次活动容易，但一做22年就不简单。"爱牙护齿"宣教义诊实践活动服务人群至今已有8万多人。我们的队伍在不断地壮大，也得到了各种社会力量的支持，如高露洁棕榄（中国）有限公司每年支持"爱牙护齿"宣教义诊实践活动的护牙洁牙用品的免费派送，使得活动规模日盛。

比壮大队伍更为重要的是，光华口腔医学院通过该活动，培养了一代代在校园文化熏陶下成长起来的学生。我们的医学生有机会在校园学习期间就感受到这样的氛围，也将影响我们从学生到医生的一辈子。如同我们在"爱牙护齿"宣教义诊实践活动中所做的一样，不断地关注大众的健康，不断地为大众解除病痛。2002级口腔医学七年制（本硕连读）班卢惠冰同学由于在活动中深刻认识到我国基层医疗单位卫生人才紧缺，硕士毕业时主动到基层就业，把职业目标定位在为基层医疗服务。我们的诊疗队伍接纳了80%的口腔医学生，教会他们关怀病人，设身处地地为病人着想，使医学生对医患关系有最深刻、最真切的体会。这种经历是无可替代的。

(五) 扩大社会辐射，深受社会认可

从活动受助者的角度来说，每次宣教义诊活动都整合了医学院、附属口腔医院以及社会企业的力量,多年坚持为山区群众提供免费服务、送医送药,足迹遍布广东省的多个角落,受惠人群包含各个社会阶层。随着活动的壮大,参与活动的学生也日益增多,活动也越来越多地受到师生和群众的高度赞扬。

在中山大学,光华口腔医学院口腔通讯、院刊、校报、《中大青年》杂志、广播台、学校主页都曾对"爱牙护齿"宣教义诊活动进行过详细的报道与专访。多个电台、电视台、报刊也曾对活动进行了跟踪报道,相关报道共计127次。我们获得了各类表彰,如入选"广东省十佳公益项目""中山大学实践育人精品项目",被评为"服务社区先进志愿组织",获得"广东省校园文化活动"三等奖、中山大学"我是党员我优秀"党员争先创优主题党日活动一等奖,等等。

## 四、结语

都说笑容是大自然最美的画作,而一个健康自然的笑容更能将所有美好的事情传达于人。医海徜徉,俯首耕耘,医学生不仅能实现为病人解除病痛的使命和任务,更能在生活质量的改善中提高人们的幸福感。当"不是病,痛起来却要人命"的牙痛被医好,或者满口龋齿的"盛景"被遏制时,每一个人脸上挂着的笑容,对于光华口腔医学院整个集体来说,比任何褒奖更让人有满足感。

"不惧前方一路风雨,一切只为你的微笑里有阳光的味道。"这就是"爱牙护齿"宣教义诊实践活动不变的坚持和镌刻在每个光华人心目中的人生格言!

主要负责人:许俊卿、黎琳、石爽
单位:中山大学光华口腔医学院

# 砼人携手互助工作站

华南理工大学土木与交通学院"砼人携手互助工作站"（Peer-Assisted Learning，PAL）成立于2010年4月，原名"砼人携手互助课堂"。PAL工作站是华南理工大学首个以学院为试点单位，提供大学生学业朋辈互助的工作站，主要结合华南理工大学和土木与交通学院（以下简称"学院"）学科的实际情况而开设，立足于搭建一个免费的学业朋辈互助支持平台，帮助学生提高学习能力，解决学生在学习上遇到的困难，促使学生养成积极主动的学习习惯，并逐步凝练出学院"砼人携手·爱溢华园"的卓越精神。从古希腊时期哲学家们自发形成的同伴学习活动，到18世纪60年代较规范严格的"导生制"（monitorial system），"同伴互助学习"一直是古今中外重要的学习方式。如何结合当今学生学习的特点，在新思想的潮涌中汲取新的生长力，充分发挥高校学生学习中常常被忽视的学生之间的互动这一社会活动潜在的积极作用，对于认识高校未来的学习模式是一种有益的尝试。

## 一、项目理念

所谓同伴互助学习，是指通过地位平等或匹配的伙伴（即同伴）积极主动的帮助和支援来获得知识和技能的学习活动。砼人携手互助项目的主要指向，是将学生以配对或其他团队形式组织起来开展学习活动，通过具体的操作程序，强调在院系或班级范围内开展同伴帮扶的学习活动，以照顾多样化的学习需求，其根本特性是一种学习活动。该项目理念主要包括三个基本要素：一是同伴互惠关系的建立，形成共同目标和责任。已有研究显示，同伴之间互惠关系的建立比起小组合作学习具有更强烈的目标联合意识，其同伴之间的相互依赖关系也更积极。二是学习共同体的形成，为发挥生生互动的优势潜能提供了可能。三是个性化评估的建立。通过为每个参与者设计个人的"砼人进步卡"，使其更加重视自我参照的标准和个人的进步，以区别于大而泛的标准化评价，这对于学业成果和自我效能感方面的影响是重大的。

## 二、项目实施

砼人携手互助工作站项目的实施主要包括以下五个部分。

（一）砼人携手互助自习课堂

砼人携手互助自习课堂为学生提供一个良好的自习环境，并不定期举办各类学术活动，参加活动的同学遵照自习课堂活动细则，相互维持自习课堂的优良学习环境。自习课堂对于学习进步的或在学术交流活动中表现活跃的同学给予奖励。自习课堂设有详细的实施细则用于学习方法和氛围的形成。

（二）砼人携手互助帮扶课堂

砼人携手互助帮扶课堂是通过遴选学生作为帮扶志愿者，针对学院各年级学习困难的同学，开展一帮一或多帮一的互助计划。通过这个计划，不少同学开始走出宿舍、远离游戏，拿起课本来到教学楼认真学习。帮扶志愿者能够及时指导他们的学习，解决他们学习上的疑惑，以达到事半功倍的效果。帮扶团队竭力帮助每一位参与的同学提高成绩，更重要的是帮助其转变学习态度。

具体的帮扶形式是，各年级学生以班级为单位向学院申报成立帮扶团队，帮扶团队由志愿者（要求责任心强、学习成绩好、沟通交流能力强，可以是多名同学）和帮扶对象（学习有困难的，有1门或1门以上课程不及格的学生，以及有其他学习困难的学生）组成；同时也可以申请个人报名，由学生会学习部统一为其安排帮扶对象或者志愿者，原则上优先本班内一对一或者多对一辅导。届时在固定教室、固定时间（周末）由志愿者给帮扶对象辅导学习，学习内容由帮扶对象自己拟定，并接受学生会学习部的监督和考核。

（三）"砼人微课"系列讲座

利用同龄人之间交往和心理认同的优势，学院组建了"砼人微课"讲师团，每周举办一次讲座，以拓宽学生的知识领域，增强同学们的课余技能。结合学院学习实际情况，"砼人微课"主要在CAD、Prezi、PS、视频剪辑、MS Office、SPSS、面试心得/求职指导、商务礼仪/仪容仪表、创业经验分享/指导、记忆深化/逻辑推理等方面，为学有所需的学生进行专项辅导服务，以更好地服务于广大学生的学业发展。

### （四）"砼路人"学长辅导微课堂

为搭建学院高年级同学与低年级同学交流的平台，由学术部负责组建"砼路人"学长辅导微课堂，主要通过学生自主报名，专业内随机筛选"高+低"组队，达到高年级同学协助低年级同学健康成长、快乐学习、幸福生活，不仅可以帮助不同年级学生之间建立起友谊，增强学院的凝聚力，同时促进高年级同学增强责任意识，在助人中不断成长、成才，而且可以帮助低年级同学加深对专业与学业的了解，明确专业规划方向。

### （五）"砼路人"100天训练营

组建学院微信群并动员学生每日打卡，在增强学院同学凝聚力的同时，通过在综合测评中增加德育量化分的鼓励，倡导同学在微信群中每天早上9点前打卡，打卡的模板是：

【今日日期】目的：力求每天在生命中都留下印记。
【昨日成就】目的：成长在于点滴积累，自信心在行动中一点点累积，给学生鼓励自己的机会，也给自己必须每天有所成长的压力。
【昨日幸福】目的：学会感恩，珍惜生活。
【昨日感悟】目的：学会反思，在反思中成长。
【今日三件事】要求学生把一天中最重要的三件事写下来，帮助学生专注于重要的事情，而不是琐事，将精力聚焦，让成长加速。
【今天小确幸】指的是当天可以创造的幸福，鼓励学生主动去创造幸福，把幸福握在自己的手中。

微信群打卡的目的，在于学习不仅是一个教和学的过程，还是一个社交的过程。一个人可以走得很快，一群人注定会走得更远。学院微信群里的同学可以在打卡时找到"三同"——同好、同行、同伙。同好，指兴趣爱好相同的人；同行，指资源相同的人；同伙，指目标相同的人。同辈间可以互相关注、互相学习、互相鼓励，形成群体正能量场，制定目标，学会分享，共同成长。

## 三、项目成效与经验

### （一）主要成效

经过长期的坚持与努力，砼人携手互助工作站从最开始只有十几名同学参加，到目前每期基本都有400名左右的同学踊跃参加，累计已有4000多人次参加，取得了较为明显的工作成效。华南理工大学教务处曾根据参与"携手互助计划"的有效人数、帮扶成效、总结报告质量、学生成绩变化情况等多方面做了综合评估，土木与交通学院连续四年被评为三个优秀学院之一。2014年，"砼人携手互助课堂"团队也获得了"华南理工大学标杆工程十大卓越团队"荣誉称号。

仅根据砼人携手互助工作站第四期帮扶子项目统计，在被帮扶的68名同学中，成绩增长的占86%，被帮扶后成绩在90分以上的有10人，80～90分的有36人，70～80分的有19人，60～70分的有2人；参与互助自习课堂的169名同学中，成绩增长的占95.9%，绩点在3.0以上的有93人，绩点在2.5～3的同学有70人，绩点在2.0～2.5的同学有5人。

（二）主要经验

**1. 提高认识，保障砼人携手互助工作站各项工作顺利开展**

砼人携手互助工作站在工作中坚持做到"四有"和"四落实"，即有组织领导、有阶段性计划、有实施方案、有检查督导，落实时间、落实地点、落实人员、落实主题，以此促进"卓越砼人·携手互助"计划开展的规范化和制度化运作（如图1所示）。为此，学院不断完善考勤制度、考风考纪制度、评优制度等一系列相关制度，如《土木与交通学院关于进一步加强学风建设的若干规定》《土木与交通学院关于加强学生日常管理的规定》《土木与交通学院本科生课堂管理办法》《土木与交通学院学生请销假管理办法》《土木与交通学院本科生宿舍管理办法》《土木与交通学院奖助学金评选办法》《砼人互助课堂实施细则》《砼人互助课堂优秀志愿者及学习进步个人评优细则》等。

图1 土木与交通学院《大学生成长手册》与管理文件

**2. 形成"卓越砼人·携手互助"课堂长效机制**

首先,以"卓越砼人·携手互助"计划为主线,采取多种多样的形式,营造学风建设的良好氛围,形成齐抓共管、全过程育人、全方位育人的良好工作格局。通过各种形式活动的开展,提高教室文化、寝室文化品位,营造学习文化氛围,使学生的学习态度、学习兴趣、行为习惯等得以全面提升。

其次,精心组织、认真落实、密切配合、突出创新,加强对学生学习过程的监督和管理,把砼人携手互助工作站各项工作抓好抓实,在学风建设方面上一个新台阶。其中,互助课堂严格挑选志愿者,并制定了每堂课签到、学生会派人巡查监督、定期进行帮扶对象访谈等制度,通过日益完善的监督制度,保证了课堂的讨论交流积极性以及课后学习情况的反馈。例如,"砼人进步卡"是针对每一位参与互助课堂的学生设立的属于自己的卡片,卡片一个月记录一次,主要记录一个月以来自己取得的进步或者学习上的问题所在,学期末进行分析总结;"砼人解忧卡"针对全院同学在学习与生活上的困难,可以更便捷有效地反馈给辅导员老师与同学,辅导员老师和同学可以及时给予帮助和解答(如图2所示)。

图2 "砼人进步卡"与"砼人解忧卡"

再次,树立学习典型,以典型带学风。对在华南理工大学标杆工程建设中涌现出来的先进集体和先进个人进行大力的宣传,树立典型,发挥他们的模范带头作用,营造良好的学习氛围。

最后,加强学生思想道德修养,端正学习动机。针对新形势下学生思想实际,加强大学生的思想政治工作和文化素质教育,以"中国梦"引导学生树立正确的学习观、成才观、就业观。不断增强学生的社会责任感,激发学生为民族振兴、祖国富强而刻苦学习、努力成才的自觉性。不断研究和解决学生学习和生活中存在的热点和难点问题,保证学生把主要精力放在知识学习、素质提高和能力培养上。

## 四、项目计划

### （一）砼人携手互助工作站思维方式的变革

从以实体为中心的工作思路过渡到以系统为中心的研究思路。砼人携手互助学习作为一种特殊的学习活动，不仅要把握其本身的有效性，更重要的是将其视为一个整体开放的系统来开展工作，是在双主体（多主体）和客体相互作用下的自动控制系统（如图3所示）。因此，下一步的工作站项目会重点关注其与环境即学习场域的关系，重点发挥诸如"砼路人"学长辅导微课堂、"砼人微课"系列讲座、"砼路人"微信群打卡、"我和学霸有个约会"及"1+1>2，这也是课堂"等多种学生喜闻乐见的学习方式，探索行为、智力、情绪之间的关系。

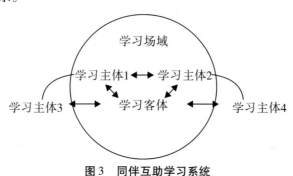

**图3　同伴互助学习系统**

### （二）完善砼人携手互助工作站实施规划，提高学生的胜任素质

进一步修改完善华南理工大学土木与交通学院《大学生成长手册》，引导新生结合专业特点，树立目标、做好计划，遵守行为规范，为新生圆满完成学业奠定坚实的基础。同时，推进拓宽砼人携手互助工作站实习基地联合培养效用，多渠道培养学生的实践能力，拓展学生的知识视野，提高学生的就业核心竞争力。此外，砼人携手互助工作站计划加强学院多层次的科研创新组织及制度建设，积极构建学生自主科研参与组织网络，建立学术科研奖励机制，等等，形成提升学生学术科研能力和创新能力的管理与激励体系。充分利用课堂、宿舍、网络、实践基地四大空间，创建更广阔的科技创新实践平台，为学生的成长成才提供展示舞台。

### （三）通过"三三制"推进砼人携手互助工作站落实

"三三制"，即三个倡导、三个队伍和三个阵地。首先，明确三个倡导。

一是倡导牢固树立"优良学风,从我做起、从现在做起"的意识;二是倡导积极参与"树优良学风,做学习标兵"主题活动;三是倡导实事求是的科学精神和严谨自律的治学态度。其次,塑造三个队伍。一是学院学风建设领导小组,二是帮扶团队,三是党员干部骨干。最后,管好三个阵地。一是课堂阵地,二是宿舍阵地,三是网上阵地。充分结合不同学生群体的特点,准确把握不同学生的学业诉求,引导学生体验学习成功的乐趣,保持学生的好奇心和求知欲,增强学生的学习自信心。开展工作时,注重通过问卷、访谈和观察等综合性方法开展具体的研究,以期更加全面、系统而深入地理解和洞悉学生的学习与成长特点,进而捕捉、描述和阐释蕴含在同伴互助学习中的特殊生命状态和奥秘。

主要负责人:张蔚洁、张冬利、王燕林等

单位:华南理工大学

# 以学生党员标杆系统建设工程

标杆管理是加强大学生党员队伍建设的一种创新管理模式。广东外语外贸大学中国语言文化学院以学生党员标杆系统工程建设项目为抓手,在内容、形式、方法上不断摸索、实践和创新,已形成较为完整且行之有效的学生党员教育管理体系,成为学生事务管理精品项目和学生党建工作长效机制。该项目已成功申报2013年度广东省高等学校党建研究课题立项,相关课题"如何做好学生党员民主评议量化测评工作"申报2014年广东外语外贸大学党建工作坊主题项目库的校级主题项目并获得立项,现均已结项。

## 一、项目理念

以习近平新时代中国特色社会主义思想为指导,以学生党员标杆管理系统工程建设项目为载体,创新学生党员教育管理的有效形式,在学生党员中深入开展争先创优活动,强化学生党员的党性意识和责任意识,教育引导学生党员树立"一个党员一面旗帜,一个党员一个标杆"的理念,立足平凡,追求卓越,使学生党员平时能看得出来,关键时刻能站得出来,危急时刻能冲得出来,成为信念坚定、使命感强、品学兼优、全面发展、引领时代的青年先锋。充分发挥学生党员在大学生思想政治教育及大学生成长成才教育中的重要作用,大力促进积极进取、团结友爱、和谐稳定的学风、班风与院风的建设,全面提升中国语言文化学院学生党建工作科学化水平。

## 二、项目特色

### (一)将标杆管理应用于学生党员队伍建设

学生党员标杆管理是将先进的企业经营管理理论应用于高校学生党员队伍建设的积极探索。具体是指在学生党员队伍建设中,依据党章要求,按照优秀党员的标准,结合大学生的实际和特点,确立清晰的目标要求,并将其分解成各个具体指标,以此规范学生党员行为,引导学生党员不断对照目标要求,发现并解决自身存在的问题，确定努力方向，最终达到先进性的标准，真正起到模范带头作用的一个持续渐进的学习、提高和创新的过程。简而言之，就是一个树标杆、找差距、定目标、创先进的管理过程。

（二）标杆管理的实施要坚持和把握四个原则

一是先进性原则。实行学生党员标杆管理的目的在于调动学生党员的积极性，增强其党性意识，发挥其先进性，因而，在制定和落实标杆管理各项指标时必然要以党章为准则，以共产党员先进性的基本标准为标尺，并结合大学生党员的身份特点来开展。二是导向性原则。开展学生党员标杆管理是一种教育手段和管理途径，对学生党员的要求必然要与组织的目标相一致，具有鲜明的导向性。要在标杆管理中引导学生党员对照党员标准，查不足、找差距，进行自我约束、自我教育、自我完善，向优秀党员的目标靠拢。同时也要充分发挥考核工作的激励作用，进行必要的奖惩，调动学生党员争先创优的积极性。三是可操作性原则，是指标杆管理方案及其评价体系既要内容全面，又要易于操作。避免形式主义，既要讲求实效，又要具备可测性，做到各项指标都有实际内容，能量化的尽量量化，并且经过积极努力都可以实现。四是群众性原则。群众路线是我们党的工作法宝，群众参与是确保标杆管理取得成效的基础。学生党员表现如何，同学最有发言权，成效如何也要以同学的评价为准。因此，要把同学的意见作为考评学生党员的重要标准，将同学测评作为量化考评的一个重要组成部分，纳入量化评分，以确保考核的公正、透明。

（三）标杆管理内容全面，标准设置适中

学生党员的先进性体现在全面发展上，既要成为学生思想政治建设的先锋，又要做专业学习的标兵和工作生活中的楷模。因此，标杆管理的内容设置及考核指标的选择必须涵盖各个方面，要科学合理，能真实反映大学生党员在思想政治、道德作风、学习工作等方面的情况，以保证标杆管理的真实性、客观性、全面性，能对学生党员进行真实、客观的评价。确定标准要准确，不能太抽象和笼统，也不能定得过高或过低，否则难以执行。中国语言文化学院的学生党员标杆管理将对学生党员的全部要求归纳成学生党员形象塑造工程、学生党员责任区创优工程、学生党员素质提升工程三大工程建设，每个工程包括八项要求和标准，每项标准立足于实际，都是可行的，比较具体和精准，操作性较强。

（四）定性和定量相结合确定考核指标，采用以行为观察评价为主的考核办法

定性指标是对学生党员的一个综合的、鉴定性的、整体的考核指标，主要是根据平时的了解和观察得出的印象给出模糊评价；定量指标是把考核的内容细化和分解，然后在对每一项进行模糊评价的基础上，按一定权重给出量化分值。定量指标往往具有明显的导向作用，但党员的政治思想标准往往很难量化，因此，把量化与定性指标有机结合则更有利于考核。中国语言文化学院根据学生党员标杆管理的目的，考核结果用途以及学生党员的实际情况，选择基于行为的考核方法，即行为观察评价法。由于行为观察评价法对每一个纳入考评的行为都有明确的等级描述说明，因此，党员在拿到考评结果时不仅可以知道自己在集体中的整体表现水平，还可以从每个考核项中直白地了解自己在此项行为中的现状。与此同时，它规定的行为标准明确，在学生党员标杆管理考核中使用，可明确对学生党员行为的要求，可以作为学生党员的日常行为指南。

（五）注重过程管理，抓好各环节的督促落实

过程管理强调对全程的全面把握和对关键点的监督，具备全面控制的功能，比较适应柔性管理的需要。在推行学生党员标杆管理过程中，由于周期长达一学年，动员部署启动工作之后有相当长的组织实施时期，如果没有督促检查抓落实，特别是对关键点的把控，学生党员很有可能出现精神松懈、行为失范、落实不到位的情况，前期发动起来的积极性和热情也会慢慢冷却甚至消失，从而严重影响标杆管理的成效。因此，我们高度重视过程管理，既要对标杆管理的整个过程全面了解，更要对其中的关键节点了如指掌，做到有制度、有措施，定期督促检查进展情况，尽早发现问题、解决问题，多方听取意见，及时调整工作方案，确保学生党员标杆管理整个过程的顺利进行，以取得最佳的预期效果。

（六）重视考评结果的运用，对考核结果进行必要的反馈和奖惩

任何管理，包括标杆管理，都需要某种诱因机制的存在，才能激发成员的工作热情和动力。组织诱因机制最重要的莫过于将考核与奖惩相联系，让成员都能意识到结果意味着什么，达到这样的结果就可获得奖励，反之就要受到惩罚。考核是学生党员标杆管理的重要组成部分，结果反馈是有效考核不可或缺的步骤，通过不断反馈和运用结果来实现提高组织绩效的目的。这样就可以使

学生党员以标杆标准为目标，时刻校准自己的行为，并为每个党员发挥积极性、创造性提供条件。

### （七）借助网络技术实行网评，节约成本，提高效率

学生党员标杆管理的考核采取学生党员自评、群众考评、党支部党员考评相结合的方式，参与考评的有学生党员、所在支部的其他党员、所在或负责联系班的同学，涉及的人数众多，考评的内容又不尽相同，如果仅用纸质考评表，必然造成极大的纸张浪费，大大提高了考评成本。使用纸张又会带来人工统计的麻烦，容易出错且效率低下。我们充分利用电子计算机和现代信息技术，实现评估信息系统的现代化和网络化，开发相应的考评软件，做到环保、快捷、准确，方便考评。网上测评系统如图1所示。

## 三、项目实施

### （一）明确标杆管理的目的，切实做好宣传沟通工作

标杆管理是加强学生党员队伍教育管理的有效工具，目的是要促进学生党员先进性和纯洁性的建设，强化学生党员的责任感，树立正面的党员形象，提升基层党支部的凝聚力和战斗力，加强学生党员与非党员同学之间的关系，提高大学生对党组织的信任度，增强基层党组织的号召力和向心力。但正由于标杆管理是一种管理手段，必然带有强制性和标准化、质

图1　网上测评系统范例

量化的要求，需要学生党员付出一定努力才能达到相应的标准，他们对标杆管理肯定会有不同的认识和态度，有人会担心，有人会不屑，也有人会消极观望甚至会抵触，因此，首要任务是消除学生党员心中的疑虑和误解。一方面多宣传多沟通，制订方案时注意充分征求吸纳学生党支部书记、学生党员的意见；另一方面开好动员大会，阐明启动学生党员标杆管理的目的和意义，强调其重要性和必要性，做好思想发动工作，让学生党员端正态度，正确对待，以赢得学生党员的理解和支持。

图2为广东外语外贸大学中国语言文化学院党委组织部负责人在标杆管理系统工程建设启动仪式上的讲话。

图2 校党委组织部负责人在标杆管理系统工程建设启动仪式上讲话

（二）统筹兼顾，做好标杆管理顶层设计

以统筹兼顾为原则，按照建设学习型、服务型、创新型党组织的要求，以建设一支素质优良、结构合理、作用突出的大学生党员队伍为目标，积极推行学生党员标杆系统工程建设，为此进行了细致而缜密的顶层设计，在充分调研和听取意见的基础上制订实施方案。方案规划了指导思想、总体目标、内容要求、考核标准及程序、推进时间表，设计了三大工程、二十四项指标、三个考核要求、五个考核步骤、三个实施阶段等具体内容和环节。在实践中做到"三结合"，即将学生党员标杆系统工程建设与争先创优活动相结合、与党的群众路线教育实践活动相结合、与"七一"总结表彰活动相结合，明确责任人和责任对象，提出明晰的时间表和路线图。

### （三）以党员标准为依据，立足实际树标杆

在设计方案时，强调以党章中明确规定的党员标准作为立标的依据，并针对学生党员的实际情况，制定出更加具体的学生党员先进性标准，将其细化为学生党员在形象、作风、政治、思想、工作、学习、生活等方面应当做到的各项具体指标，让学生党员明确要成为怎样的党员、如何成为这样的党员以及作为党员要承担的责任。

### （四）以三大工程为抓手，确立目标争标杆

以学生党员形象塑造工程、学生党员责任区创优工程、学生党员素质提升工程三大工程为抓手，对树形象、担责任、强素质各自提出了八个方面的具体要求，引导学生党员对照标准照镜子、正衣冠，查问题、找不足，为做优秀的共产党员找到努力方向。

### （五）以科学考核体系为保障，严格程序评标杆

考核内容以三大工程的二十四项指标为主，以具体的分值量化考核学生党员的表现。每项指标分为优、良、中、差四个等级，并折算成相应分数，考核总分为100分。90分以上为优秀，80~89分为良好，60~79分为合格，60分以下为不合格。考核采取学生党员自评、群众考评、党支部党员考评相结合的方式，其中，群众考评的分值所占比重为60%，党支部党员考评分值所占比重为40%。考核结果作为党员评优和奖惩的依据。

### （六）以可操作性强为前提，合理设计标杆管理工作流程

学生党员标杆管理是加强学生党员队伍建设的一项长效机制，以一学年为一个周期，跨时长，涉面广，需要分阶段、分步骤、有条不紊地推进落实。中国语言文化学院的学生党员标杆系统工程建设分三个阶段进行：宣传发动，划分责任阶段；组织落实，检查监督阶段；考核测评，总结表彰阶段。

## 四、项目成效

通过学生党员标杆系统工程建设，充分发挥学生党员政治上的导向作用，思想上的引导作用，学习上的模范作用，工作上的表率作用，生活上的榜样作用。成效具体表现为"四个明显"和"四个更加"：党员主体意识和党性意识明显增强，宗旨意识更加牢固；争先创优的积极性明显提高，先锋模范作用更

加突出；学生党员在同学中的威信明显提升，党群关系更加融洽，学生的精神面貌明显好转，中国语言文化学院的学风、院风、班风更加优良。

## 五、项目计划

（一）宣传发动，划分责任阶段（4—5月）

中国语言文化学院党委召开全院学生党员动员大会，启动新一轮学生党员标杆管理系统工程。各学生党支部召开全体党员大会，按照要求，结合本支部的实际情况，划分好每个学生党员的责任区，并上报学院党委。

（二）组织落实，检查监督阶段（6月至次年4月）

各学生党支部要抓好督促落实工作，每季度检查一次本支部学生党员标杆系统工程的执行情况。中国语言文化学院党委每学期以汇报会、座谈会、调研等形式检查一次各学生党支部学生党员标杆系统工程的落实情况。

（三）考核测评阶段（5月）

组织开展学生党员自评、群众考评、党支部考评、材料汇总上报、公示工作。以具体的分值量化考核学生党员的表现，考核总分为100分。90分以上为优秀，70～89分为良好，60～70分为合格，60分以下为不合格。

第一步骤：学生党员自评。学生党员对照学生党员标杆系统工程三大工程的内容，结合自己一学年以来的表现进行总结和自我评价，从网上系统下载填写"中国语言文化学院学生党员标杆系统工程考核表"，在网上提交，并于规定日期内打印一份纸质版交给所在党支部。

第二步骤：群众考评。党支部以班为单位，组织该班非党员同学对本班学生党员或联系该班的学生党员进行网上测评，根据学生党员平时表现和实际情况，在网上的"中国语言文化学院学生党员标杆系统工程群众测评表"上打分。计算平均分即为群众测评分，占总分值的60%。

第三步骤：党支部考评。以党支部为单位，组织党员对本支部学生党员进行网上测评。网评前，应召开支部大会，由每个党员对照学生党员标杆系统工程的要求进行小结和自评，支部通报各个党员在学生党员责任区创优工程的部分项目和学生党员质量提升工程的落实情况，然后在网上的"中国语言文化学院学生党员标杆系统工程支部党员测评表"上打分。计算平均分即为支部党员测评分，占总分值的40%。

第四步骤：材料汇总上报及公示。各党支部根据网评反馈回来的本支部各个学生党员的得分情况，召开支部大会，讨论确定每个学生党员的考核等级，并根据中国语言文化学院党委分配的名额，评出学院优秀学生党员标杆人物和学院优秀党员建议人选，填写好每位学生党员"中国语言文化学院学生党员标杆系统工程考核表"中的测评结果、党支部考核意见以及"中国语言文化学院学生党员标杆工程考核汇总表"，一起上报学院学生党建工作办公室负责老师汇总存档。中国语言文化学院优秀学生党员标杆人物、优秀学生党员建议名单经学院党委审核后，在全院范围内进行公示，公示期为五天。

（四）总结表彰阶段（6月）

中国语言文化学院党委召开"七一"表彰大会，对优秀学生党员标杆人物、优秀学生党员进行表彰，并运用各种形式宣传报道优秀学生党员标杆人物的先进事迹，树立学习典型。

主要负责人：李江

单位：广东外语外贸大学

**参考文献**

[1] 蒋龙琴. 高校学生党员考核体系研究［J］. 长春理工大学学报，2012（3）.

[2] 龚晨. 党建工作信息化制度创新探析［J］. 中共云南省委党校学报，2011（7）.

[3] 陈振明. 公共管理学——一种不同于传统行政学的研究途径［M］. 第2版. 北京：中国人民大学出版社，2011.

# 传承容国团精神

高校思想政治教育工作肩负着培养德智体美劳全面发展的社会主义建设者和接班人的重任。体育院校大学生的思想与其他院校相比具有自己的特点，其思想政治教育工作更具特殊性。广州体育学院结合知名校友、中华人民共和国第一位世界冠军容国团留下的宝贵精神财富，将容国团精神的提炼、传承与"德厚学博、文精武杰"的校训结合起来，把传承和弘扬容国团精神融入大学生思想政治教育中，充分发挥榜样力量和名言影响的作用，营造一种符合体育院校大学生心理特征和专业特色的育人氛围和校园文化，积极探索思想政治教育工作新途径。

## 一、项目理念

中华人民共和国第一位世界冠军容国团是广州体育学院第一届学生，他于1957年入学，1959年获得第25届世界乒乓球锦标比赛男子单打冠军，从而实现了中国体育运动在世界比赛中金牌"零"的突破。容国团的夺冠誓言"人生能有几回搏，此时不搏更待何时"，既是他内心的呐喊，又是他拼搏精神的写照。这豪迈有力的话语，充满着向上的力量，成为众人传颂的时代强音，激励了一代又一代的体育健儿、有为青年和社会主义建设者。在实现"中国梦"、振兴中华民族的伟大进程中，爱国、拼搏、创新、奉献是青少年立德树人教育的主题词，把容国团名人名言以及拼搏精神为内涵的容国团精神与实践育人有机结合，具有时代性和积极的现实意义。

## 二、主要目标

新时期弘扬容国团精神，不但具有文化传承的作用，而且具有实践育人的功能。将弘扬和传承容国团精神融入培育和践行社会主义核心价值观活动中，以社会主义核心价值观为主线，以传承容国团精神为载体，把容国团精神教育与实践教育相结合，让同学们在学习容国团精神中增强爱国历史使命感和社会责任感，使社会主义核心价值观成为自身的基本准则，并通过富有成效的实践育人平台增长才干、锻炼能力、培养品格、服务社会。

## 三、基本内容

高校历来重视思想政治教育工作，各体育院校也纷纷进行思想政治教育工作的改革与创新，但思想政治教育工作仍然存在一些不足，主要表现在以下两个方面。

（一）教育内容缺乏针对性

体育院校的学生与其他专业的大学生相比有自己的特点，主要表现为"四强二弱"，即"竞争意识强、自我表现欲强、抗挫折能力强和集体荣誉感强；文化基础较弱、学习主动性较弱"。他们崇尚拼搏进取精神，积极向上，喜欢张扬个性，这就要求思想政治教育工作者在进行马克思主义理论、党的路线方针政策和"三观"（世界观、价值观、人生观）教育的同时，注意宣传体育精神，渗入体育特色，发挥体育冠军的榜样力量，进行正面引导，满足学生的个性发展。但是体育院校的思想政治教育工作者往往忽略了这些特点，虽然重视思想政治理论的宣传，但在教育内容的选择上却习惯于照搬教材，进行机械说教，教育内容缺少针对性，忽视了学生的专业特点和个性需求，这样不利于调动学生的学习积极性。

（二）教育方法过于单一

现代教育理论认为，"受教育者在接受教育的过程中，具有主观能动性，他们是学习和自我教育的主体，受教育者在接受教育影响时并不是盲目的、被动的，而是自觉的、主动的"，"教育活动实际上是引导受教育者将一定的外在的教育影响内化为他自己的智慧、才能、思想、观点和品质的过程"。体育院校大学生的思想政治教育工作方法比较传统单一，主要以灌输教育为主，学生成了被动的受教育者，而不是主动的参与者。在教育手段上大多以课堂理论教学为主，较少进行实践教学，缺乏载体的创新。应充分运用各种载体，营造符合体育院校大学生心理特征和专业特色的育人氛围和校园文化，潜移默化地影响学生，使学生能够参与其中，成为自觉、主动的受教育者。

## 四、实施过程

广州体育学院积极探索适合新时代体育院校大学生的思想政治教育方式，以容国团精神引领思想政治教育工作，积极推进"传承容国团精神、在拼搏中圆梦"系列活动。通过筹建容国团纪念馆，打造体育学院爱国主义教育基地，将容国团体育精神与校园文化、实践活动、课程建设相结合，将容国团精神渗透到思想政治教育之中，以提升思想政治教育的实效性。

### （一）筹建容国团纪念馆，打造体育学院爱国主义教育基地

广州体育学院充分利用学校现有资源，建设爱国主义教育基地。2015年6月6日，广州体育学院举行"传承容国团精神，打造实践育人特色工程活动暨容国团精神爱国主义教育基地揭牌启动仪式"，把容国团爱国主义的精神教育与立德树人相结合，在实践中增强广州体育学院学子的历史使命感和社会责任感，学会把核心价值观内化于心、外化于行，成为日常的行为准则，形成自觉奉献的信念和理想；借筹建容国团纪念馆的契机，协同广东省体育局和国家体育总局，力争通过4～6年时间，将容国团纪念馆建设成为广东省爱国主义教育基地和中国乒乓球队爱国主义教育基地。通过爱国主义教育基地，发挥更大的思想教育作用，让广大学生在学习容国团精神中增强爱国历史使命感和社会责任感，引导大学生坚定中国特色社会主义信念。

### （二）将容国团精神与课程建设相结合，丰富课程内涵

广州体育学院充分利用中华人民共和国第一位世界冠军、校友容国团提出的励志名言"人生能有几回搏，此时不搏更待何时"，编写《容国团与容国团精神读本》，读本分为"风雨年代""心向祖国""为国争光""正义而搏""精神传承"五部分，对容国团的生平事迹和容国团精神的内涵进行概括和论述。读本出版后，将作为必修课程纳入广东体育学院的人才培养方案，拓展和延伸德育系列课程的教学素材、教学形式，使德育与思想政治教育贴近学生生活，融入爱校教育和素质教育，不断增强大学生思想政治教育的针对性、实效性和吸引力；积极主动地运用现代网络平台，利用数字图书、电子书等媒体传播容国团精神，让学生通过网络平台获取容国团精神与爱国主义教育思想，加大网络宣传，牢牢把握网络思想政治教育的主动权和实效性。

### （三）将容国团精神与校园文化相结合，营造育人氛围

新时期传承和弘扬容国团精神是对容国团同志光辉事迹的缅怀和铭记。广州体育学院收集和整理了容国团的相关资料，举办"容国团生平事迹展"，编印《容国团画册》，并组织学生观看，让学生对于容国团的生平事迹有了更深的了解，激发学生的爱国爱校热情；以容国团铜像等一系文化景观，形成以容国团精神为主要内容的校园文化，营造良好的育人环境。用名人故事结合校园文化底蕴，帮助学生塑造高尚品德，激励爱国情感，坚定理想信念，树立远大目标，成长成才。

### （四）将容国团精神与实践活动相结合，创新育人载体

加强和改进大学生思想政治工作，要依托切实可行的实施载体。广州体育学院通过多种途径积极创新思想政治教育的载体，充分发挥各种载体的育人作用。

第一，通过创设"容国团党支部""容国团团支部""容国团班级"，以学风建设为主线，实现了学生"自我教育，自我管理，自我服务，共同提高"的目的。良好的班级、团支部、党支部的示范建设，推动了班级、系部和学院不断进步。

第二，举办"容国团杯"乒乓球锦标赛，作为学生的第二课堂，拓展和延伸实践活动，调动学生参与的积极性，将容国团精神中的自强拼搏精神与体育竞技精神融合在一起，同学们在这过程中既能享受比赛的乐趣，也能发扬拼搏精神。

第三，积极筹建容国团研究会，协同国家体育总局、广东省体育局、容国团故乡珠海市南屏村、容闳与留美幼童研究会和广东红孩子文化传媒有限公司等单位进一步挖掘和宣传容国团精神，通过专题讲座、座谈会等形式，教育和引导大学生牢固树立集体主义意识，向大学生灌输正确的思想与理念。

第四，选拔优秀学生，组建一批有特色的学生社团，利用体育学院学生的各种专业特长，多层次、全方位、深入持久地开展社会服务活动，通过志愿活动，促进学生道德品质和良好行为习惯的养成，使社会实践活动成为锻炼培养学生综合素质和关键能力的良好平台。2015年暑假期间，组织两支"三下乡"服务队前往容国团故乡珠海市南屏村进行志愿服务和调研。其中，体育教育系学生开展"发扬容国团精神，青春在南粤出彩""三下乡"社会实践活动，活动的内容分为三个部分：一是探寻伟人故里，追寻伟人成长足迹；二是传承荣国团精神，容国团精神馈故里；三是传承容国团精神，共筑足球强国梦。此次

"三下乡"活动得到团省委的高度肯定，容国团精神馈故里实践队被评为全国"三下乡"社会实践活动优秀团队。体育新闻与传播系组织容国团精神调研团队到容国团故乡进行调研，对广州体育学院更好地提炼和传承容国团精神提供了材料支撑。

第五，在家庭经济困难学生中成立以自强拼搏为核心的自强社，引导学生自强、拼搏、乐学、善学，及时对家庭经济困难学生进行教育和帮扶，为其营造良好的学习环境，搭建和谐奋进的平台。自强社设有讲坛项目、参观学习项目、实践项目、培训项目等内容，鼓励学生自强不息，以提高自身的专业技能和综合素养来改变现状。

## 五、实施结果

### （一）创新思想政治教育的方式

通过创设"容国团党支部""容国团团支部""容国团班级"，营造符合学生心理特征和专业特色的育人氛围。举办"容国团杯"乒乓球锦标赛，作为第二课堂，拓展和延伸实践活动，调动学生参与的积极性；选拔优秀学生组建一批有特色的学生社团，利用学生的专业特长开展社会服务活动；在家庭经济困难学生中成立以自强拼搏为核心的自强社，鼓励学生以提高自身的专业技能和综合素质来改变现状。

### （二）创新思想政治教育的内容

将广东体育学院的人文传统、名人精神与实践育人有机紧密地结合起来，编写了《容国团与容国团精神读本》，将其作为必修课程纳入学校的人才培养方案。

### （三）为容国团精神的传承作出贡献

从"人生能有几回搏，此时不搏更待何时"到以"自强不息、爱国奉献、拼搏创新"为核心的容国团精神的提炼，并以传承容国团精神为主题打造的"传承容国团精神、在拼搏中圆梦"系列活动已初步形成育人体系，并已成为广东体育学院人才培养方案中的新增内容和特色亮点。

## 六、绩效评价

"传承容国团精神"项目结合广东体育学院知名校友容国团留下的宝贵精

神财富，通过多种方式加强体育院校大学生思想政治教育的力度，完善实践育人机制，形成了自己的特色，成为广东体育学院人才培养方案中的新增内容和特色亮点，具有一定的社会影响力。

广州体育学院协同国家体育总局，以及容国团亲属和生前队友、广东省立中山图书馆、容国团生平研究家何志毅先生、容国团故乡珠海市南屏村等有关单位和个人，收集和整理了容国团相关资料，编撰《容国国画册》，较完整地挖掘和提炼了容国团精神。活动得到了国家体育总局、容国团亲属、容国团的学生——世界冠军梁丽珍女士、何志毅先生和容国团故乡的高度肯定和支持。

广州体育学院充分利自身技术优势，开展"传承容国团精神、共筑足球强国梦"和广东省校园足球志愿者服务活动，在广东省21个地级市开展足球"三下乡"活动，这也是对校园足球项目推进创新模式的新尝试，在全省引起良好的社会反响，对广东省校园足球的普及、宣介、培训起到了积极的作用。

传承容国团精神，打造实践育人特色活动，也引起了影视界的关注，广东红孩子文化传媒有限公司联合广东广视传媒有限公司和广州体育学院，共同出品容国团影视作品《拼搏》，通过荧屏进一步宣传容国团的拼搏精神和爱国情操，作品目标是参加全国"五个一"工程奖等各大影视奖项的评选。

## 七、改进和提升

广州体育学院以容国团精神引领思想政治教育的一系列举措，符合当代大学生的思想特点，有效地拓宽了大学生思想政治教育工作的思路和渠道，是符合体育院校人才培养目标的有效尝试。随着时代的发展，以容国团精神引领的思想政治教育也需要在机制、手段、内容上进行不断创新，与时俱进，才能更好地促进学生的发展。在未来的工作中，广州体育学院将继续传承容国团精神，打造更坚实的实践育人平台，开展更加丰富的实践育人活动。

主要负责人：吴东昇

单位：广州体育学院

# 红网工程

为深入贯彻习近平新时代中国特色社会主义思想，占领学生思想政治教育工作的制高点，促使互联网成为思想引领的新媒体、组织动员的新途径、服务学生的新工具、开展工作的新平台，广州康大职业技术学院团委在工作中深入推进"红网工程"。

## 一、项目理念

网聚青春正能量，传播时代好声音。以红网工程为平台，按照"找准学生活跃的网络空间、运用学生常用的网络工具、发挥团学组织的整体优势、开展有针对性的教育工作"的基本思路，以网上思想引领、重点做好舆情收集与分析、引导社会观察、开展网络文明主题教育为主要任务，构建以团委微信平台为主体，团委微博、团委网站、基层团支部QQ直通车、论坛等一体化的网络思想引领与教育平台。

## 二、项目特色

（一）制度和管理：规范的运营制度和灵活的项目化管理

建立健全红网工程相关制度，涵盖引导机制、互动机制、约束机制、评估机制、保障机制、激励机制等；引入项目化管理，细分为红网工程项目的开发与决策、项目的计划与组织、项目的实施与控制、项目的评价与验收，实现红网工程"定位引导、定时发声、定期总结"的规范化运营和项目化管理。

（二）教育和文化：内化的网络素养教育和网络文化培育

第一，探索"微体验"，以体验式教育为理念，将行为体验与品质形成有效衔接，推行以下10项微体验，使新媒体成为思想引领、成长服务、组织建设的新阵地。①微活动，模仿冰桶挑战、侧颜挑战，通过在线传递，如开展"传递正能量、梦想微点名"、节水妙招挑战赛等网络活动，提高平台关注度和美誉度；②微征文，全力打造"三行情书"系列品牌，如开展国庆节三行情书、建党节三行情书、教师节三行情书、母亲节三行情书、七夕三行情书征集和评选；③微投票，除每年开展学生年度人物评选和青春榜样"五四"评优网络投票外，严格控制微信平台投票，将其视为"民主协商、征求意见"的有效载体；④微公益，开通微信平台失物认领功能，策划为身边雷锋点赞、"光盘"行动等公益活动，促进雷锋精神植入学生心里；⑤微调研，基于平台而展出的在线调研应用方式，以此掌握学生的思想动态，反映学生的正当利益，如学生对食堂满意度的在线调查问卷、校园安全隐患大曝光活动、对校医院的建议等；⑥微预约，主要包括团学各项活动场地申请、物资申请的在线预约，各项大赛及团学干事招聘的在线报名，既提高工作效率，又方便广大师生；⑦微访谈，主要包括"青春榜样微访谈""优秀校友微访谈""我在开学典礼上说""我在毕业典礼上说""学长学姐有话说"等栏目；⑧微信墙，活动现场关注主办方微信公众号，发送文字、表情、图文消息上墙展示，迅速提升现场热度；⑨微视频，以动漫、微电影等形式，制作富有文化内涵和思想深度的网络文化产品，如开设"青马"微课、拍摄毕业电视散文、社会主义核心价值观微电影等；⑩微数据，针对用户分析、图文内容分析、渠道分析、关键词分析等功能定时统计微信公众号的粉丝关注情况，根据统计对相关活动效果及某些敏感因素的影响作出判断，并对相关推广行为作出相应调整，从一定程度上实现监控与应对。

第二，打造"全媒体"，传统媒体与新媒体高度融合，实现立体化辐射。坚持"三个紧扣"，紧扣新媒体时代特征、紧扣大学生思想政治教育、紧扣网络公民教育，促使康大团委微信平台、微博、网站、班级QQ直通车形成统一的全媒体内容生产链，实现从"第一时间采写"向"第一时间发布、即时滚动播报"转变，把握网络思想政治教育的主动权和主导权。

第三，探索"全时空"，入学前与毕业后无缝对接，实现全程化覆盖。

第四，构建"两主线"，线上与线下有效互动，实现品牌化引领。围绕"两个全体青年"的工作目标，构建"横向到边、纵向到底"的立体网络，以权威渠道传播全视角资讯微体验，以全线交互拓宽领域互动微体验，以青春风尚引导正能量价值微体验。在开展传统形式"线下活动"的同时，以更为灵活的方式推进"线上活动"，探索多层级、宽领域、广覆盖、常互动的红网工程，以时尚方式网聚青年学生，引导学生树立正确的价值观。

第五，提供"多套餐"，推送与定制有机结合，实现个性化服务。

（三）平台和团队：多样化的协同平台和合理的运营团队

第一，狠抓四支队伍建设。发挥思想政治教育课教师"思想之源"的智库作用；让辅导员、团学干部成长为"通达之渠"；培养网络思想引领、网络舆论斗争的青年学生意见领袖，成就"奔腾之流"；组建网络文明志愿者队伍，形成汇聚青春正能量，传播时代好声音的"浩瀚之海"，培育"向上向善"网络文化氛围。

第二，构建三级联动机制。学院团委书记分管新媒体工作，团委下设网络团支部，专门负责微信平台、微博、网站等平台的管理，各系团总支成立新媒体工作团队，基层团支部设立网络宣传员，形成"院—系—班"三级联动机制。

（四）总结和研究：不断深入的网络思想政治教育规律总结和研究

树立用户思维，把握微时代受众"五求"心理，即求知心理、求新心理、求同心理、求趣心理、求美心理。同时，立足内容为王，精心研究团属新媒体七大特性，即真实性、思想性、可读性、时效性、情感性、规律性、扁平性。

通过红网工程的深入实践与研究，成功申报了多项校级以上课题：①团中央学校部、全国学校共青团课题研究资助项目"新媒体时代下高职生诚信教育实施策略研究"（课题编号：2015LX266）；②广东省高校思想政治教育资助课题"基于社会网络服务平台的学生工作方法与载体建设研究"（课题编号：2013ZY055）；③广东高校党建研究会项目"新媒体视域下民办高校党建工作新模式研究"（课题编号：2015MBYB8）。

## 三、项目实施

（一）项目主体

在学院党委的领导下，由学院团委具体负责本项目的实施，并确定双主体的原则，发挥教师和学生的双主体作用。

（二）项目对象

项目对象为全院师生，并辐射广大校友及关注康大团委微信平台的其他受众。

## （三）项目时空

自 2012 年 6 月开始，从每一届学生入学直至毕业的时间段，均推行基于微信平台的红网工程项目。项目空间是网络空间，主要是康大团委微信平台，同时包括团委微博、团委网站、基层团支部 QQ 直通车、论坛等。

## （四）项目内容

第一，通知公告类。最大限度地减少信息在传递过程中的失效，第一时间把各类活动的通知、预告传达给学生。

第二，校园动态类。及时发布院系团学工作动态，让更多的学生了解学校的发展和团学的魅力，明确自身奋斗目标。

第三，品牌项目类。如大学生素质联赛、文体艺术节、"青马"工程、暑期"三下乡"社会实践活动等，实行专题策划及系列跟踪报道。

第四，思想引领类。突出红网工程思想引领的本质定位，契合"中国梦""核心价值观""两学一做""三爱三节""三严三实""四进四信""五大理念""八字真经"，策划推送相关学习文章或专题栏目，如学"习"在路上等。

第五，线上活动类。充分发挥线上活动自主性、灵活性的优势，结合时事热点和重大节日，推出"与国旗合个影"、聚焦经济新常态——#奔跑吧小七#微话题等系列线上活动。

## （五）项目程序

第一，前期调研。就互联网时代，特别是基于微信平台的新媒体时代的网络宣传思想工作进行定期调研。

第二，建章立制。出台《关于在广州康大职业技术学院共青团系统组织开展"红网工程"的实施意见》，并建立相应的保障机制。

第三，项目实施。构建院—系—班三级工作体系，分层推进，层层细化。

第四，课题研究。根据项目的实施情况，开展课题研究，形成研究成果，以研究促工作提升。

第五，定期考核。每半月公布一次《院系微信平台影响力排行榜》，将红网工程的实施成效纳入学院学生工作考评和共青团工作考核体系。

第六，总结提高。立足学院大思政平台，构建"大宣传"工作格局，在每年一度的思想政治教育研讨会上，对红网工程实施过程中出现的问题进行分析总结，及时调整实施方案。

## （六）项目支持

第一，制度保障。将红网工程纳入学院总体工作，作为学生工作五项重点工程之一，将其实施效果作为学生工作考核及团内评优的重要指标；在团内评优单列"宣传思想工作先进集体和个人"；为负责红网工程的主要学生骨干发放电话津贴（每月300元）。

第二，队伍保障。建立一个相对稳定的工作团队，包括策划员队伍、信息员队伍、技术员队伍、评论员队伍。

第三，活动推动。学院每年上半年举办"网络文化节"，下半学年举行"网络宣传思想教育优秀作品评选"，通过各种赛事，推动红网工程建设。

## （七）技术方法

第一，统筹对内对外宣传，着力提高思想引领的能力。对内宣传是坚持立德树人的长效措施，对外宣传是用社会主义核心价值观引导青年学生的有效途径。坚持以正确的舆论引导人、正确的理论武装人、正确的思想塑造人、先进的典型感召人，深入分析网络信息时代大学生群体的思想政治状况、思维方式、行为模式、特点规律等，研究探索符合学生实际、时代特征、教育规律的新途径、新方法，善于用事实说话、用典型说话、用学生熟悉的话语体系做好宣传教育工作。

第二，统筹理论武装与理论创新，着力增强思想引领的针对性和感染力。统筹理论武装与理论创新，就是理论武装与理论创新并举，以更富针对性、实效性的理论创新推动理论武装贴近实际、贴近生活、贴近学生，以更富感染力的理论武装提升社会主义核心价值观的社会认同。寓教于练，为学生提供实践、锻炼、互动的交流平台，让学生在自主学习、自主锻炼中明确个人发展方向，树立理想信念，养成良好的行为习惯，在实践中形成正确的世界观、人生观和价值观，不断成长成才。

第三，统筹校园文化与校外文化，推进校园文化内涵建设。统筹校园文化与校外文化，就是树立大文化、大资源、大舞台的观念，按照大资源带动大发展、大开放推动大繁荣的思路，把外校文化、社会文化等作为发展校园文化的一种重要资源，借助校外文化大资源发展校园文化，利用社会大舞台展示校园文化，推进校园文化的内涵建设，实现网络资源共享，构建大宣传平台。坚持思想宣传内容同步在网站、微信公众平台、微博、班级QQ直通车等平台推送，实现网络资源的有效共享，增强工作的实效性。

第四，统筹硬件建设和软件建设，思想引领融入大学生学习生活的各个环节。在整合多方资源、增加硬件投入的基础上，更新思想教育工作理念，坚持以人为本，通过人性化的管理服务解决广大师生最现实、最关心、最直接的利益问题，增强宣传思想工作的亲和力。不断提高信息化条件下做好工作的本领，正视大学生思想活动的独立性、选择性、多变性、差异性，提高大学生识别主流文化与非主流文化的能力，在尊重人、理解人、关心人中教育人、引导人、塑造人。

## 四、项目成效

### （一）关注度高

康大团委微信平台关注度超58000人，超过在校生人数的10倍。

### （二）影响力大

康大团委微信平台影响力长期居全国高校团委前列，一度摘得全国高校团委桂冠（《南方周末》数据），稳居广东省高校团委前三（团中央学校部、广东学联），2015年阅读总量达1777059、点赞数为58824。

### （三）美誉度高

红网工程获全国高校共青团"四进四信"活动优秀项目，入选2015年全国高校名站名栏；学院团委负责新媒体工作的部门网络团支部被团中央学校部评为全国高校践行社会主义核心价值观示范团支部；在广东省学联举办的"青互动·三下乡"展示活动中，康大团委新媒体团队策划的作品《为什么说坚持是最长情的陪伴》排名第一；以康大团委微信平台为依托，承担了团中央学校部、省教育厅等课题共3项。

### （四）示范性强

两年来，10多所高校赴广州康大职业技术学院学习红网工程建设经验，院团委书记受邀赴10余所高校做相关培训，并在2016年广东团学论坛上做主题发言。

## 五、项目计划

### （一）适应新要求，健全新体系

契合新媒体、微时代的特点，健全"纵向到底、横向到边、全校联动、扁平高效"的组织体系。纵向到底，就是依托现有的团学组织体系，完善"校团委→院系团委→班级团支部→学生寝室→团学骨干"的纵向五级联系指挥体系。横向到边，就是按照舆情收集、信息分析、舆论引导、热点策划、技术支持等不同职能，构建横向分工协作的体系，通过电子邮件、即时通信、微信群、手机等主要联络方式，把全校团学干部密切联系在一起，按照不同层级实现信息资源共享。

（二）拓展新功能，开辟新阵地

思想引领的新媒体、组织动员的新途径、服务学生的新工具、开展工作的新平台，及时查看热门考证、报修、转账、缴纳电费等信息，深入探索开发校园手机报、"掌上康大"APP等新媒体，开辟学生思想引领工作的新阵地。

（三）创设新载体，打造新平台

以"青马"工程培育网络文明岗为载体，利用新媒体构建舆情监测与引导平台；以校企文化融合工程为载体，利用新媒体打造校园文化培育平台，实现校园文化与企业文化相融合；以标杆工程塑造学生骨干网络意见领袖为载体，利用新媒体搭设朋辈教育平台。

综上所述，通过红网工程，积极打造一批符合青年品位的线上线下活动，用时尚创意的方式释放网络正能量，用创新理念凝聚青年，用真情实感鼓舞青年，用信仰力量带动青年，必能实现"网络连班级，服务聚青年，团就在身边"的工作目标。

主要负责人：翁楚歆<br>
单位：广州康大职业技术学院

# 融合新媒体，探索智慧育人

2014年，习近平总书记在主持中央网络安全和信息化领导小组第一次会议中指出："没有网络安全就没有国家安全，没有信息化就没有现代化。"2015年国际教育信息化大会，国家主席习近平发来贺信，强调因应信息技术的发展，推动教育变革和创新，构建网络化、数字化、个性化、终身化的教育体系，建设"人人皆学、处处能学、时时可学"的学习型社会，培养大批创新人才，是人类共同面临的重大课题。

在信息时代大环境下，微语境和鲜活的媒体形式对高校传统的思想政治教育工作在主导性、话语权、实效性、影响力等方面产生了严重的冲击，促使一线的思想政治教育工作者重新审视和思考教育改革。高校思想政治教育与新媒体的深度融合是学生工作走向专业化、实现科学化的客观需要，是提升管理育人、服务育人水平的内在需求。华南师范大学教育信息技术学院（以下简称"学院"）政工团队充分发挥学院拥有的教育技术学国家重点学科优势和新闻传播专业特色，积极探索新媒体与高校学生事务管理的深度融合。

## 一、项目理念

智慧教育是当代教育信息化的新境界，是素质教育在信息时代、知识时代和数字时代的深化与提升。我们秉承"以生为本、个性发展、追求卓越"的理念，以"新媒体融合，智慧育人"为主旨探索"互联网+"下绿色高效的混合式管理育人新模式，打造"学习型、创新型、服务型、智慧型"四型学生工作品牌，力求在教育信息化发展的新阶段与时俱进，努力拓展学生工作的内涵和外延，建设智慧育人的学生事务管理品牌。

## 二、项目特色

项目探索了新媒体融合育人的新模式，打造了思想政治教育的绿色生态系统。我们构建"LAMS"模式，即个性化学习（Learning）、数字化交往

（Association）、智能化管理（Management）和网络化服务（Service）的"四位一体"模式。通过现实与虚拟两个纬度，融合校内外各种信息资源，促使学生自我净化、自我完善、自我革新、自我提高，使其自身能力和个性得到充分发展。

## 三、项目实施

### （一）以新媒体为依托，做好顶层设计

我们制订了《学院智慧育人行动计划（2012—2015）》，并相继推出了校党委3个立项的书记项目和品牌项目："信息环境下的学院党建模式构建""新媒体在学生党员教育中的运用""基于党建云平台的学生智慧党建工作"。2015年，教育信息技术学院也被华南师范大学列入践行社会主义核心价值观"青春引领计划"试点单位并立项精品项目建设。各项目规划了智慧育人的蓝图，提出两个阶段的建设任务：第一阶段从2012年1月1日至2012年12月30日；第二阶段从2013年1月1日至2015年12月30日。

### （二）凸显个性化，打造绿色高效的学习管理平台

为使思想政治教育信息化更加凸显实效性，学院精心打造两大平台。一是打造"智慧党建"网站。网站功能丰富、操作简便和设计系统化，分设"信息发布""专题讨论""学习专区""意见建议""申诉投诉"等栏目，是支部党务的在线教育管理平台，分布着16个学生网上党支部，每个网上党支部相当于一个只对内部成员开放的私有云平台。平台用户分为院党委书记（副书记）、辅导员、支部书记（学生）、党员四类。该网站集结党建日常管理、讨论、交流的功能，并建立暂缓就业毕业生网上党支部，开辟暂缓就业学生党员的管理新路径。二是建设"微课"课程体系。微课是国际翻转课堂前沿教育思想的一种载体。课程体系包括线上交流、学习教育、任务部署、考评、数据分析五大功能模块，建立了成员数据库，实现了学习交互和数据云分析。目前已经推送微课85个、优秀作品28个。

### （三）建设"微"语境，实现智能推送

情境感知是智慧教育最基础的功能特征。思想政治教育贴近学生实际，生动活泼、有感染力是目前改革的着眼点。例如，结合"中国梦"的主题教育开展了"如何为真"大讨论，围绕刚入学的研究生罗旋致党委书记的邮件《如何为"真"——学生求解》所提出的"真信仰在何处""真学习在哪里"

"真道路在何方"等疑惑,组织了学生党员、入党积极分子在学院"智慧党建试验区"进行了一年多的深入讨论交流,并举办了主题讨论成果汇报活动。学院8个党支部结合多种媒体,以数字化舞台表演、电子月刊、新闻播报等丰富多彩的媒体形式展现了学生积极思考和大胆创新的实践状态。

在党的十八大精神学习讨论中,学院邀请广东省委党校毕德教授辅导学习。讲座现场开通了腾讯微博墙,共收到99条发问,毕德教授在报告前、报告现场均与学生听众进行热烈的讨论和互动。会后,各党支部在"智慧党建试验区"讨论区发起"学习十八大精神"主题讨论,有效地提高了学生参与度和学习的个性化。

年级辅导员还通过QQ空间日志跨越时空界限,实时融入学生生活,加强育人成效。如仰望星空《阿乱系列》日志中,阿乱代表着大学生群体中的某些人,他每天都在演绎着精彩的大学生活,每天都会遇到不同的困惑,但其困惑最后都能得到颇有启迪性的解决。《阿乱逃课》《"喜欢做"和"能做":就业准备,你开始思考了吗?》《我眼中的师生关系》等日志在学生中影响很大。

学院通过微平台的多元化实现教育、管理、服务一体化,在学生社团管理和服务管理引入"云技术"系统和微信公众平台等手段。例如,创办了"华师教信党协"订阅号,实时播报从中央到学院基层党建动态;开通家长微信平台,开辟家校合作新模式;学生运动会通过多媒体手段进行实时签到、播报大赛赛况、展示各班风采,有效提高活动成效。

(四) 整合各方数字资源,打造信息化生态系统

学院借助新媒体的泛在网络,实现教育的无缝连接。在热点事件中抢占网上舆论制高点,率先发声、权威发声、引导发声,培养网络意见领袖,从而提高学生日常教育管理的主导地位。例如,我们和新浪、腾讯微博合作开展微访谈活动,和电视台、优酷网、土豆网开展微视频比赛;协助团省委新闻工作室针对社会热点关注的"小悦悦事件",即时启动网络"未成年人保护与自护"的大讨论和微博访谈,并联手南方电视台新闻中心发起了"传递温暖,拒绝冷漠"的绿叶行动。

(五) 立足理论研讨,引领实践探索

身处教育信息化新阶段,智慧教育的理论引领还需要一线工作者孜孜以求。从2011年项目开始,我们组织团队,积极申报科研项目,获得教育部辅导员骨干课题1项、省级思政课题3项立项等,产生了一批研究成果,发表《信息化:党的建设科学化的新路径》等2篇论文,撰写《党建信息化的演化

及其本质》等 4 篇论文，计划出版专著 1 部。通过理论研究提升认识，在更高层面上指导智慧育人的实践活动。

## 四、项目成效

### （一）获得社会关注和认可

学院的改革实践获得了社会媒体的关注、支持和认可。例如，我们携手大粤网举行了"从哑女到神童，一个留美博士生的心路历程"励志教育微访谈，邀请了中国的"海伦·凯勒"周婷婷及其父亲作为嘉宾。大粤网教育频道将其作为头条新闻并全程报道。该活动得到各方的积极关注和参与，话题点击率 2 万多次，提出的问题 167 条，转播量 8391 次。《信息时报》、新浪、腾讯微博、地方电视台、优酷网等媒体对我们开展的这类微活动给予了高度的关注和评价。

学院在承接幸福广州志愿服务站的项目（摩登站、穗园小区 2 个幸福广州志愿服务站 1 年管理）中，指导学生运用云技术实施微志愿管理。该经验被团市委重点推广，项目负责人王晓薇作为代表在广州市志愿时信息化系统管理骨干交流会上发言。该项目共服务民众 20 万人次，获评广州市"先进志愿服务集体""优秀志愿服务项目"，被团市委列为区级示范点，《新快报》等媒体对此进行跟踪报道。

学院立足理论引领实践探索，以所主持的教育部辅导员骨干课题 1 项、省级思政课题 3 项等为基础，引领学生工作创新发展。项目研究成果《符号消费视阈下大学生社会主义核心价值体系教育》获得了全国辅导员优秀论文评选二等奖，《基于环境教育的中国大学德育层次化的思考》获得省教育厅广东高校校园文化建设优秀成果论文成果类二等奖，《高校大学生智慧党建的实践探索》被评为校首届党支部活动创新案例比赛一等奖，项目相关经验获得了政府部门的认可。

2015 年，学院接待了广州中医药大学第二临床医学院、广东外语外贸大学政治与公共管理学院等兄弟单位前来交流"信息化环境下党建与学生管理工作"等专题工作，项目相关经验获得了同行的认可。

### （二）丰富了学习资源，满足了学生成长成才的个性化需求

学院拓展了思想政治教育阵地，创新了学生活动实践形式，丰富了学生教育、管理、服务内涵，实现了"4A 泛在学习"（Anyone, Anytime, Anywhere, Anyway）目标，促进了大学生的个性化发展。学院"红色博客家园"博客圈

内含 31 个党支部博客，共计 3209 篇博文，点击量 292997 次，形成了丰富的移动学习资源体系，如表 1 所示。

表 1　学院思想政治教育信息化学习资源

| 类　别 | 主　要　形　式 |
| --- | --- |
| 个性化学习 | 慕课、微课、微电影、微视频、微摄影、微盘、微刊等 |
| 数字化沟通 | 党建网站、微信群、订阅号、博客、QQ 群、微博群、数字新闻播报、电子期刊、网络工作议程设置、话题、实时播报、微博墙、转发评论等 |
| 网络化活动 | 微访谈、微会议等 |
| 智能化评价 | 学生电子成长档案、微博风云榜等 |

### （三）倡导了"做中学"，实现了学生的可持续发展

本项目引领学生在实践中学会了新媒体融合，更好地服务社会，提升其就业竞争力，实现个人的长足发展。例如，"公益拍"团队一直在探索多媒体助力公益创业的道路，接力棒从 2010 级到 2014 级一路传递，先后荣获第二届志愿服务广州交流会十大特色参展项目、第三届志愿服务广州交流会暨广州市青少年服务项目创意大赛金奖，团省委组办的首届"创青春"广东大学生创业大赛公益创业三等奖。郑少忠凭借微视频作品 *The Map of World* 荣获北京大学生电影节之第 12 届大学生原创影片大赛公益广告"最佳导演"。

《走进沙湾》团队的 10 位学生借助微摄影媒介，开展多媒体融合研究，作品获第十一届"挑战杯"全国大学生课外学术科技作品竞赛广东省赛区特等奖，研究成果被广州市番禺区沙湾镇政府等部门采用。这些学生本科毕业后，或者在暨南大学等高校就读研究生，或者到美的等大公司从事组织管理、传播策划等工作，就业质量较高。

2014 届传播学毕业生于冬瑞通过微摄影成功实现了个人的职业规划。在身边的同学还在为毕业论文埋头奋战的时候，他已经手握伦敦艺术学院的录取通知，同时还是华盖摄影和 *Lonely Planet* 的签约摄影师。在学院的引领下，他经历了人生观的蜕变：从大一迷茫、颓废到二年级游览国内的西藏、新疆，以及国外的越南、尼泊尔，他拍下近 13 万张照片；从一开始"看到什么就拍什么"到"渐渐地，我希望能通过摄影去传达一些东西，然后改善它原来的状态"。为了让更多的人能够亲眼看到漂亮的星空，于冬瑞在国家天文台的支持下，筹划在丽江老君山国家公园建立星空保护区，打造一个全免费的公益项目。《华南师大报》第 900 期以《星空的守护者》对其事迹作了专题报道。该

报道也荣获2014年中国高校校报好新闻评选通讯类一等奖。

学生科研创新团队也身先士卒，深入信息化育人的研究领域。2011年以来，学生获国家级以上奖项371人次，获省级奖项498人次，多项成绩实现了历史性突破，其中，《信息技术促进教育信息资源配置的区域性均衡发展策略研究》《信息时代的学习型组织建设策略研究——基于社会网络分析的视角》《基于优化MOOC教育传播策略的高等教育创新人才培养模式研究——中美25个地区1550个样本调查报告》3个项目相继在"挑战杯"系列竞赛省赛捧获特等奖，连续三届进入国赛并获二等奖等奖项5项，其中包括2013年获"交叉创新"二等奖（全国1195件作品入围终审决赛，共评出"交叉创新"一等奖作品20件、二等奖作品30件、三等奖作品50件，广东省获奖仅6项），2015年获"累进创新奖"银奖（全国743件作品入围终审决赛，共评出"累进创新奖"金奖作品5件、银奖作品12件和铜奖作品16件，广东省获奖仅2项）。

毕业生带着智慧育人的种子在教育一线继续传播，助力社会教育信息化改革。例如，在校期间协助团省委新闻工作室开展"小悦悦事件"网络大讨论的教育技术专业本科毕业生金煜良就职于东莞市教育局。参加工作不久，他就作为核心骨干协助市政府实施2015年十件实事之一——在全国首推规模化应用的公益性移动互联家校沟通平台"微课掌上通"，推动教育信息惠民微学习应用常态化，每年可为全市家长节省一亿元教育开支。2015年的教师、家长（含学生）常态化使用率分别为84.38%、56.24%，教师、家长（含学生）总体满意度分别为97.44%、92.75%。2015年5月，在教育部和联合国教科文组织合作举办的首届国际教育信息化大会的上，东莞市教育局作为广东省代表，以"互联网+时代的教学变革——东莞教育信息化新实践"展示了相关建设成果，得到国内同行的好评和关注，也获得媒体的广泛报道。

## 五、项目计划

华南师范大学教育信息技术学院政工团队继往开来，力争学生事务管理再上新台阶：

第一，制订学院"互联网+"智慧育人"十三五"行动计划。

第二，继续开发新平台，进一步完善平台和资源建设。

第三，建立智慧育人导航系统，增强思想政治教育的系统性和辐射力。导航系统包括内容检索和路径指引，加强资源要素、制度要素、队伍要素等机制建设。

第四，加强新媒体在学生创业创新方面的运用，推进智慧育人在创客教育方面的探索。

新媒体融合，智慧育人是一个系统工程，学院今后将在理论引领方面加大投入，在资源开发和管理平台等方向加快建设步伐和运用频率，进一步提升思想政治教育工作的信息化水平。

主要负责人：王莉、陈雄辉、陈茵茵等<br>单位：华南师范大学

**参考文献**

[1] 王莉. 信息化：党的建设科学化的新路径［J］. 电化教育研究，2014（3）.

[2] 陈雄辉，张韵. 党建信息化的演化及其本质［J］. 岭南学刊，2015（6）.

[3] 王丹丹. 符号消费视域下大学生社会主义核心价值体系教育［J］. 高等农业教育，2015（5）.

[4] 王莉. 基于环境教育的中国大学德育层次化的思考［J］. 现代教育论丛，2009（8）.

# "红色先锋,愿景支部" 4D 建设工程

在坚持从严治党、党的基层组织建设日趋规范和严格的今天,高校学生党支部不断探索如何在新形势下提升党建内涵,扩展党建工作途径,发挥党建育人的作用。围绕深化中国特色社会主义和"中国梦"的宣传教育,培育和践行社会主义核心价值观,落实立德树人根本任务,在广东药科大学党委的高度重视下,在中药学院党委的指导下,广东药科大学中药学院学生工作团队结合基层党建工作实际,立足创新型医药人才的培养方向,不断探索、实践、创新学生党建工作的新模式、新方法。自 2010 年起,随着"红色先锋,愿景支部"项目的开展,4D[①] 建设学生党建教育平台在中药学院落地生根,孕育成长。

## 一、项目背景

大学生党员是党旗的一抹红,他们不仅是中国特色社会主义事业的建设者和接班人,更是实现中华民族伟大复兴的中坚力量,如何培养好大学生党员,给高校基层党组织的建设工作提出了更高更新的要求:更高体现在育人水平与内涵的提升,更新体现实践内容及途径的创新。当前,学生党支部作为战斗堡垒的凝聚力作用发挥得仍不明显,往往只是根据学校的常规学习要求,局限于日常组织生活的开展,大学生党员教育和管理仍处于弱化状态,缺乏整体工作思维及实践育人之成效,致使学生党员后续教育跟不上社会新形势的快速发展。

党的十八大报告指出要创新基层党建工作,夯实党执政的组织基础,在新形势下要敢于用新思维、新方法进行探索,提高执政的科学化水平。因此,中药学院自 2010 年开始在全院学生党支部中开展实施"红色先锋,愿景支部" 4D 建设工程。

---

① 4D 指"高度、深试、宽度、温度"四个维度。

## 二、项目理念

"红色先锋,愿景支部"4D建设工程为实现共同愿景而努力。一方面,在党的十八大精神的引领下,通过弘扬社会主义核心价值观,坚持立德树人,构建学院党委的大愿景,即培养合格的社会主义接班人及建设者;另一方面,学生党支部立足于医药专业实际,在大愿景的引领下实现支部共同愿景,自觉、主动实施党支部立体化培养目标计划。此项目蕴含两层深刻含义。

### (一)第一层:顶层设计——4D建设工程

中药学院党委从"高度、深度、宽度、温度"四个立体化培养角度,即4D建设工程对各支部愿景形成进行顶层方向指引(见图1)。

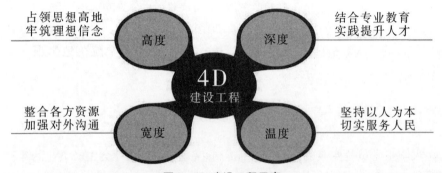

图1　4D建设工程示意

高度:占领思想高地,牢筑理想信念。学生各党支部将持续不断的理论培训、党性教育作为每一个共产党员的必修课,为实现支部共同愿景提供保障。

深度:结合专业教育,实践提升人才。学生各党支部结合年级特点,挖掘中药学专业各学科知识与党员教育相联系、相融合的教育资源,让学生党员把所学运用于实践,提升其在解决问题时综合运用知识的能力。

宽度:整合各方资源,加强对外沟通。鼓励学生打破党支部内部活动的单一渠道,整合资源,多利用现代信息技术手段,走出学院,走出校门,实现多方位共融的活动形式。

温度:坚持以人为本,切实服务人民。牢记党为人民服务的宗旨,广泛调动学生党员主动参与社会、参与校园,做贴近生活、贴近实际之事,发扬中药学子服务同学、服务社会的精神,提高其奉献意识、责任意识和自强意识。

### (二) 第二层：落地实施——构建支部共同愿景

各支部牢抓方向，在汇集、统合各学生党员个人愿景之上，由支部共同创造出大家认同并真心渴求的关于支部未来目标实现状态的景象，利用学生党建活动项目化管理办法，实现党支部团体进步和学生党员个人的成长。

"红色先锋，愿景支部"4D建设工程与学生党员思想实际紧密结合，打破自上而下的灌输教育模式，逐渐营造自下而上的学生自我教育环境，将传统的党组织生活模式转变为富有生命力的项目运行模式，通过项目目标的外在控制力激发愿景支部的内在驱动力，为高校党员教育注入新的活力，以此促进学生党员的素质发展，不断提升高校基层党支部建设的内涵。

## 三、项目实施

### (一) 项目对象

广东药科大学中药学院在读本科、研究生中共党员、预备党员为主体，辐射中药学院学生入党积极分子、入党申请人。

### (二) 项目时空

中药学院自2010年起，在全院学生党支部中开始愿景支部的建设活动；自2012年3月起，引入实施"中药学院学生党建活动项目化管理办法"，即在愿景支部实现过程中引入项目管理的概念，通过对支部活动的工作内容进行项目设计及实施、质量控制及评价，逐步形成具有学院特色的学生基层党支部4D建设工程。在实施时间上，学院将每学年3月定为党建项目化立项申报阶段，4—11月为项目化实施阶段，12月为立项结题评审阶段，通过固定项目各环节的时间节点，使各党支部能根据实际，形成自主、自动、自觉地接受教育的行为诉求。在实施空间上，通过对学院4D建设工程培养目标的分解再融合，打破党支部教育活动单一的渠道、零碎的内容和分散的体系，形成全方位、多角度、立体式的教育模式。

### (三) 项目内容

支部共同愿景是一种内在驱动力，中药学院从4D立体化培养角度对各支部愿景的形成进行顶层设计指引；项目管理则是一种外在的控制力，中药学院通过每年实施一次学生党建活动项目化管理计划，保障党支部在愿景支部建设目标过程中及时解决热点、难点问题，将4D立体化建设总目标分解落地，确保愿景支部的高效建设。

1. "红色先锋，愿景支部"4D建设工程目标及活动主题确定

"红色先锋，愿景支部"4D建设工程需要支部结合各自未来愿景，围绕4D总体建设方向明确每一年党支部的建设目标，每一年项目申报前需要支部学生党员结合当前形势，摸清支部建设过程中亟须解决的问题，通过认真思考及广泛调研，明确立项的目的和意义，提出详细可行的操作方案，为实现共同愿景，一步一个脚印的积累。学生党建活动项目化让学生党员自己决定开展组织生活及后续教育的形式和内容，不仅能让党组织了解学生党员的真正需求，同时也能提高学生党员参加支部教育的兴趣和动力。在整个项目过程中，学生党员需要思考自己能够为这个组织做些什么，通过活动和自己的努力能够给每一位成员带来什么；学生党员干部需要全面统筹，使全体成员合力协作，贯彻实施项目活动，增强党员的团队凝聚力。

2. "红色先锋，愿景支部"4D建设工程实施途径

各支部在项目实施的过程中，需要根据4D立体化要求将目标分解为可具体操作的子项目，以此来保障党支部的共同愿景实现。因此，"红色先锋，愿景支部目标"实施通过以下两部分内容进行。

（1）高度、宽度：红色先锋，责任传承——实现大学生党员素质提升。通过实施党内培训、榜样示范、结对共建等计划内容，搭建多方位素质提升平台，激励学生党员个人成长。具体实施内容见表1。

表1 红色先锋，责任传承——实现大学生党员素质提升

| 名 称 | 目 的 | 实施内容 | 预期效果 |
| --- | --- | --- | --- |
| 党内培训 | 葆有一分责任心 | 三会一课 | 学生党员系统学习中国特色社会主义系列理论，让理论学习长抓不息，作风建设长抓不懈 |
| | | "青马"班 | 入党申请人及团学骨干以青年马克思主义培养平台打基础，加强政治修养，端正入党信念 |
| | | "我是党旗一抹红"团体辅导 | 创设团体辅导的情景，让党员在思想的碰撞中升华，提高党性认识 |

续上表

| 名 称 | 目 的 | 实施内容 | 预期效果 |
|---|---|---|---|
| 榜样示范 | 激发一分进取心 | 学生党支部风采大赛 | 对优秀学生党员、党支部进行展示和宣传，形成你追我赶的良性竞争 |
| | | "寻找身边的TA"主题党日活动 | 让优秀的学生党员成为思想素质过硬、专业知识技能强的一面鲜活的旗帜，带动身边的学生共同进步 |
| 结对共建 | 常留一颗学习心 | 校内党支部携手党团及其他基础组织共建牵手社会 | 拓宽党建学习、交流渠道，达到组织共建、资源共享、党员互帮、和谐双赢的目标 |

（2）深度、温度：红星熠熠，愿景支部——实现特色学生党支部建设。在学生党员素质提升的基础上形成合力，助力学生党支部建设，鼓励各党支部从中药学专业入手，找准方向，通过项目立项申报实现支部愿景。广东药科大学中药学院现有本科、研究生学生党员共452人、学生党支部7个，全部学生党支部均参与了党建工作项目化的立项，为各支部未来目标进行了愿景规划。部分支部愿景如表2所示。

表2 部分支部愿景

| 支部名称 | 支部愿景 | 主题内容 |
|---|---|---|
| 研究生党支部 | 你我同行 让爱永驻 | 以关注广州市少年宫社会特殊儿童为主题，建设服务型学生党组织，发扬中药学子党员服务同学、服务社会的志愿精神 |
| 大学城校区2011级学生党支部 | 我心跟党走 我爱我奉献 | 发扬党员奉献精神，携手廉江石岭镇政府，关注留守儿童并对特困孤儿开展结对助学，以"蓝信封"延续后续交流 |
| 大学城校区2012级学生党支部 | 立足专业特点，建设学习型学生党支部 | 通过健全学习机制，营造浓厚学习氛围，弘扬中药传统文化 |
| 大学城校区2013级学生党支部 | 建设创新示范型学生党支部 | 创新思维，利用新媒体技术，开展网络党建工作；创新示范，组建党员创业团队，投身中药事业 |

### 3. "红色先锋，愿景支部" 4D 建设工程成果评价及展示

每一年项目结束后，中药学院党委将结合愿景支部具体实施项目进行统一组织考核验收，做好经验总结及后续管理，形成长效实施机制。同时，对愿景支部建设中涌现出的优秀学生党员、优秀党支部进行展示与宣传，激励各党支部以更为积极的态度，修正方向，为实现最终共同愿景继续努力。

### （四）项目程序

每一年 4D 建设工程项目活动由申请至完成，可分为以下五个阶段。

（1）启动阶段。要求各学生党支部在摸清问题的基础上，结合支部愿景，向广大党员群众开展调研，广征意见，分析工作项目的可行性，确定立项方向和目标。

（2）计划阶段。要求各党支部根据项目总体时间安排，合理制订项目计划书，确定项目工作范围，进行项目工作分解，估算各个活动项目所需的时间和费用、进度安排和人员安排等。

（3）执行阶段。确保各党支部根据项目计划进度，有序、协调地执行，其间，中药学院党委将进行阶段性中期检查，要求各党支部完成中期检查报告，等等。

（4）控制阶段。如党支部在开展工作的过程中出现计划偏差时，可根据项目的总体目标对项目进行变更控制，相应调整项目实施内容。

（5）总结阶段。在项目结题时间内，对项目进行验收和评价，同时做好经验总结及后续管理，不断完善配套措施，形成长效机制，为下一阶段的项目申请做好准备。

项目实施流程如图 2 所示。

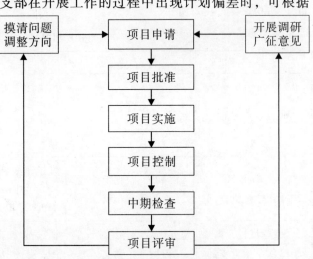

图 2　4D 建设工程项目实施流程

## 四、项目特色

### （一）4D 顶层设计，为支部科学发展建设抓牢方向

4D 建设工程牢牢把握高校党建教育服务及人才培养的任务，科学系统地将党支部建设方向置于立体化教育目标之下，通过顶层设计与引领，在意识形态、组织教育、实际践行中系统提高学生党建的科学化水平。

### （二）管理方法新颖，为创新党员教育形式注入活力

通过学生党建活动项目化的运作形式开展愿景支部建设工作，在目标统领之下，让学生党员自己决定开展组织生活及后续教育的形式和内容，不仅能让党组织了解学生党员的真正需求，同时也能提高学生党员接受教育的兴趣和动力，提高组织生活质量，提升党员受教育的效果。

### （三）项目机制长效，为支部愿景建设常态化奠定基础

项目通过固定各环节的时间节点，使各党支部能根据实际，形成自主、自动、自觉地接受教育的行为诉求。同时，项目实施跨度为两个月的暑期，学生党员可利用这段相对集中的时间进行党建课题研究，进一步提升党性修养；也可深入了解社会，在服务他人、奉献社会的实践中得到锻炼。党建工作项目化能让党组织、学生党员看清哪些党建工作需扎实地坚持和完善，哪些党建难题继续认真研究解决好，哪些党建特色和亮点可以总结提升好，从而形成良性循环。

## 五、项目成效

"红色先锋，愿景支部" 4D 建设工程的培养效果已在支部建设中凸显出来，党员们在项目运行过程中不断培养出自我教育、自我管理、自我学习的良好意识，各党支部的凝聚力也得到不断提升。

### （一）目标明显，战斗力强

愿景支部有明确的目标，申报前需要学生党员结合学校党建发展方向、支部党员专业等特点，摸清党员教育活动中亟须解决的问题，通过认真思考及调研后提出详细可行的操作方案，目前，已有 7 个学生党支部确立了各自不同的支部愿景，并为此开展了长期了项目实施计划，支部的凝聚力及战斗力得到了

显著的提升。

### (二) 先锋引领，成效显著

由于实施了4D建设工程，中药学院涌现出一批优秀的学生党员和既有特色又有实效的党建品牌项目。中药学院开展了三届学生党员风采大赛、四届"寻找身边的TA"主题党日活动，对优秀学子、党支部在全院范围内进行了展示和宣传。

**1. 省、市级奖励、奖项多**

2015年，《红色先锋，愿景支部——中药学院学生党支部建设工程》获中共广东省委教育工委创新优秀案例奖（全省20个）。

2013—2015年，中药学院研究生党支部、14级学生党支部，在广州市第二少年宫开展特殊儿童志愿服务，连续三年获得广州市少年宫公益教育发展中心优秀志愿者团队称号。

2014年，"青马"班"红色印记小分队"作品《铭史，承梦》获得广东省教育厅举办的"仁爱共济、立己达人"社会关爱行动博客大赛优秀奖。

2014年，2011级学生党支部高观兴优秀事迹被收录在广东省关工委优秀践行社会主义价值观人物故事汇编中。

2013年，2011级学生党支部成立的"向日葵"廉江支教志愿服务队博客获广东省教育厅"我的中国梦——立志·修身·博学·报国"系列活动中"大手拉小手——万名留守、流动儿童及困难群体关爱行动"博客大赛二等奖。

2013年，2011级学生党支部"岭南灵芝队"撰写的征文获广东省教育厅"我的中国梦——立志·修身·博学·报国"系列活动中"走进千家万户，了解国情民生，我为祖国献青春"征文大赛二等奖。

2013年5月，广东药科大学学生工作团队获"广东省首届高校学生工作优秀团队"。

**2. 模范作用突出**

基层党支部战斗力不断加强，党员先锋作用逐渐显现。2014年12月，4D建设工程项目获广东药科大学校级学生工作精品项目立项；2013年6月，中药学院党委获广东药学院学习中国共产党十八大报告征文比赛优秀组织奖；2011年6月，中药学院学生党支部获得广东药科大学先进基层党支部称号。

## 六、项目计划

### （一）抓项目，强队伍，提升育人新内涵

目前，中药学院全体学生党支部都能参与建设工程的运行中，下一步，中药学院党委将加强对党建工作项目化过程监督，对于活动中出现的问题及时改正，对于活动中出现的困惑及时解答，打造过硬党支部，以保证党建工作项目化阶段性目标高质量达成。同时，坚持与时俱进，用党的理论创新最新成果引领工程，不断提升党建育人内涵。

### （二）强核心，创特色，扩大工程影响力

中药学院将不断升华核心理念，把中药学院专业及医药悠久文化融入党建工作愿景构建，凝练特色，进一步宣传党建工作项目化，继续扩大4D建设工程的覆盖面，力争依托这一有利平台，合理统筹各项资源，让全体大学生受益。

### （三）树品牌，成机制，推广宣传供借鉴

努力将一批有专业特色、运作良好、效果凸显的支部愿景项目打造成可推广、可示范的学生党建工作品牌，以推动广东药科大学党建工作科学化、专业化、长效化的发展，同时也为兄弟院校开展大学生基层党支部建设研究提供经验参考。

主要负责人：梁嘉、黄建明、徐思师等<br>单位：广东药科大学

**参考文献**

[1] 文霞. 建国以来我国高校实践育人的理论与实践研究［D］. 西安：陕西师范大学，2013.

[2] 赵士兵. 马克思主义意识形态理论视阈下的社会主义核心价值体系问题研究［D］. 哈尔滨：哈尔滨师范大学，2010.

[3] 赵佳. 用社会主义核心价值体系引领大学生价值观教育研究［D］. 兰州：兰州交通大学，2012.

[4] 夏阳，汤兴荷，朱琰. 高校党建工作项目化管理的实践与探索［J］. 学校党建与思想教育，2012（3）.

[5] 钟明荣. 项目管理视野下的大学生党建工作创新［J］. 学校党建与思想教育，

2012（12）.

［6］汪璞，周殷．高校学生党建工作项目品牌化研究［J］．南方职业教育学刊，2015（5）.

［7］崔龙涛，吴志新，王鑫．论高校学生党支部战斗堡垒的建设路径［J］．广西青年干部学院学报，2015（12）.

［8］潘新华．高校学生党支部凝聚力工程的实践创新研究［J］．教育理论与实践，2011（18）.

# 梦想创新园

## ——大学生创新育人平台的构建与实践

创新是引领发展的第一动力。国务院颁布的《关于深化高等学校创新创业教育改革的实施意见》明确指出，深化高校创新创业教育改革，是国家实施创新驱动发展战略、促进经济提质增效升级的迫切需要，是推进高等教育综合改革、全面提高高等教育质量、促进高校毕业生更高质量创业就业的重要举措。培养创新型人才是高校的重要任务，而有效的学生工作是培养学生创新精神的重要保证。广东技术师范学院自动化学院（以下简称"学院"）学生工作根据国家发展的要求、社会的需求和工科学院的优势、特点，以"特色发展、卓越追求"为育人理念，以"创新、合作、奉献"为精神引领，2003年起，积极打造独具工科特色的学生事务管理精品项目——梦想创新园，落实高校培养创新型人才的重要任务。

## 一、项目理念

大学作为人才培养高地、创新资源集中地及重要源头，大学教育应该全方位激活大学生的创新创意创业基因。梦想创新园项目结合课堂的专业教育，以基础和实践为两大突破口，构建"意识培养、体验感悟、实践创新"三位一体的创新服务育人平台、为学生的创新和梦想插上腾飞翅膀的精神家园，使学生探索有窗口，学习有氛围，交流有渠道，锻炼有舞台，成长有空间。"意识培养"是梦想创新园的第一阶段，通过组织学生参加名师面对面、企业精英论坛和朋辈分享会等，唤醒学生的创新意识，启迪学生的创新思维。第二阶段"体验感悟"，通过参观学生课外科技成果展、企业之旅、创意活动、走进企业体验创新成果等，激励学生敢想敢做，形成"处处有创意、人人能创新"的校园氛围。第三阶段是"实践创新"，学生开始进入各类平台、项目和团队进行分类培养，经过平台和项目的磨炼，提升动手能力和创新能力，形成一种"讲科创、爱科创、能科创"的创新文化氛围。

## 二、项目实施

### （一）项目主体

为保障创新育人的效果，梦想创新园采用"学生主导、教师指导、学院引导"的管理模式，成立了学院创新工作领导小组、大学生实践指导中心、导师团、学生创新与创业联合会和学生创新创业党支部。学院创新工作领导小组由学院党委副书记、教学副院长担任组长。大学生实践指导中心由各系部主任和学科带头人组成，负责为梦想创新园提供新的发展思路和方向，做出前景规划。导师团由副教授或博士以上的专业教师和企业工程师担任，主要职责是对创新过程进行指导，对活动过程中出现的问题，定期、分阶段地进行充分探讨、交流，解决科创盲点、难点。学生创新与创业联合会的主要职责是策划实施学院创新活动，管理创新团队，并为创新活动参与者提供服务和帮助。学生创新创业党支部由敢于担当、勇于创新、善于管理的学生党员组成，他们承担着各竞赛团队的队长和项目主持人的职责。

### （二）项目对象

自动化学院在校普通大学生。

### （三）项目时空

2003年开始在自动化学院实施，共涵盖电气工程及其自动化、自动化、测控技术与仪器、建筑电气与智能化、智能电网等五个专业。

### （四）项目内容

**1. 意识培养阶段**

意识培养阶段的主要目标在于引导和启发。通过聆听、交流、对话等方式，帮助大一新生提升创新创意创业意识，激发创新创意创业的兴趣。

（1）名师面对面。学院已经举行了30期"名师面对面"，重点邀请校内外知名的专家主讲专业发展方向、学科发展前沿、创新思维的培养等，帮助学生了解专业、学科发展，培养学生的专业认同，坚定学生创新的决心和信心。

（2）企业精英论坛。学院先后邀请数十位在行业内有广泛影响力的知名企业精英来校讲学，帮助师生了解专业应用情况和行业发展趋势。企业精英们利用丰富的工程实践经验，为广大学生提灯引路、传经授业，学生获益良多。

（3）朋辈分享会。学院每年组织在各类省级以上学科竞赛或项目获奖的学生开展朋辈分享会，发挥优秀朋辈的榜样示范力量，搭建共同学习、共同成长的平台。通过经验分享和交流，大多数学生获得了启发，由此也对课外科技创新有了更加深入的思考，尤其是高年级优秀学长的帮助和引导，对低年级学生的成长有非常好的引领作用。

2. **体验感悟阶段**

体验感悟阶段的主要目标在于创造更多机会让学生近距离、多层次接触各类创新实践活动，增强学生对创新创意创业的感性认识，鼓励和支持学生敢于尝试，勇于逐梦。

（1）学生课外科技成果展。每年一次的课外科技成果展已成功举办13届，已成为学院最具创新教育成效的品牌活动。科技展利用丰富的图片、精致的模型、动感的视频、完美的演示、别开生面的科技论坛，充分展示了科技创新融合趣味性和科技性的文化魅力，树立起了学院特色感强、显示度高、文化味浓的文化形象，彰显了学院独特的文化追求及文化品位，激发了学生的荣誉感，增强了学生创新的自信。

（2）创意活动。学院为引导低年级学生在实践中体验学习、动手、动脑、创造的乐趣，开展了难度低、受欢迎、参与度高的宿舍创意大赛和彩灯节，展现学生塑造美好生活的智慧和灵感，尽显创意创新之魅力。

（3）企业之旅。学院每学期都会组织学生前往国内外知名企业进行参观，如中国南方电网有限责任公司、美的集团、广州丰田汽车有限公司等，为学生提供提前接触企业、了解企业实际需求、感受行业发展的机会，帮助学生明晰定位，明确学习目标，确定发展方向。

（4）企业实习。学院利用寒暑假组织学生到企业开展实习活动，实习企业包括广州视源电子科技股份有限公司、周立功单片机发展有限公司、广州柏诚智能科技有限公司、广州白云电器设备股份有限公司等企业，帮助学生更加清晰地认识自己，寻找自己的努力方向，积极锻炼专业技能。

3. **实践创新阶段**

就自动化学院学生而言，实践动手能力和创新能力是其核心能力的集中体现，实践创新阶段主要通过五个平台的打造，帮助学生实现掌握基础知识和运用基础知识于实际的完美结合，助力学生圆创新梦。

（1）训练平台。学院鼓励和支持学生早进课题、早进实验室、早进团队开展创新实践活动。学院以招募志愿者的形式聘请了一批综合素养高、动手能力强的优秀学生担任实验室助理，协助课外开放实验室，使实验室由单一的实验功能转变为综合性创新创业实践平台；并依托学科优势和科创成果，打造了学生自主管理的协同科技创新平台"工程坊"，实行"自主申请→培训→发放学生自主活动卡→预约→自主使用"的运行模式,在工程坊里,学生靠兴趣驱动,进行各种工程实践活动。

同时,学院注重引导学生自己负责,自拟实验项目,积极申报大学生创新创业训练计划和攀登计划。并鼓励教师科研项目组遴选学生参与老师的科研项目。2011—2015年,学院参加大学生创新创业训练计划的学生已达1300多人,获资助经费66.09万元(如表1所示)。2015—2016年,学院5个项目获得攀登计划资助经费共计18万元(如表2所示)。目前,有66名学生在16个教师科研团队参与研发工作。

表1 近五年大学生创新创业计划立项情况

| 年 份 | 校级立项数 | 省级立项数 | 国家级立项数 | 经费(万元) |
| --- | --- | --- | --- | --- |
| 2011 | 26 | — | — | 1.82 |
| 2012 | 37 | — | — | 2.98 |
| 2013 | 31 | 12 | 7 | 20.50 |
| 2014 | 38 | 14 | 6 | 18.47 |
| 2015 | 57 | 7 | 8 | 22.32 |
| 合计 | 189 | 33 | 21 | 66.09 |

表2 近两年攀登计划立项情况

| 年 份 | 立项总数 | 重点项目 | 一般项目 | 经费(万元) |
| --- | --- | --- | --- | --- |
| 2015 | 3 | 1 | 2 | 10 |
| 2016 | 2 | 1 | 1 | 8 |
| 合计 | 5 | 2 | 3 | 18 |

(2)交流平台。为实现学生"自我教育、自我培训、自我完善"的理念,激励优秀本科生在同龄人中攀登学术制高点,学院开展了"学术我来讲"学生科技讲坛,引导学生将自己的学术创新成果进行展示、交流和碰撞。该活动打破了以往固有的交流模式,充分调动了学生的主体性,有利于激发学生探索新知的勇气。

(3)竞赛平台。面向高年级学生分类分级建立了以全国"飞思卡尔"杯智能汽车竞赛、机器人竞赛、全国电子设计大赛为龙头,以"挑战杯"全国大学生系列科技学竞赛(广东)、节能减排大赛为重点,以校内智能控制大赛、巡迹智能小车等竞赛为基础的"三层面"竞赛平台。三个层面联动,不仅为学生参加创新活动、展示个性和锻炼能力搭建了平台,而且在校园里营造了良好的学习氛围，激发了学生的学习兴趣，达到以竞赛促教学、以竞赛促学风的目的。

（4）校企平台。引进企业的设备资源，共建创新实验室，共同指导学生。目前，已与周立功单片机发展有限公司、广州柏诚智能科技有限公司等建立多个校企联合创新实验室，企业派遣实践经验丰富的专业技术人员和专家为学生进行各种讲座和培训，开拓学生视野，提高其专业学习兴趣和创新精神，为学生的学习和研究提供了优质的资源平台。

（5）服务平台。学院学科竞赛学生组成的科普服务小组先后前往广东省实验中学、花都狮岭中学、龙口西小学、江高中心小学等中小学开展"科普进校园"公益活动，并承担了2012—2016年广州市科技和信息化局"科学大使计划"。家电PC志愿者服务团队利用课余和寒暑假走向校园、走进社区、走入乡村，为同学和老百姓提供定点服务。该活动既打造了专业品质、专业人才、专业精神，也将公益活动带出了校园，带进了普通百姓的生活，增强了学生的奉献精神和社会责任感。

## （五）项目程序

创新育人平台主要分以下"五步走"。

### 1. 定体系

完善的组织机构和健全的制度机制，是深入持久地开展科技创新活动的重要保障。学院规范了创新工作管理制度和专项经费使用制度，健全了各类表彰、奖励机制，使得创新育人平台有专人负责，有专项经费，有专用场地，有专业老师指导。

### 2. 搭平台

分类分级建立训练、交流、竞赛、共建、服务五大平台，五大平台联动，确保创新活动有计划、有步骤、分类分层开展推进。

### 3. 建梯队

采用集中统一组队和分散自主组队相结合的办法，形成高年级带低年级、具有良好的"传帮带"氛围的项目团队、校内赛团队和校外比赛团队等三类创新团队。在创新实践中，将在某个领域中具备专长的学生安排进入教师的科研团队，从而实现学生个性化、高水平培养。

### 4. 出成果

创新育人平台在课程体系和教学内容改革中扮演着先行者的角色。"出成果"是创新育人平台最重要的关键性工作，它决定着学院创新文化的传承，包括组织成果展、出版作品集、申请专利、发表论文等。

#### 5. 树典型

学院特别重视塑造品牌，注重分享，以点带面地推动创新实践育人工作，营造创新文化氛围。学院挑选各方面表现出众的学生党员作为科技创新活动的负责人，每年开展创新标兵评比，并及时对创新标兵、国家级学科竞赛获奖者等先进个人和团队进行宣传推广，让他们在学生中发挥榜样的感染和传承力量，感染、激励、号召和带动更多学生共同进步、共同成长。

### （六）技术方法

#### 1. 实践教学法

项目自实施以来，学生积极参与到实践活动中，既开阔了视野，也提高了专业知识和技能，并有效激发了创新热情和创造力，还在实践中检验和提升了理论知识。

#### 2. 朋辈教育法

项目选拔高年级学长带领指导低年级同学开展项目、竞赛和社会服务活动，发挥学长引领示范作用，朋辈教育效果明显。

#### 3. 目标导向法

在导师的指导下，学生根据自身特点、能力和项目目标，制定并努力实现目标，目标完成后再寻找新目标的目标导向过程，使学生"奔跑有方向"。

#### 4. 激励机制法

项目注重平时的宣传推广，也注重年终总结表彰，通过点面结合的精神奖励和目标激励，激发学生争当典型，不断提升自我实现价值。

## 三、项目成效

### （一）学生创新活动覆盖广

经过 13 年的努力，"实践、创新"已成为全院师生的共识，依托梦想创新园打造的"一节一月一计划"，即"我的工程梦"科技节、"风华正茂"科技月和论坛成长计划，已成为学院创新教育的一个重要环节和活动品牌。学生参与各类创新活动的覆盖面已达 100%。

### （二）学生创新实践成绩斐然

近五年来，学院在全国"飞思卡尔"杯智能汽车竞赛、全国电子设计大赛等竞赛中取得优异成绩，获得国际奖项 2 项，省级以上奖项 180 项。49 名学生获国家实用新型专利 30 项。学院编辑科技创新创业实践作品集 6 本——

《创新思维在学生中萌芽》《创新思维在学生中成长》等。2010级自动化专业学生庄鑫财因科创成绩突出、综合素质高,获得"广师之星"荣誉称号及国家奖学金,入围第九届大学生年度人物候选人。

### (三)学生就业核心竞争力强

各个项目、比赛都以团队的形式开展,在组队共同完成一个项目的过程中,每位组员都独立思考,提出各自的真知灼见,同时,注重交流沟通、相互了解、分工协作、尽职尽责,充分发挥集体的力量、集思广益、出谋献策。这不仅培养了学生的团队合作精神和开放性思维能力,提高了学生创新和实践动手能力,还提升了学生的就业核心竞争力。因此,学生在升学、就业中的表现与众不同,深受用人单位的肯定和欢迎,如2015届测控专业毕业生李愿娜因综合素质高而被阿里巴巴公司总部录用。

### (四)学院创新文化氛围浓厚

创新育人平台所倡导的科技创新文化,赋予了校园文化新内涵,既推广了竞技性学习这一获取知识的新思路,又加强了学生的竞争意识,从而在校园学习中融入更多的竞争性,使学风建设有了一个长效有力的推进器。在科技创新实践中获奖的学生,是学生中比较优秀的群体。该群体在科技创新实践过程中、在获奖表彰中获得了全校乃至各种社会媒体的关注,产生强烈的示范作用和影响力,有助于优良学风的营造与形成。目前,创新育人平台已经成为自动化学院影响力最大、忠诚度最高的第二课堂、育人平台和文化形态。创新文化逐步内化为自动化学院的一种习惯、一种氛围、一种育人载体,"讲创新、爱创新、能创新"的校园文化氛围非常浓厚。

## 四、项目特色

### (一)协同性:实现了资源融合共享

创新是一项系统工程,学院通过"多环节、多平台、多渠道"整合有限的资源、协同培养学生的实践创新能力,使课堂与课外协同、学院与企业协同、学院内外协同,推进了学生原始创新能力的快速提升。

### (二)主体性:创新了学生自主发展新途径

创新是人对已有认识和实践的超越和突破,是人的主体性的最高体现。创新育人平台的活动,尊重学生的主体地位,让学生做学习的主人,实现了学生的自主发展。"学术我来讲"学生科技论坛推广研究性学习，在讨论的过程进行思维碰撞、整合，极大地调动了学生思考的积极性和主动性。开放实验室和工程坊，让学生在动脑动手创新活动中，充分发挥自主性、能动性、创新性，进一步激发了探索的精神和创新意识。学术性社团"学生科技创新与创业联合会"，使学生在社团中实现自我管理、自我培训、自我服务、自我完善，为学生培养创新意识提供了有效的途径。

（三）生动性：构建了实践育人新模式

创新实践是提高学生素质的一个重要途径，有助于大学生增强使命感和责任感，激发大学生潜在的动力和能力，促进大学生把各种理论知识转化为创新精神和实践能力。创新育人平台以培养创新人才为目标，紧紧将活动与学生党建工作、思想教育、志愿服务工作有效结合起来，将乏味的说教寓于具体的科技创新活动之中，将专业学习融入 PC 家电志愿服务中，推动思想教育从"无形"转变为"有形"，使思想教育更具活力和灵性。创新育人平台的各项活动和竞赛都全程配备专门的指导老师，学生的自我教育和老师指导相结合，开发了思想教育创新的育人模式，丰富了科技创新的管理模式，是实践育人工作的积极探索。

（四）延伸性：促进了课堂教学改革

创新是对知识深入理解、系统整理和实践运用的过程，创新结果集中体现了学生对知识的理解和运用能力、综合素质和协作精神等，并反映教学计划、教学内容的合理性。学院在创新育人平台的打造过程中，不断发现课本与实际的差距，发现和研究学生的学习规律，探索如何培养学生的学习兴趣，培养其工程实践和创新能力。最终，学院以创新育人平台为依托，设计了一系列创新实验项目（如电子创新实验室、机器人创新实验室等），并把创新实验项目贯穿于日常的课堂教学中。通过一系列的调整和改革，学生对学科的专业认同度大大提高，也促进了教师的教学和实验指导水平的提高。创新实践与教学相结合、相促进，形成良性循环，为教学改革提供了借鉴，也为学风建设探索了一条新路。

主要负责人：王华秀、汤珊珊、吕亮

单位：广东技术师范学院

**参考文献**

[1] 广东省高等学校思想政治教育研究会学生工作专业委员会. 高校学生事务管理精品项目选粹 [M]. 广州：中山大学出版社，2014.

[2] 汪静，胡玉才，迟建卫. 协同培养大学生实践创新能力的研究与实践 [J]. 实验室技术与管理，2013，30（9）.

[3] 吴定初，唐安奎. 创新型人才培养与人的主体性提升 [J]. 四川师范大学学报：社会科学版，2001（11）.

[4] 彭远威，主体性视角下的大学生创新意识培养 [J]. 黑龙江高教研究，2011（2）.

# 学生党支部培训"微"课堂

## 一、引言

医学院校医学专业学生由于课程繁重,在有限的课余时间里还要参加课外科研、社团、讲座、竞赛等各类活动,所以他们的时间被分割得比较零散。学生党支部传统培训方式普遍存在以下问题:①难以找到合适的时间开展;②培训频次较低,一学期最多三次;③培训多偏重于政策理论,内容和方式相对单一,学生兴趣不高,难以起到良好的培训效果。

为适应医学院校学生的学习节奏,填补传统支部培训的不足,进一步拓展大学生党员和入党积极分子的综合素质,开拓视野,提升格局,广东医科大学公共卫生学院党总支学生党支部围绕深化中国特色社会主义和"中国梦"宣传教育、培养和践行社会主义核心价值观的培训理念,坚持立德树人的基本方向,根据医学院校大学生党员培训的实际情况,创建了"学生党支部培训'微'课堂",采用"4+1"的"微"课堂模式,通过"线下现场培训+线上微平台培训"双渠道,着重对大学生党员和入党积极分子的时政分析能力、独立思辨能力、社会责任意识、英语演讲能力、团队合作能力等进行培养。项目实施三年多来,取得了良好的成效。

## 二、项目特色

本项目的特色在于"微"。通过"微"时间、"微"主题、"微"组织、"微"平台,完成在零散时间开展培训、随时随地开展培训的目标。

### (一)"微"时间

线下现场培训的每个主题培训时间不超过20分钟,一个主题培训可利用课后20分钟进行;线上微信平台培训可随时随地进行,几乎不影响医学生其他学习、生活安排。

## （二）"微"主题

作为对传统支部培训的补充，"微"课堂主题选择要求以小见大，或者在大主题下选取一个小主题进行培训和分享，不追求"高大全"，而侧重于对问题分析思路的学习，侧重于对某一个小问题的深入探讨。

培训负责小组可根据兴趣和需要在党知识学习、时政分析、英语学习、团队分享等四方面灵活选取培训主题，进行线下现场培训或者线上"微"平台培训。

## （三）"微"组织

学生党支部将学生党员和入党积极分子分为十多个学习小组，每组6～8人，无论线上还是线下的培训任务，均由各学习小组轮流负责完成。

每次每个小组负责一个微主题培训，在遵循大方向的前提下，培训主题自定，培训方式自定。小而精的小组"微"培训队伍、自由发挥的培训方式，不仅极大地培养了小组间团队合作能力和创新能力，还让小组成员在准备培训过程中和教学过程中进行了自我培训，进一步加深了对该主题的分析和理解。

这种"自我培训＋朋辈培训"的结合，有效地激发了学生的主动性和参与性。

## （四）"微"平台

学生党支部选取学生用户最多的微信自媒体平台作为支部线上培训平台，设立"广医大公卫学生党支部"微信公众号，经过前期建设，目前已实现：①每天推送时政要闻、英语学习、资讯分享；②每周至少两期线上培训；③每月小组学习汇报；④每学期支部内部评比。

"微"平台的建设，实现了"随时实地培训"的目标，推送内容结合党知识学习、时政分析、英语学习、团队分享等方面，与线下现场培训遥相呼应，实现线上与线下培训的无缝对接。

# 三、项目实施

## （一）实施对象

项目实施的实施对象是公共卫生学院学生党支部30名学生党员、66名入党积极分子及自愿参与培训的普通同学。

## (二) 实施目的

实施目的是适应医学院校学生学习节奏，填补传统党支部培训的不足，进一步拓展大学生党员和入党积极分子的综合素质，开拓视野，扩大格局。

## (三) 实施方案

实施方案如下：党支部培训"微"课堂采用"4+1"模式。"4"代表4个学习模块：党知识学习"微"课堂、时政分析"微"课堂、英语学习"微"课堂和团队分享"微"课堂；"1"代表1个微信线上学习平台（见图1）。

图1 党支部培训"微"课堂"4+1"模式

### 1. 党知识学习"微"课堂

党支部学习"微"课堂主要是通过知识竞赛、随堂小测、案例分析等进行党章、党史知识的学习。采用不同方法激发大学生学习党章、党史的积极性，达到巩固和提高党知识学习的目的（如表1所示）。

表1 党知识学习"微"课堂主题（部分节选）

| 培训主题 | 培训内容 | 培训时长 | 培训负责小组 | 备注 | 培训对象 |
|---|---|---|---|---|---|
| 党知识学习"微"课堂 | 党章发展历程 | 20分钟 | 第二组 | 已完成 | 1. 支部全体学生党员<br>2. 入党积极分子<br>3. 自愿参加培训的同学 |
| | 党章第一章 | 20分钟 | 第一组 | 已完成 | |
| | 党章第二章 | 20分钟 | 第三组 | 已完成 | |
| | 党章第三章 | 20分钟 | 第八组 | 已完成 | |

### 2. 时政分析"微"课堂

时政分析"微"课堂主要是通过各组自行选题，轮流上台进行最热时政分析，如社会主义核心价值观学习、群众路线学习、中央反腐、"两会"、中国式旅游、学区房、李光耀逝世、屠呦呦获诺贝尔奖等。通过对时事分享分析和讨论，引导大学生党员和入党积极分子关注时事，提高时政分析和判断能力，增强党员社会责任意识，提高政治敏锐性（如表2所示）。

表2 时政分析"微"课堂主题（部分节选）

| 培训主题 | 培训内容 | 培训时长 | 培训负责小组 | 备 注 | 培训对象 |
|---|---|---|---|---|---|
| 时政分析"微"课堂 | 官员腐败成因及国内反腐形势解读 | 20分钟 | 第七组 | 已完成 | 1. 支部全体学生党员 2. 入党积极分子 3. 自愿参与培训的同学 |
| | 关于"两会" | 20分钟 | 第五组 | 已完成 | |
| | 社会主义核心价值观学习 | 20分钟 | 第四组 | 已完成 | |
| | 屠呦呦获诺贝尔奖 | 20分组 | 第一组 | 已完成 | |

3. 英语学习"微"课堂

英语学习"微"课堂主要是通过角色扮演、小品、演讲、配音、小组讨论等方式，致力于提高大学生党员和入党积极分子的英语学习水平，提高他们学习英语的兴趣和信心，为培养国际化人才打下一定基础。

4. 团队分享"微"课堂

团队分享"微"课堂主要是给大学生党员和入党积极分子一个分享好书籍、好电影、好网站、好软件或者有趣的生活故事的平台，培养学生团队分享和合作意识。

5. 微信线上培训平台

为进一步扩大党支部培训"微"课堂影响力，加强学习培训效果，学生党支部开设线上"微"课堂微信公众平台"广医大公卫学生党支部"。线上培训平台推送主题依然围绕党知识学习、时政分析、英语学习和资讯分享四个方面进行多主题培训，实行每天推送，线上线下培训无缝对接，达成随时随地培训的目标（如图2所示）。

图 2　党支部微信公众号平台

## 四、项目绩效

公共卫生学院学生党支部培训"微"课堂运行三年多来,"4+1"模式、"自我培训+朋辈培训"方法、"线下+线上"培训双渠道,使其具备多样性和灵活性的特点,提高了学生参与培训的积极性与主动性,受到了大学生的普遍欢迎。

(一)进一步提高了大学生的时事关注度,强化其独立思辨意识

党支部培训"微"课堂采用"4+1"模式,运用"自我培训+朋辈培训"方法,通过"线下+线上"培训双渠道,使学生随时随地都能接收最新的培训资讯,在潜移默化中提高了大学生对时事的关注热情,也提高了学生参与培训的主动性和积极性。微信平台推送内容结合当前最新信息,与时俱进,每天更新。如《太阳的后裔》热映时,我们在线上培训平台推出《从〈太阳的后裔〉看中韩文化贸易逆差的原因与对策》的文章,引发了学生的思考和激烈讨论。

(二)显著提高了大学生综合素质,助其拓宽视野、提升格局

学生党支部培训"微"课堂着重对大学生党员和入党积极分子的政治理论水平、时事辨析能力、英语口语水平、公众演讲能力、创新能力、团队合作

能力等综合能力进行培养。通过三年多的实践，参与培训的党员和入党积极分子的整体素质得到了显著提升。从2013年3月至2016年4月，学生党支部30名学生党员和66名入党积极分子中，有42人次获得国家级科研立项或表彰，71人次获得省市级科研立项或表彰，超过200人次获得校级科研立项或表彰。

（三）大幅提升了支部影响力，团队凝聚力不断加强

学生党支部培训"微"课堂由于形式多样、主题灵活，学生参与度高，受到学生的欢迎。不仅大学生党员和入党积极分子更乐于参与"微"课堂培训活动的组织和学习，其他同学也积极报名参与"微"课堂，认为其有趣又有用。学生党支部通过"微"课堂在大学生中进一步扩大了影响力。同时，各学习小组通过组织"微"课堂的各项培训任务，有效提高了团队合作意识和合作能力，不断加强团队凝聚力，在各项比赛中获得不少好成绩。

（四）较好解决了医学院校党支部培训遇到的难题

作为传统培训的有效补充形式，"微"课堂线下培训时间灵活，最短可在20分钟内完成一个小主题的培训，线上培训平台可随时随地进行培训；且培训主题可自行选择，形式不限，可运用演讲、辩论、讨论、竞赛、游戏等多种方式，较好地解决了传统培训中难以找到合适的时间开展培训、培训频次较低、培训多偏重于政策理论导致的内容和方式相对单一等三大问题。

同时，同学们对培训方式和效果的认可，激发了负责组织培训的学生党员们的团队荣誉感和责任感，进一步强化了党员对自己的身份认同（如图3所示）。

图3 公共卫生学院学生党支部大合照

## （五）进一步深化中国特色社会主义和"中国梦"宣传教育

学生党支部"微"课堂在进一步深化中国特色社会主义和"中国梦"宣传教育中起到了潜移默化、润物细无声的作用。"微"课堂利用微信公众平台，将中国特色社会主义和"中国梦"的宣传教育变成每天推送的资讯，在不知不觉中一点一点地加深大学生们的印象和认知，且易于被接受。

## 五、下一步计划

学生党支部培训"微"课堂项目在过去三年多的实践中取得了一些成效，积累了一些经验，实践证明对学业繁重的大学生党员和入党积极分子的培训有着传统培训模式所不能企及的优势，但如何将此项目做得更专业和更有实效，则需要不断地摸索和反思。

下一步，我们拟在课堂设计的专业性方面做进一步改善和提升。

### （一）邀请专家参与"微"课堂设计

在目前实行的培训"微"课堂采用的学生"自我培训＋朋辈培训"方式以外，拟邀请专家对"微"学堂课程"线上＋线下"培训的设计进行指导，提高培训的专业性。

### （二）对"微"课堂课程进行细化分类

拟细化学生党员和入党积极分子课程，针对不同人群分类开设培训课程。学生党员培训课程侧重于党员意识和政治责任感，入党积极分子培训课程侧重于对党章、党史、党内工作制度的了解和培训。其他课程作为公共课程，主要以通用综合素质培训为主。

主要负责人：刘宇珊

单位：广州医科大学

# 以非物质文化遗产为载体培育大学生社会主义核心价值观

## 一、项目理念

非物质文化遗产（以下简称"非遗"）是中华优秀传统文化的重要组成部分，凝聚着中华民族自强不息的精神追求和历久弥新的精神财富，是发展社会主义先进文化的深厚基础，是建设中华民族共有精神家园的重要支撑。2013年12月23日，中共中央办公厅印发的《关于培育和践行社会主义核心价值观的意见》，提出发挥优秀传统文化怡情养志、涵育文明的重要作用。建设优秀传统文化传承体系，加大文物保护和非物质文化遗产保护力度，加强对优秀传统文化思想价值的挖掘，梳理和萃取中华文化中的思想精华，作出通俗易懂的当代表达，赋予新的时代内涵，使之与中国特色社会主义相适应，让优秀传统文化在新的时代条件下不断发扬光大。2014年3月，教育部印发了《完善中华优秀传统文化教育指导纲要》指出：大学阶段以提高学生对中华优秀传统文化的自主学习和探究能力为重点，培养学生的文化创新意识，增强学生传承弘扬中华优秀传统文化的责任感和使命感。《中华人民共和国非物质文化遗产法》明确规定：学校应当按照国务院教育主管部门的规定，开展相关的非物质文化遗产教育。《关于加强我国非物质文化遗产保护工作的意见》明确指出：教育部门应将优秀的非物质文化遗产内容和保护知识纳入教学体系，激发青年热爱祖国优秀传统文化的热情。不难发现，以上文件中存在这样一种逻辑关系：非物质文化遗产的起源、表现形式、发展过程中蕴含着社会主义核心价值观，保护传承非物质文化遗产是高校的重要职能之一，高校应以非物质文化遗产为载体培育和践行社会主义核心价值观。非物质文化遗产进校园不仅是保护传承非物质文化遗产的重要途径，也是高校文化育人、培育和践行社会主义核心价值观的重要举措。

## 二、项目基本思路

### （一）理论研究凝练非遗价值

非遗蕴含着丰富的文化资源，是人类文化极其重要的组成部分，联合国教科文组织《保护非物质文化遗产公约》（以下简称《公约》）提出非遗的世代相传是对文化多样性和人类创造力的尊重。中华民族有着悠久的历史，有着丰富的非物质文化遗产。非遗是我国历史长河中各族人民世代相承、与群众生活息息相关的传统文化的重要表现形式，承载着民族精神与人类文明，是我国传统文化的珍贵记忆，是我国精神文明的集中体现，蕴含着社会主义核心价值观，具有非常重要的文化价值。从文化发生学的角度看，非遗被创造并以实际形式存在和延续，要有其创造的主体、历史条件、地理环境以及存在方式。因而，以非遗为载体培育和践行社会主义核心价值观，首先就必须从非遗的形成历史、生存环境、表现形式以及创造主体等方面对其所蕴含的具体文化内涵进行研究。以非遗为载体培育大学生社会主义核心价值需要立足深圳本土的非遗文化资源，按照项目研究方式开展深圳非遗文化的普查与研究，从非遗文化中发掘、调动一切积极因素，深入理解非遗文化在国家核心价值体系中的地位，挖掘非遗文化的现代性，通俗表达非遗文化所蕴含的社会主义核心价值观。

### （二）课堂教学解释非遗内涵

解释学认为，理解是人的存在的基本模式。以非遗为载体弘扬中华民族传统文化，培育和践行社会主义核心价值观，是一种"文而化之"的过程，首先要让青年学子理解非遗中的重要文化传统和价值文明，并将其解释成为自己理解文化、理解世界的一种方式。著名社会学家、人类学家费孝通晚年着重从事对文化自觉的思考，在《文化与文化自觉》一书中把文化自觉通俗地定义为"生活在既定文化中的人对其文化有'自知之明'"，提出对于文化要"明白它的来历、形成的过程、所具有的特点和它发展的趋向"。他认为文化自觉要了解孕育自己的思想文化，要实现"各美其美，美人之美，美美与共，天下大同"，必须清楚地认识自己的文化。非遗进课堂就是要通过课堂教学对非遗的历史、习俗、价值等进行解释、传授、传播与巩固，达到"文而化之"的目的。让青年学子了解、认识、认同自己民族的文化，这是实现青年学子文化自觉的基础和关键。只有对自己民族的优秀传统文化有了系统的认识，方能正确理解和对待其他民族的文化，实现文化自觉的终极目标。非遗进课堂就是要探索非遗文化保护与传承和大学课程相结合的模式，在校园开展丰富多彩的非遗文化活动的同时积极探索非遗文化进课堂，将相关理论知识编入教材，使相关技艺直接进入文化通识课堂，让优秀传统文化得到更好的保护和"活态"传承。

（三）实践活动传承非遗文明

中国人民教育家、思想家陶行知提出的"生活即教育""社会即学校""教学做合一"被认为是其生活教育理论的精髓。他指出："不运用社会的力量，便是无能的教育；不了解社会的需求，便是盲目的教育。倘使我们认定社会就是一个伟大无比的学校，就会自然而然地去运用社会的力量，以应济社会的需求。"这一理论启示我们开展非遗高校传承保护活动，必须由校园课堂走向社会课堂，由单纯的知识掌握向动手实践和社会体验开放，让青年学子在经历、体验、感悟中获得对非遗及其蕴含的文明的深入认识和理解。以非遗为载体弘扬中华民族传统文化，培育和践行社会主义核心价值观，最终目的是要将非遗文化所蕴含的文化价值与理念内化为当代大学生的个体信念，外化为大学生的行为规范。没有直接的社会生活体验，没有来自生活、社会的良好素材，非遗的课堂教育会显得空洞无力。因此，除了通过课堂教学对非遗文化进行内涵解释、知识传授外，还需要通过各种实践活动进行体验内化。大力开展非遗类实践活动，积极探索非遗文化保护与传承和大学社团活动相结合的模式，将对非遗文化有兴趣的师生组成社团，并与大学生志愿活动相结合，组织志愿者积极开展非遗文化宣传、展演等志愿活动，丰富校园文化生活，并自觉参与深圳市的各类非遗文化活动，走向社区和社会，广泛开展深圳非遗文化的宣传和传播工作，倡导广大市民自觉保护和传承非遗文化，建设深圳精神文明家园。

## 三、项目开展情况

（一）非遗文化保护与传承项目化研究情况

第一，组织相关专家带领学生积极开展调查研究，对深圳市非遗项目的起源、艺术形式、文化价值、本土化传承模式、育人功能等方面进行了深入研究，近年来成功申报省部级研究课题5项、市厅级研究课题6项、横向课题6项，研究经费接近100万。经过努力，2013年6月，申报广东省非物质文化遗产研究基地成功获批（广东省共13家，深圳仅1家）。

第二，组织学生深入深圳市各社区开展非遗类社会调查活动，完成了非遗类调查报告15篇。调研报告获广东省大中专科技学术文化节二等奖一次，调研团队获广东省大中专学生社会实践优秀团队一次。

第三，定期组织非遗高校传承保护学术论坛、定期参与鱼灯节文化遗产保护论坛以及省市"非遗日"论坛活动。

第四，以国家级鱼灯舞相关元素进行艺术创作，创新发展鱼灯文化。学校专家以鱼灯舞传承人吴观球先生为原型，成功创作剧目《传承之梦》，生动地演绎了非遗民俗舞蹈传承人的传统文化情怀和坚守精神。该剧目获第九届广东大中专学生舞蹈大赛一等奖。

## （二）非遗文化保护与传承课程化学习情况

第一，邀请75岁高龄的非遗传承人吴观球先生到校传授鱼灯舞。吴观球先生每天来回近百公里，坚持按时到校传授技艺。青年学子不仅学习了鱼灯舞，还从吴观球老先生身上感受到了传承人对传统文化的敬畏以及对传承传统文化的敬业精神。

第二，学校将鱼灯舞纳入"舞蹈欣赏"课程，将鱼灯舞的文化背景、价值内涵等融入教学内容之中，打破了以往只是将文化艺术理论与鉴赏简单结合的教学方式，采取情境教学法和实践教学法，让学生熟悉鱼灯舞的发展历史，掌握其表演要领，理解其所表达的文化内涵。

第三，开设"鱼灯编扎技艺"学习班。学校邀请鱼灯编扎传承人传授鱼灯编扎技艺，讲解鱼灯文化。

第四，邀请剪影、剪纸、赫哲鱼皮画、景泰蓝画、麦秆画等多个非遗代表性传承人进校讲课。

第五，开设了陶艺、刺绣、剪纸以及武术类的非遗社团实践课。

第六，编印了"深圳市非遗项目（市级以上）"教材。

## （三）非遗文化保护与传承实践化传播情况

第一，成立了非遗类社团。目前有非遗保护社、汉服社、醒狮社、太极社、双节棍社、咏春社、书法社、花艺社、纸艺社、茶艺社、陶艺社、民族舞社、民族鼓社、民族器乐社、空竹社等15个社团，累计参加人数达3000多人。

第二，积极开展非遗保护传承志愿服务活动。非遗保护社等社团坚持每周进社区、景区宣传深圳市非遗文化项目。鱼灯舞表演队多次参加深圳市科普普及周、鱼灯节、非遗进校园、全国文化遗产日等活动，多次到学校以及社区进行表演。据统计，2012年以来观看过鱼灯舞表演队表演的观众已经超过50000人次。

第三，定期举行非遗进校园活动。从2012年开始，每年承办深圳市非遗进校园活动，每次展演超过20000名学生与非遗文化项目零距离接触。

第四，承办参与深圳市"我们的节日"非物质文化遗产展演展示活动。

第五，举办非遗传承保护成果展。2014年起，借助深圳（国际）文化产业博览交易会,每年举行非遗高校传承保护成果展,每次展览超过 8000 人次学习了解体验非遗文化。

## 四、项目绩效

### (一) 项目媒体关注情况

深圳职业技术学院以非遗为载体培育大学生社会主义核心价值观的活动,受到了媒体的广泛关注,主要报道情况如下:

(1)《深圳特区报》:《深职院助力 2016 非物质文化遗产展演》,http://sztqb.sznews.com/html/2016-02/24/content_3464046.htm,2016 年 2 月 24 日。

(2)《深圳特区报》:《灵猴送喜闹元宵 花样庆春品民俗》,http://sztqb.sznews.com/html/2016-02/23/content_3463358.htm,2016 年 2 月 23 日。

(3) 深圳都市频道《第一现场》:《欢乐闹元宵 非遗展民俗》,http://www.cutv.com/v2/2016-2-22/G15fgfffhgjklgimnjhd18.shtml,2016 年 2 月 22 日。

(4)《深圳特区报》:《深职学子和"非遗"传承人同台献艺》,http://sztqb.sznews.com/html/2015-12/02/content_3403788.htm,2015 年 12 月 2 日。

(5)《南方日报》:《国家级"非遗"沙头角鱼灯舞走进大学》,http://epaper.nfdaily.cn/html/2012-06/20/content_7095289.htm,2012 年 6 月 20 日。

(6)《深圳特区报》:《73 岁鱼灯舞传人:"90 后"的马步扎得稳》,http://sztqb.sznews.com/html/2012-06/19/content_2091901.htm,2012 年 6 月 19 日。

(7)《羊城晚报》:《"非遗"进课堂 "活态"传承》,http://www.ycwb.com/ePaper/ycwbdfb/html/2012-06/15/content_1415301.htm,2012 年 6 月 15 日。

(8)《南方都市报》:《大学生接过鱼灯舞薪火》,http://gcontent.oeeee.com/3/94/3948ead63a9f2944/Blog/f57/229028.html,2012 年 6 月 15 日。

(9)《中国文化报》:《深职院"非遗文化教育传承基地"挂牌》,http://epaper.ccdy.cn/html/2012-06/12/content_73765.htm,2012 年 6 月 12 日。

(10)《南方都市报》:《"文化遗产日"系列活动精彩纷呈》,http://gcontent.oeeee.com/6/8a/68a83eeb494a308f/Blog/999/6b6d23.html,2012 年 6 月 11 日。

(11)《南方都市报》:《学生仔成"非遗"展演主角》,http://gcontent.oeeee.com/6/8a/68a83eeb494a308f/Blog/b3b/bf5384.html,2012 年 6 月 9 日。

(12) 中国社会科学在线:《保护"非遗"是长远文化战略发展的必然要求》,http://www.csstoday.net/Item/15324.aspx,2015 年 6 月 7 日。

(13)《深圳商报》:《"活态传承"是关键》,http://szsb.sznews.com/html/2012-05/31/content_2064597.htm,2015 年 5 月 31 日。

(14)《中国文化报》:《"非遗"文化志愿服务基地揭牌(图片新闻)》,http://news.idoican.com.cn/zgwenhuab/html/2012-03/26/content_3965923.htm? div=-1,2012 年 3 月 26 日。

(15)《深圳特区报》:《我市首座"非遗"文化志愿服务基地揭牌》,http://sztqb.sznews.com/html/2012-03/22/content_1973459.htm,2012 年 3 月 22 日。

### (二) 项目绩效分析

**1. 有助于激发大学生弘扬中华传统文化的兴趣**

非遗是人类文化极其重要的组成部分,是民族精神的一种表述形式,是民族文化的一种凝练方式,具有文化记忆、文化解释、文化认同功能,能帮助青年学子正确认知历史、世界和社会。非遗高校传承保护让大学生对非遗文化有了一个从认识了解到参与热爱的过程,能激发大学生弘扬中华传统文化的兴趣,提高大学生传承保护民族文化的责任意识,唤起当代大学生的文化自觉。项目实施以来,学生参与的非遗项目研究、开展的非遗项目社会调查逐年增多,非遗类学生社团 3 年内增加到了 15 个,学生对非遗类的课程学习兴趣愈加深厚,学生参与非遗保护传承志愿服务时间也在逐年增加。

**2. 拓展和丰富了培育大学生社会主义核心价值的载体**

人的本质是通过文化显现出来的,虽然各地区不同人群的文化创造以及文化的变迁发展,促使文化变得丰富多彩,但有一个共同点就是各种人群都是从他们的文化传统中确立其自身的人的规定性。以这样的观点看非物质文化遗产,它的价值在于确立了中华民族生存和发展的先决条件,赋予了中华民族子孙特定的文化内涵。教育的核心是通过人与文化之间的双向建构实现知识的传播与文化的传承。高校可以充分发挥非遗文化的育人功能,开展文化育人活动,在非遗文化传承保护与创新的过程中,引导大学生进行正确的文化选择。以非遗为载体弘扬中华民族传统文化,培育社会主义核心价值观,可以通过对非遗的研究架构普及路径以增强系统认知,通过对非遗的学习强化融入路径以提升内在认同,通过非遗的传播丰富实践路径以形成行为自觉。项目在实施过程中,大学生通过学习、传播、保护和传承非遗,对非遗的文化价值和精神有了深入的认识,并高度认同。

主要负责人:郑永森<br>单位:深圳职业技术学院

# "七彩集体"促进学生全面发展

为切实加强学生思想政治教育和管理工作，全面贯彻党的教育方针，培养学生团队意识、服务意识、集体观念和创新能力，引导学生提高综合素质，提升学生的班级荣誉感及凝聚力，充分激发学生的积极性和创造力，河源职业技术学院人文学院结合学生工作情况，创建并实行"七彩集体"项目，以此激发学生活力，促进学生全面发展。

## 一、项目名称

七彩集体，你我共创！多彩人生，成就未来！

## 二、项目理念

### （一）理念

项目的理念为：没有完美的个人，只有完美的团队。"七彩集体"项目运用马斯洛需求层次理论，针对将团队需求和个人需求相互捆绑、相互支持、相互成就的学生活动考量模式进行有益探索。项目结合辅导员日常思想政治教育工作的内容，将与学生日常学习生活有关的活动划分为文体竞赛、志愿服务、安全文明、学风学术、创业创新、志愿献血和"微积分"七大板块，采取"项目加分，累积考量"的方式将团队成员表现和集体荣誉挂钩，使个人成就班上闪光、集体成就榜上闪光，使集体荣誉可量化，使班级活动网格化、可视化。通过项目的实行，提高了各项活动的学生参与率和活动质量，形成了积极向上、争先创优的良好院风、学风和班风，为打造一个个具有凝聚力的基层团队和成就个人梦想而努力。

### （二）析义

"七彩集体"项目的标志（见图1）是一条彩虹镶在一朵白云上，散发出彩色的光芒。彩虹的七种颜色代表着大学生在校发展的内容，体现了对学生与集体的全面培育与考量。其中，赤色是文体竞赛活动的标志，代表青春、活力、向上；橙色是志愿服务活动的标志，代表温暖、和谐、关爱；黄色是安全文明活动的标志，代表纯洁、智慧、优美；绿色是学风学术活动的标志，代表生机、包容、进取；青色是创新创业活动的标志，代表理性、博大、合作；蓝色是志愿献血活动的标志，代表高尚、持重、高雅；紫色是"微积分"活动的标志，代表光明、乐观、果敢。

图1　"七彩集体"标志

## 三、项目特色

### （一）项目设置

"七彩集体"项目内容全面系统。项目以辅导员日常思想政治教育工作的内容为基础，结合河源职业技术学院团学工作，将学生活动的内容进行系统化管理，涵盖了学习上的学术学风和创新创业、管理上的安全文明、生活上的志愿服务，以及具有激励效能的"微积分"，从而实现学生工作的常态化和系统化，同时凸显了学生工作的特色。常态化和系统化扎根于学生工作目标，保障管理的规范化，通过积分式激励措施实现发展目标的可视化，使得对个人与集体的考察更具考量性。

### （二）项目实施

"七彩集体"项目采用竞争与激励共存的实施方式，实行考核制，通过"项目加分，累积考量"的方式实现活动竞选模式。同时，结合积分激励模式，改变了以往活动学生参与度不高的现象，让学生的集体荣誉感在竞争中迸发，让学生的参与积极性在竞争中增强，从而打破了以往硬性摊派任务的尴尬局面，使得校园活动的活力大大提升，也让学生参与活动的目的更加单纯。

项目规则考虑了集体与个人的关系，让个人荣誉成为集体的组成部分，而集体的成果也是个人进步的阶梯，因此，项目实施更加具有人性化色彩，班级发挥团队力量，个人展现个人特长，团队与个人合体，使得学生活动大放异彩。

### （三）项目成效

首先，全程育人。项目在时间跨度上，横跨入学至毕业；在项目维度上，贯穿学习、工作、生活的方方面面；在项目内容上，涵盖日常活动和特色活动；在项目管理上，上至学院学生工作，中至团学活动，下至班级个人，全员参与其中，实现了全程育人。

其次，过程育人。项目注重过程管理，由专门机构定期定量进行过程的统计、信息的上传下达，让过程变得透明化。

最后，服务育人。"七彩集体"项目以内容的丰富性和评比的主动性吸引学生自觉参与，从管理学生变为服务学生，围绕服务育人的理念，将活动变成学生喜闻乐见并且愿意主动参与的项目，使得服务育人的效果达到最大化。

## 四、项目实施

（一）竞赛规则

以文体竞赛、志愿服务、安全文明、学风学术、创业创新、志愿献血和"微积分"七大板块为竞赛内容，采取"项目加分，累积考量"的方式，将班级成员表现和集体荣誉挂钩，重在服务和激励；班级主动申报、过程动态评选、有奖有惩、即时更新；违法乱纪、考试作弊、一人高频率违规则集体落榜。

（二）申报程序

班级分模块向相对应部门官方微信（以下简称"官微"）申报（实现信息化、系统化、无纸化统计）；由人文学院组织的活动直接由组织方在活动结束后3天内向相对应部门官微申报；相对应部门官微3天内审核公布并报人文学院办公室官微；人文学院办公室官微3天内登记并公示；公示3天后无异议则计入班级和个人分值。

（三）项目考核例表

### 1. 文体竞赛

文体竞赛是为了贯彻落实学校以赛促学的理念，鼓励河源职业技术学院学子积极参加丰富多彩的文体竞赛，为学校、学院、班级及自己争荣誉，不断提高自己的专业技能和综合素养。文体竞赛包含了各级各类的文体竞赛，如"挑战杯"系列竞赛、全国秘书职业技能大赛、广东省大学生翻译大赛、河源市微文学创作大赛、校运会、校园十大歌手大赛、校园主持人大赛、"校歌、班呼"大合唱、班徽设计大赛等。文体竞赛项目的分值奖励方案如表1所示。

表1 文体竞赛项目分值奖励方案

| 项 目 | 级 别 | 等 级 | 分 值 | 备 注 |
|---|---|---|---|---|
| 校运会 | 校级 | 第一名 | 6 | |
| | | 第二名 | 5 | |
| | | 第三名 | 4 | |
| | | 第四名 | 3 | |
| | | 第五名 | 2 | |
| | | 第六名 | 1 | |
| 技能竞赛 | 国家级 | 一等奖 | 15 | 得分统计单位为1人次，特别贡献酌情另计 |
| | | 二等奖 | 13 | |
| | | 三等奖 | 11 | |
| | 省级 | 一等奖 | 11 | |
| | | 二等奖 | 10 | |
| | | 三等奖 | 9 | |
| | 市级 | 一等奖 | 9 | |
| | | 二等奖 | 8 | |
| | | 三等奖 | 7 | |
| | 校级 | 一等奖 | 7 | |
| | | 二等奖 | 6 | |
| | | 三等奖 | 5 | |
| | 院级 | 优秀奖 | 3 | |
| | | 一等奖 | 3 | |
| | | 二等奖 | 2 | |
| | | 三等奖 | 1 | |

2. 志愿服务

志愿服务倡导奉献、友爱、互助、进步的精神，在志愿活动实践的过程中，不仅增强了当代大学生的社会责任感，弘扬了志愿服务精神，还能发扬共青团员的先锋意识。志愿服务项目的分值奖励方案（见表2）是与河源职业技术学院学生会青年志愿者服务队挂钩的日常志愿活动，如美丽校园、"光盘"行动、商业街大扫除、义务支教、普法宣传、探望福利院或孤儿院等。

表2 志愿服务分值奖励方案

| 级 别 | 人 次 | 分 值 | 备 注 |
|---|---|---|---|
| 省级 | 1 | 5 | 得分统计单位为1人次，特别贡献酌情另计。 |
| 市级 | 1 | 3 | |
| 校级 | 1 | 1 | |
| 院级 | 1 | 0.5 | |

### 3. 安全文明

安全文明是校园文化的重要组成部分，是学生健康成长的基础。文明安全项目进一步提高了大学生的自律守纪意识和安全防范能力，通过规范学生行为举止，惩处使用高功率电器、偷水偷电等行为，推动校园文明建设，打造文明宿舍，塑造当代大学生的良好形象，形成争做文明大学生、共建安全文明和谐校园的良好风气。例如，在宿舍检查中，若被评为"文明宿舍"，可以加6分；若发现使用高功率电器或偷水偷电的行为，使用者将扣除20分；等等。

### 4. 学术学风

良好学风是引导大学生勤思好学、追求上进的无形力量。学术学风项目主要是培养学生科学严谨的治学态度和提高学生的学习积极性，鼓励学生积极主动参与学术活动，对考试作弊、考勤违纪等不良行为给予惩罚，从而形成良好的学风。例如，参加学术活动的学生个人加0.5分，若发现在考试中作弊，作弊的个人将扣除20分；在平时考勤中违纪的个人将扣除5分。

### 5. 创新创业

创新创业项目是为了培养大学生的创新意识和团队精神，提高大学生的应变能力和综合素质，使学生掌握一定的创业技能，鼓励学生积极参与各项创新创业活动，如创业大赛、创业园自主创业和工商模拟市场等。创新创业项目的分值奖励方案如表3所示。

表3 创新创业项目分值奖励方案

| 项 目 | 级 别 | 人 次 | 分 值 |
|---|---|---|---|
| 创业大赛 | 省级 | 1 | 12 |
| | 市级 | 1 | 10 |
| | 校级 | 1 | 8 |
| 自主创业 | 创业园 | 1 | 8 |

续上表

| 项　　目 | 级　别 | 人　次 | 分　值 |
|---|---|---|---|
| 创业大赛 | 省级 | 1 | 12 |
| | 市级 | 1 | 10 |
| | 校级 | 1 | 8 |
| 自主创业 | 创业园 | 1 | 8 |
| "挑战杯"系列竞赛 | 省级 | 1 | 12 |
| | 市级 | 1 | 10 |
| | 校级 | 1 | 8 |
| 工商模拟市场 | 校级 | 1 | 5 |

6. 志愿献血

志愿献血项目是为了提高大学生的社会责任心与使命感，引导大学生关爱社会、关注生命，培养大学生高尚的品德和爱心。通过自愿献血活动，使学生充分体会志愿者"奉献、友爱、互助、进步"的宗旨，让学生发挥先锋模范作用。根据学生献血的次数奖励相应的分值，献血1次加8分，献血2次加16分，等等。

7. "微积分"项目

"微积分"是河源职业技术学院鼓励学子积极参加活动的一个项目，当班级参与活动人数达到要求时就给予一定的分值奖励；当班级里的个人获奖或获得"文明宿舍"荣誉称号时就给予一定的分值奖励。"微积分"项目的分值奖励方案如表4所示。

表4　"微积分"项目分值奖励方案

| 项　目 | 级　别 | 单　位 | 分　值 | 备　注 |
|---|---|---|---|---|
| 校运会 | 校级 | 1人次 | 0.5 | |
| 技能竞赛 | 国家级 | 1人次 | 5 | |
| | 省级 | 1人次 | 4 | |
| | 市级 | 1人次 | 3 | |
| | 校级 | 1人次 | 2 | |
| | 院级 | 1人次 | 1 | |

续上表

| 项　目 | 级　别 | 单　位 | 分　值 | 备　注 |
|---|---|---|---|---|
| 文明宿舍 | 院级 | 间 | 3 | 班级累计3间或3间以上获得"文明宿舍"荣誉称号 |
| | | 间 | 6 | 班级累计5间或5间以上获得"文明宿舍"荣誉称号 |
| 学术活动 | 校级 | 人 | 0.2 | |
| 创业大赛 | 省级 | 1人次 | 4 | |
| | 市级 | 1人次 | 3 | |
| | 校级 | 1人次 | 2 | |
| "挑战杯"系列竞赛 | 省级 | 1人次 | 4 | |
| | 市级 | 1人次 | 3 | |
| | 校级 | 1人次 | 2 | |
| 志愿献血 | 献血人数 | | 10 | 一个班达到5人 |

# 五、项目成效

## （一）激发了学生集体活力

"七彩集体"项目自2014年实施以来，充分激发河源职业技术学院学子的积极性和创造力，更好地培养了青年学生的团队精神，提升集体的荣誉感及凝聚力，学生的活动参与度与活跃度有了明显的提高。项目实施第一年，志愿服务活动参与人数就从1923人次跃升到4480人次，增长132.97%，创新创业活动增长75%，在激发学生集体活力方面效果明显（见表5）。

表5 "七彩集体"项目实施前后数据对照

| 序号 | 板块 | 项  目 | 2014年9月—2015年7月（实施后） | | | 2013年9月—2014年7月（实施前） | | | 对比增长率 | 增长率 |
|---|---|---|---|---|---|---|---|---|---|---|
| | | | 次数 | 参与人数 | 总人数 | 次数 | 参与人数 | 总人数 | | |
| 1 | 文体竞赛 | "新生杯"篮球赛 | 1 | 100 | 4694 | 1 | 76 | 3790 | 31.58% | 23.85% |
| | | "海燕杯"相声小品大赛 | 1 | 28 | | 1 | 23 | | 21.74% | |
| | | 校运会 | 1 | 150 | | 1 | 99 | | 51.52% | |
| | | 宿舍文化节 | 1 | 1620 | | 1 | 1320 | | 22.73% | |
| | | 诗歌朗诵比赛 | 7 | 122 | | 6 | 105 | | 16.19% | |
| | | 演讲比赛 | 13 | 926 | | 9 | 438 | | 11.42% | |
| | | 思想品德政治教育教学项目优秀作品评选 | 1 | 32 | | 1 | 28 | | 14.29 | |
| | | 团主题日活动 | 2 | 1602 | | 2 | 1595 | | 0.44% | |
| | | 高职高专写作大赛 | 1 | 32 | | 1 | 25 | | 28.00% | |
| | | 秘书职业技能大赛 | 1 | 82 | | 1 | 81 | | 1.23% | |
| 2 | 志愿服务 | 美丽校园 | 35 | 700 | 4480 | 20 | 393 | 1923 | 78.12% | 132.97% |
| | | 校内志愿活动 | 121 | 2430 | | 78 | 879 | | 176.45% | |
| | | 校外志愿活动 | 37 | 1350 | | 21 | 651 | | 107.37% | |
| 3 | 安全文明 | 文明宿舍 | 9 | 1705 | 1705 | 7 | 1521 | 1521 | 12.10% | 12.10% |
| 4 | 学风学术 | "校歌、班呼"比赛 | 1 | 890 | 2750 | 1 | 879 | 1863 | 1.25% | 47.61% |
| | | 各类讲座 | 35 | 1537 | | 21 | 845 | | 81.89% | |
| | | PPT脱口秀大赛 | 1 | 145 | | 1 | 87 | | 66.67% | |
| | | 校园微视频拍摄 | 3 | 178 | | 1 | 52 | | 242.31% | |
| 5 | 创新创业 | 工商模拟市场活动 | 2 | 68 | 70 | 1 | 39 | 40 | 74.36% | 75.00% |
| | | 自主营业 | 1 | 2 | | 1 | 1 | | 100.00% | |
| 6 | 志愿献血 | 献血 | 2 | 83 | 83 | 2 | 59 | 59 | 40.68% | 40.68% |
| 7 | 微积分 | 班级活动参与达优 | 30 | 1256 | 1256 | 18 | 893 | 893 | 40.65% | 40.65% |

## （二）促进了学生全面发展

"七彩集体"项目开展后,很好地激发和调动了各个班级的积极性,取得了较为良好的效果,人文学院团总支连续 3 年被评为河源市"五四"红旗团总支,2015 年被授予"2014—2015 年度广东省'五四'红旗团支部"荣誉称号。7 个模块对应各自的活动品牌,深受学生喜爱。

### 1. 文体竞赛活动呈现新活力

"七彩集体"项目鼓励学生积极参与各种文体竞赛。项目实施后,省级以上学生技能竞赛成绩突出,竞赛人数增幅 55.81%,市级获奖数增幅 29.16%,校级竞赛人数增幅 7%。项目推动了人文学院以赛促练,促进了学生技能的提升。

### 2. 科技学术活动实现新突破

此前,河源职业技术学院在科技学术活动方面存在学生兴趣不大、参与度低的现象。"七彩集体"项目鼓励辅导员和教师参与学生科技学术活动指导,引导青年学生参与科技学术研究,在提高活动参与度的基础上保障了参赛作品的质量。

2014 年,河源职业技术学院在"创青春"广东大学生创业大赛上获得银奖 1 项、铜奖 4 项的好成绩;在第八届广东大中专学生科技学术节上获得二等奖 4 项、三等奖 2 项的好成绩。

2015 年 3 月,谢国栋、陈慧枫和何秋霞三位老师指导的《高校学生事务服务中心对当代大学生的影响——以河源职业技术学院为例》获得广东省大学生科技创新培育专项资金项目立项,获得 10000 元科研经费,该项目已顺利结题。

2015 年 5 月,河源职业技术学院参加第十三届"挑战杯"广东大学生课外学术科技作品竞赛。其中,杨婷老师指导的《乡村教师职业生涯探索——以"国考"制度背景下广东省河源市为例》获得广东省三等奖,谢国栋老师指导的《新形势下高职人学生社团的发展情况及其对策研究》也获得广东省三等奖。

2016 年,河源职业技术学院再获广东大学生科技创新培育专项资金项目立项 1 项,选派了 9 个团队参加第十四届"挑战杯"广东大学生课外学术科技作品竞赛;获得广东大学生科技创新培育专项资金项 1 项。

### 3. 学生志愿服务活动热情高涨

学生积极参与志愿服务活动,志愿服务人数逐渐增多,服务内容涉及文明劝导、文明出行和爱心义卖等 15 项内容。2015 年,河源职业技术学院团总支青年志愿者服务队开展志愿活动 147 余次,服务近 4565 人次,特别是参与了河源市"创建文明城市"和学校"美丽校园从我做起"两项志愿服务活动,其中，河源职业技术学院青年志愿者协会在 2015 年"助力创文——文明监督志愿服务项目"中被评为"河源市优秀志愿者服务项目"。

### 4. 学生社团活动大放异彩

"七彩集体"项目开展以来，河源职业技术学院新增 6 个社团，社团总数目达到 16 个，社团成员达到 975 人。社团种类更加丰富，社团活动更加活跃。2014 年以来举办人文素质讲座 16 场，社团结合专业、兴趣特点开展校园特色品牌文化活动近 78 场。

### 5. 创新创业活动获得新成效

"七彩集体"项目积极响应国家"大众创业，万众创新"的号召，设置了"创新创业"活动板块，通过鼓励学生参加创新创业大赛，开展就业指导课程和讲座的形式，推动学校创新创业活动。2014—2016 年，河源职业技术学院学子在多项创新创业大赛中屡获嘉奖。其中，2014 年获得广东省"彩虹人生"创业大赛三等奖 2 项，2015 年获得首届中国"互联网+"大学生创新创业大赛广东省分赛优秀奖 1 项。

## 六、项目计划

### （一）项目内容更迭

项目内容在不脱离学生工作的基本要素前提下，紧随学生工作的时代性进行更新和扩展，如互联网时代背景下的创新创业活动要加重比例，以更好地推进新时代下的学生活动的新需求。

### （二）强化过程监管

项目的监管要常态化和科学化，在具体的实施运营过程中要注重标准的制定，这样才能保证项目的运行效果，同时注重过程中信息的公开和公平，打造反馈机制，避免项目官方化。

### （三）打造信息化平台

在新媒体背景下，利用互联网平台打造学生喜闻乐见的社交工具，打造项目的信息化平台，从宣传、策划、过程维护和结果公示都充分信息化。

主要负责人：谢国栋、陈慧枫、谢战锋<br>
单位：河源职业技术学院

# "德学修身，五进育人"大学生素质提升工程

面对教育发展新常态，广州工商学院将立德树人根本任务具体落实和体现为凝练"德学""五进"特色的校园文化，配合学院省级"书记项目"，以学生工作精品项目为抓手，将育人理念贯穿于教育教学、人才培养全过程，培育和践行社会主义核心价值观，有力地提升广大学生的综合素质。

## 一、项目理念

### （一）指导思想

为贯彻落实习近平新时代中国特色社会主义思想，广州工商学院立足应用型院校定位和自身办学实际，紧紧围绕立德树人根本任务，坚持"以质立校、以生为本、突出特色、崇尚创新"的办学理念，秉承"以德为行，以学为上"的教育思想，大力开展"五进"（进课室、进图书馆、进实验实训室、进体育场馆、进社会）活动，将培育和践行社会主义核心价值观内化于心、外化于行。

### （二）主要目标

为创建高水平应用型大学，紧扣高校立德树人根本任务，遵循"正德厚生，励志修能"的校训，将"以德为行，以学为上"的教育思想转化为师生的内在需求和自觉行为。坚定理想信念，加强核心价值观教育，通过"五进"活动切实提高大学生的综合素质，促进身心和谐、全面发展，培养高素质的应用型、技术技能型人才，培育中国特色社会主义的合格建设者和可靠接班人。

## 二、项目特色

培育和践行社会主义核心价值观，学生工作倡导"胜己教育"，不仅要满足社会对全面发展高素质人才的需求，还要满足学生多元化的成才需求；不仅着眼于学生的现在，更应关注学生的未来发展。

（一）立足教育"新常态"，让系统思想指导全局

改传统传道、授业、解惑之道，为冶心、启智、明理、授法的新式为师之道，坚定地主张实现受教者自身的全面发展和自主前行的能力；而构建"高效优质人生智慧库"，则是学生实现全面发展的配有具体路标的可行路径！

（二）学生工作倡导"以单项冠军创品牌"，发力创新创业人才培养

广州工商学院不与实力雄厚的综合性高校或老牌名校作全面竞争，而是另辟蹊径，拓展新渠道、新领域、新项目、新路子，点、线、面、体突破，多元集纳、自强创新。以"乘数效应"推进信息化建设和"自助育人"，将办学理念贯穿于教育教学、人才培养全过程。

## 三、项目实施

（一）基本内容

"德学"思想和"五进"理念是由邝邦洪教授提出的。"'德学修身，五进育人'大学生素质提升工程"项目在广州工商学院邝邦洪院长和党委钟伟强书记领导下进行，由学生处、团委牵头组织实施，党委办公室、思政部、"五进"相关部门配合做好相关工作。

1. "以德为行，以学为上"

"以德为行"，是指以崇高的道德准则作为人的行动指南，积极践行道德规范。"以学为上"，是指把不懈努力学习科学文化知识作为人一生至上的追求，树立终身学习理念。

2. "五进"活动

"进课室"是指大学生走进课堂和教室。走进课堂，就是要求大学生准时到课堂听课，认真聆听老师对知识和技能的讲解，学好专业知识；走进教室，就是要求大学生利用课余时间自觉到课室做作业、自学或讨论，夯实知识基础。通过"进课室"，学生可以在老师的引导下增强学习意识，学会科学学习、学会解决问题的方法，学会做人的态度，学会正确的思维方式。

"进图书馆"是指大学生利用课余时间到本校、邻校、本地各类图书馆查阅或借阅有关书籍资料。学生通过"进图书馆"博览群书，拓宽知识面，改善知识结构，增长人生智慧，强化人文底蕴，进一步思考人生的目的、意义和

价值，不断完善人格。

"进实验实训室"是指大学生在学习专业知识的基础上，积极进入校内外的实验实训室进行技能实际训练。通过实践能力的训练，学生可以不断提高实际操作能力，同时，努力培养自身的公共道德、职业道德和团队协作精神。

"进体育场馆"是指大学生要经常到体育场馆进行体育锻炼，提升运动质量，增强体质。学生通过进体育场馆，学会一两项体育运动项目，磨炼意志，促进身心健康，使自己终身受益；通过进体育场馆，参加集体体育活动，不断提高自我责任感、群体责任感和社会责任感。

"进社会"是指大学生主动采用多种方式融入社会，如志愿服务、顶岗实习、专业实践、勤工助学、挂职锻炼、科技下乡、创业实践、毕业实习等。通过"进社会"，学生可以了解社会生活，认识社会生活，适应社会生活，从而提升心理承受能力和生存能力，培养与人沟通的能力，增强社会责任感和使命感，树立正确的人生观和价值观。

进课室、进图书馆、进实验实训室、进体育场馆、进社会是当代大学生成长成才的五大环节。彼此缺一不可，互相联系，共同构成育人的统一体，是造就德智体全面发展的合格大学生的创造性举措。

（二）实施过程

**1. 确立明晰阶段（2012年6月—2013年12月）**

（1）通过持续开展主题教育活动，广州工商学院逐渐将"德学""五进"打造成具有特色的校园文化品牌。

（2）广泛宣传、层层动员：首先，分别向各部门、各系部、教师做动员，各单位结合实际制订活动方案和实施细则；其次，通过培训讲座、报告会等向党员师生和学生干部做动员；最后，各单位结合实际，利用广播、网络、海报、宣传栏等形式广泛开展宣传，动员广大师生积极参与"德学"教育和"五进"活动。

（3）制作《五进之歌》。党建学工齐抓共推，全院师生广为传唱和身体力行，通过多媒体MTV的直观形式，展现了立体化、过程化的职业教育理念和特色育人成效。

**2. 特色建设阶段（2013年12月—2015年12月）**

（1）广州工商学院连续多年将"德学"教育、"五进"活动列入年度工作要点；2014年和2015年的学院"书记项目"均被中共广东省委教育工委列入高校党建"书记项目"库，以校级"书记项目"带动院系基层书记项目。

（2）广州工商学院院长、党委书记高度重视青年学生成长成才，每逢开学之初亲自主讲"思政第一课",为学生"扣好人生第一粒扣子"。

（3）广州工商学院每周举办"学术视野"系列讲座,邀请校内外专家、学者、知名企业家、社会贤达和校友代表来校举行报告会,为广大师生开拓科学视野、提升文化素养、培育道德品质起到了重要作用。

（4）广州工商学院每年定期开展"学风、校风、班风建设"活动,组织听课、查课和教学观摩交流活动,定期举行师生座谈会,搜集学生的反馈意见;开展优良学风班、"五进"先进个人、文明宿舍等评选活动,彰显协同育人成果。

（5）广州工商学院每年开展科技文化艺术节、社团月活动,广泛开展素质文化教育、学科专业竞赛和创新创业活动,培育学生工作精品项目,铸就特色校园文化品牌。

（6）针对不同专业、不同年级学生的特点,学生处引导各院系广泛开展"我的中国梦——立志修身博学报国"主题教育,选楷模、树标杆,用榜样的力量激发广大学生的学习热情。

（7）广州工商学院学工系统加强各级学生干部、党员管理,发挥其先锋模范作用,积极开展"一对一"重点帮扶活动,开展先进典型宣传活动,组织学生深入开展规章制度学习、行为规范和文明修身活动,开展"学习纪律、生活情况、仪容仪表"三大检查活动。

（8）通过"一站式"服务中心,开展广州工商学院校领导接待日、"五进"部门负责人接待日等活动;召开协调对接会促进各部门的联系沟通,推进处理师生关切的热点难点问题,及时反馈和公示处理情况。

**3. 巩固提升阶段（2015年12月至"十三五"时期）**

（1）完善协同育人创新机制。针对应用型高校的特点,以搭建"德学"教育、"五进"活动的系统性平台为抓手,探索建立"立德树人"的整体协同育人机制,力求提升工程有针对性、有重点、循序渐进、形成体系,促进学生工作规范化、科学化、精品化;构建"学校教育、家庭教育、社会教育"三位一体的教育体系,促进教师、学生、学校的共同发展。

（2）发挥党员先锋模范作用。将"德学"教育、"五进"活动与开展"两学一做"学习教育紧密结合,致力达成知行合一的目标;推进党员示范岗和党员责任区制度,在"一站式"服务中心、学生活动中心等落实党员挂牌上岗、亮明身份制度,促进党员模范履行岗位职责,主动服务师生群众;引导师生党员增强党性意识,自觉爱党护党为党,敬业修德、奉献社会。

（3）探索互联网+"德学"+"五进"。依托互联网和信息技术,推进信息化管理平台和智慧校园建设,夯实基础,完善载体,健全机制,创新方法,重点发掘培育具有前瞻性、实效性、特色性、示范性的学生工作项目，注重育人实效。注重运用各类宣传媒介特别是新媒体，加强舆论引导，营造良好氛围。

（4）形成全方位育人新格局。促使提升工程从理论延伸到实践，从校内延伸到校外，从课堂延伸到网络，从单主体到多元主体，系统集成形成全方位育人新格局。增强"德学修身，五进育人"大学生素质提升工程的直观性、感染力和吸引力，使教育更加贴近学生、贴近现实、贴近生活，对陶冶情操、规范行为、铸就品格等发挥润物无声的作用。

## 四、项目成效

### （一）"三风"建设取得显著成效

广州工商学院深入开展"德学"教育，坚持以理服人、以文化人，坚定不移地把社会主义核心价值观融入教育教学全过程，努力营造大学生健康成长成才的良好文化环境，切实增强学生社会责任感、创新精神和实践能力。通过"三风建设"，各系、各单位、各个部门不断提高认识，长抓不懈，切实增强责任感和紧迫感，团结协作，多管齐下，齐抓共管，把"三风"建设渗透到教育教学、党建思政、学生管理、校园文化建设之中。提高教师教书育人和科学研究的水平，培养学生高尚的道德情操和良好的行为，促使机关工作人员进一步树立全心全意为师生、为教学、为科研服务的意识，强化工作效率和服务质量，多为教学科研工作办实事、办好事，从而提升学院的教风、学风和校风，促进学院教育事业的发展。通过开展"五进"活动，培养大学生学会学习，学会做人，增强社会责任感和使命感，树立正确的人生观和价值观。

### （二）主题教育活动扎实推进

广州工商学院积极推进"德学修身，五进育人"大学生素质提升工程，认真组织"立志、修身、博学、报国"系列主题教育活动，引导学生树立远大的理想，用实际行动践行社会主义核心价值观。例如，在征文比赛中，学生通过"进图书馆"品读经典，知传统、敬贤人、学贤人，表达了对优秀传统文化的敬仰以及对古代名人、贤士的崇拜之情，并对中西方文明和现实问题的辩证思辨，展现了将自己成长成才的梦想与中华民族伟大复兴的"中国梦"紧密结合、不懈奋斗的人生志向。在社会调研比赛中，学生的调查报告贯彻"三严三实"精神，结合"进实验实训室"，围绕学科、专业有针对性地进行选题，围绕国家与广东经济、文化、环境、社会管理等方面的内容。在实践中学以致用，不断提高将书本知识转化为实际应用的能力和水平，让"进社会"活动成为学院党团组织深入基层、服务人民、奉献社会的良好平台。在宿舍文化新媒体创意大赛中，学生的作品体现了以"宿舍"为中心点的文化拓展，通过各宿舍"德学"活动的开展，不断提高学生的自主生活意识，促进宿舍内部团结，营造温馨家园氛围，增强集体荣誉感。在志愿服务比赛中，各单位组织的参赛队伍通过参与假期"三下乡"、社会实践、志愿服务等活动，增进了了解社会生活、认识社会、适应社会的能力，提升了心理承受能力和综合发展素质，培养团队合作、与人沟通的能力，增强了社会责任感，体现了大学生为实现"中国梦"而艰苦奋斗的拼搏精神。在体验式教育活动展示比赛中，师生们通过重温中国革命波澜壮阔的历史，在校内外开展"纪念世界反法西斯战争胜利70周年"系列爱国主义教育活动，看望慰问抗日战争前辈及其家属并举办座谈会，以期更好地牢记历史、珍爱和平，增强爱国情感，树立民族自信心。

### （三）校园文化氛围健康向上

广州工商学院以点带面、点面结合、示范带动、整体推进。每学期坚持开展"三风建设"活动，通过讲、学、练、评，在总结大会和大型庆典中隆重表彰优秀学生，充分发挥其榜样带头作用；阶段性召开"德学""五进"座谈会，促进师生深入交流，展示工作成效。在科技文化艺术节上，先后以"德学引领正能量，青春激扬中国梦""共奏五进旋律，谱写德学乐章""德学展翅飞，五进砥砺行"为主题，打造校园文化建设、大学生素质教育和创新创业教育的品牌盛宴。持续举办"学术视野"系列讲座，邀请名师名家、商界领袖、社会精英、优秀校友等主讲95场，惠及师生20500多人次。院系学工组织相继开展了"我的中国梦""创享工商 创客森城"创业沙龙、"自强励志 诚信感恩"教育、"我为青春代言"宣言漂流等系列活动。每年面向全体学生组织开展假、寒假社会实践活动，开展回校座谈会、分享会、汇报会。学院注重加强优秀传统文化教育，加强中国革命传统教育，并将感恩励志教育作为加强和改进大学生思想政治教育的重要内容，教育学生常怀感恩之心、常言感恩之情、常做感恩之事。广泛开展假期"三下乡"活动、社会实践周、义工义教、志愿者服务、关爱空巢老人、关爱留守儿童等活动，不断完善和创新公益实践，形成诸如驿站"心"传统、爱心加油站、慰问轮椅兄弟、"稻草人"爱心助学活动、"七彩课堂""情暖夕阳红""血浓于水，情浓于血"大学生无偿献血、青春"三下乡"等品牌活动。团委负责的广州北"志愿驿站"多次获广州志愿驿站特色站、示范站荣誉。艺术团多次获得国际和全国性金奖，并受邀参加省、市、区大型演出，已成为学院的闪亮名片。

## 五、绩效评价

（一）学院获奖逐年增加

广州工商学院党委书记《贯彻立德树人，强化德育工作，倡"德学"促"五进"》《倡"德学"，推"五进"，促进应用型本科院校人才培养》项目分别入选广东省教育厅 2014 年、2015 年"书记项目"库。近年来，广州工商学院获得全国职业院校学生技术技能创新成果一等奖、全国民办高校学生工作优秀成果一等奖、广东省高校党建研究会民办院校分会优秀论文一等奖，连续三年获得司法部、团中央等主办的全国青少年网上普法知识大赛组织奖，2014年获广东省大中学生法律知识网络竞赛优秀组织奖，获得"广东省教育系统创先争优先进基层党组织""广东省高校学生优秀团队""广东省高校毕业生入伍预征工作先进单位"称号，入选广东省"三下乡"社会实践先进单位、广东省"高校学生事务管理优秀项目"。在广东省高校共青团 2015 年年度工作评价中，广州工商学院团学工作得到了上级团组织的好评，七项评价指标共获得三个"好"、四个"较好"的评价，出色地完成了上级团委下达的各项工作任务。近年来还获得广东省"三下乡"社会实践活动"优秀团队"、广州市无偿献血先进集体、广州市花都区突出贡献团组织、佛山市优秀团组织等荣誉。

（二）学生素质广受认可

近年来，广州工商学院的学生获市级以上各类竞赛奖励 922 项，其中，全国比赛组织奖 12 项，个人或团队获全国大学生企业经营沙盘模拟大赛、全国 ITAT 就业技能大赛、全国管理信息化应用技能及创业大赛、全国大学生会计信息化技能大赛、全国大学生英语竞赛、中国皮具设计大赛等全国性比赛金奖或一等奖共 29 项，获"挑战杯"系列竞赛省级一等奖 94 项。其中，学生团干获 2015 年"全国优秀共青团员"称号；在 2015 年全国高校商业精英挑战赛营销模拟决策竞赛暨第三届海峡两岸大学生营销模拟决策大赛中，广州工商学院被授予"优秀院校组织奖"，学生代表队囊括大陆地区总决赛冠亚军；财经系学生获"用友新道杯"一等奖，学院在广东省"挑战杯"系列竞赛、金钥匙创业大赛和创新创效创业大赛中获一、二、三等奖共 10 项，获广东省大学生创新创业训练计划项目 10 多项，连续两年获花都区科技创新大赛组织奖和一等奖。广州工商学院毕业生的就业率、就业质量和社会认可度持续提高，近年在广东省普通高校毕业生就业督查中被评为"优秀"。

(三) 研究成果不断呈现

以聚焦大政方针、服务中心任务、关注学生诉求、解决实际问题和促进学生成才等为着力点,深入开展规律性和前沿性问题研究。广州工商学院每年召开党建、思政、学生工作研讨会,多次举办项目推进和课题阶段验收会,编印多本论文集,进一步提升工作的科学化水平。近年来已出版相关著作《立德树人之路——广州工商学院的探索与实践》(入选教育部思政司德育文库,中国文史出版社 2015 年版)、《以德为行 以学为上——广州工商学院开展"五进"活动的探索与实践》(广东高等教育出版社 2015 年版)等。学生工作项目入选《高校学生事务管理精品项目选萃》(中山大学出版社 2014 年版),师生代表参与和承担教育部课题、全国高校学生工作研究重点项目、广东省高校党建研究课题、团省委攀登计划项目和广州社科规划课题。

## 六、项目计划

这些成绩是广州工商学院"立德树人"路径探索的经验累积,是学院和党委系统谋划,学生处、团委联手系部协同育人的创新成果。但我们深知,我们的工作还有诸多不足,与优秀院校相比还有很大差距。接下来,我们将在以下方面继续努力:①列入广州工商学院和党委"十三五"规划要点;②成立精品项目建设领导机构;③组建校级大学生德学教育中心,系统化建设"德学"教育通识课程,深入开展调研分析;④打造学生工作、共青团工作精品项目库、案例集;⑤学习贯彻"四有"好老师标准,评选十佳辅导员、十佳班主任,学生工作"优秀团队"、学工系统"月度之星"和"五四"评优、"自强之星"优秀大学生、"榜样广工商"等;⑥科学规划、创新打造学生活动中心,大力推进创新创业教育;⑦党校培训、学生工作研讨、"青马"工程培训班、"三走"主题群众性课外体育锻炼活动等;⑧实施互联网+"德学"+"五进",深入推进"数字化校园"学生工作系统、"青网计划",深化网络新媒体建设。

面对教育发展新常态,广州工商学院将"立德树人"的根本任务具体落实和体现为凝练"德学""五进"特色的校园文化,以"书记项目"和学工精品项目为抓手,将办学理念贯穿于教育教学、人才培养全过程,培育和践行社会主义核心价值观;凝心聚力、务实进取、见贤思齐,以"路漫漫其修远兮,吾将上下而求索"的心态,弘扬"德学"文化,践行"五进"活动,促进学生工作再上新台阶。

主要负责人：黄鹏、谭全、陈豫岚等

单位：广州工商学院

**参考文献**

［1］邝邦洪．以德为行　以学为上——高校师生成长的基石［M］．广州：广东高等教育出版社，2012．

［2］钟伟强．以德为行　以学为上——广州工商学院开展"五进"的探索与实践［M］．广州：广东高等教育出版社，2015．

［3］罗治英，黄鹏，等．教育论刍议——迎接教育"全面深化改革"的前瞻性思考与探索［J］．南方教育评论，2015（12）．

［4］联合国教科文组织国际教育委员会．学会生存——教育世界的今天和明天［M］．北京：教育科学出版社，1996．

［5］黄鹏，等．以单项冠军创品牌——高校学生工作"协同创新"的实践与探索［J］．立德树人之路，2015（5）．

# "立德树人"5A卓越引领计划

立德,树立德业。立,树立;德,德业。立德出自《左传·襄公二十四年》:"大上有立德,其次有立功,其次有立言,虽久不废,此之谓不朽。"树人,是培养人才的意思,出自《管子·权修》:"一年之计,莫如树谷;十年之计,莫如树木;终身之计,莫如树人。"比喻培养人才是长久之计,也表示培养人才很不容易。立德树人,树立德业,给后代做榜样、培养人才。暨南大学根据此精神发挥榜样的感召力量,进而做好培养当代大学生的工作。

教育部于2010年正式启动"拔尖人才培养计划",旨在立足于中国的未来,为国家经济社会的发展培养一大批拔尖人才。《国家中长期教育改革和发展规划纲要(2010—2020年)》中也多次提到要培养"信念执着、品德优良、知识丰富、本领过硬的高素质专门人才和拔尖创新人才",将拔尖人才的培养列入国家发展的总体规划。目前国内高校在优生培养、拔尖人才培养和创新人才培养方面多局限于第一课堂,而对于这类人才的校园软实力培养却很匮乏,大学生不能全面地从软硬两个方面共同发展。暨南大学的"立德树人"5A卓越引领计划立足人才培养,全方位、多角度地树立榜样,充分发挥榜样的引领作用,让每位优生和具有拔尖人才、创新人才潜质的学生都可以从中找到契合点,从而强化自身的发展,由外引转向内引,激发自主能动性,达到全面地自主用心学习、用情工作、用力发展。

基于上述原因,暨南大学从2012年开始开展"立德树人"5A卓越引领计划,至今举办了答辩、演讲、培训、宣讲、座谈、实践、颁奖等活动100多场,并取得了良好的育人效果。如今的"立德树人"5A卓越引领计划已经成为学生学习榜样、分享经验、共同学习、与优秀同行的一个重要平台。在这个平台,各类优秀的"星星"们会分享他们大学学习生活的成功经验,通过经验分享、事迹展示及充分交流,大多数参与者都获得了启发,由此也对自己面临的学习和生活有了更加深入和细致的思考,解决问题的方法也变得更加成熟和理智。这个平台,通过不断汇集智慧,全面传播优秀,让更多的学生获得发展和成长,成为暨南大学优生、拔尖人才和创新人才的摇篮。

## 一、项目理念

为推进暨南大学高水平大学建设，提升人才培养质量，进一步加强学风建设，树立暨南卓越集体及优秀学子典型，积极发挥先进集体和个人的榜样力量，培养更多拔尖创新人才，暨南大学于2012年开始开展5A卓越引领计划相关工作，该计划以"卓越点亮梦想，榜样引领暨南"为口号，以"志存高远（Ambitious and Lofty Ideals）、崇尚学术（Academy Orientation）、至臻学业（Acquiring Profession）、锐意创新（Aspiring for Innovation）、多面发展（All-around Development）"5A为培养措施，由暨南大学学生处负责面向全校本科学生实施。5A卓越引领计划分为三个项目，分别是"5A卓越班集体"成长计划、"暨南好班长"评选活动以及"优秀学子奖励计划"。

"5A卓越班集体"成长计划以"携手并进，共同成长，班级荣光，绽放暨南"为口号，以5个A为班级建设目标，号召全校500多个班集体通过1～2年的创建和培育，从中评选出50个先进班集体，再进一步打造成为在5个方面都表现突出的10个班集体，评为"暨南大学5A卓越班集体"。"暨南好班长"评选活动以"树杰出班长典型，做服务集体榜样"为口号，每年在全校1000多名班长中评选出10位在班级服务方面成效卓著的班长当选年度"暨南好班长"。"优秀学子奖励计划"以"卓越引领成长，繁星闪耀暨南"为口号，致力于在暨南学子当中树立一批在不同领域有着突出成绩的校园"明星"。

5A卓越引领计划旨在让暨南大学的优秀学生成为榜样，让具备创新拔尖人才潜质的学生凸显出来。在自由学术探究、独立质疑科研精神之上多一些创新学风，使德、智、体、美等各领域的人才百花齐放，形成多元的校园文化支撑，从而培养出更多的集社会责任、尊重知识、敢于质疑等人格品质于一体的创新拔尖人才。

## 二、项目运作

### （一）项目目标

"5A卓越班集体"通过培养创建优秀班集体，并充分发挥优秀班集体的榜样力量，促使各班级之间相互学习、相互竞赛，增强班集体的凝聚力，激发学生的集体荣誉感，鼓励班集体团结班级同学，为优秀学生的培养创造出良好的班级氛围。

"优秀学子奖励计划"利用暨南大学多样化生源优势,注重从10个方面入手设立培养目标,引导各学院根据培养目标开展种类活动,促进学生学习与发展,并通过评选"暨南之星""学术之星""学习之星""进取之星""公益之星""道德之星""自强之星""领袖之星""艺术之星""体育之星",让榜样的力量深入校园的各个领域,在选拔的过程中进一步强化优秀的标准,从"星星"的展示中阐释优秀的特质,让创新拔尖人才在项目过程中不断成长、成才。

评选"暨南好班长"有助于消除班级内部学生间的隔阂,凸显优秀领袖管理人才,引导他们不断提升自身管理水平,共同追求卓越,形成争先创优的班风与校风。

这是把原有的、单一的评优评奖活动转化为人才培养的重要举措。首先,在全校本科学生当中设立优秀个人和先进集体的培养目标;其次,引导各学院和学生根据培养目标开展各类学习活动、校园文化活动及社会实践活动,促进广大学生积极追求优秀和卓越;最后,通过评审答辩、表彰大会、事迹宣传等系列活动,营造良好的学习优秀、争做优秀的氛围,在带动身边同学的同时,优秀学生也在评选过程中得到了提升和进步,达到该项目人才培养的预期效果。

(二)项目主体

暨南大学学生处。

(三)项目对象

暨南大学全体本科生。

(四)项目时空

开展时间为每学年。其中,每学年第一学期9—12月宣讲、选拔、评审、答辩、公示;第二学期3—5月培训、实践、宣讲、展示、颁奖典礼。

开展地点为各校区、各学院、学生活动中心、礼堂。

"立德树人"5A卓越引领计划由暨南大学学生处统一策划,具体依托学院开展相关答辩和展示工作,制度程序严谨,评选条件公开透明,形式多样,且充分考虑学生的需求和实际情况。项目实施过程中如遇冲突情况,将充分考虑大多数学生的实际情况来进行调整。

## （五）项目主题

优秀学生和创新拔尖人才的成长中，个体是基本因素，但必须在合适的教育和社会文化环境中才可能成长为创新拔尖人才。随着大学与社会联系的日益紧密，大学文化越来越受到社会文化的冲击，大学既要适应社会潮流变化，又要保持自身的精神和理想。如何建设适应社会文化的大学精神和校园文化，是摆在研究型大学面前的一个难题。暨南大学的"立德树人"5A卓越引领计划以"志存高远、崇尚学术、至臻学业、锐意创新、多面发展"为主题目标，通过项目中的"卓越班集体""暨南好班长""暨南之星""学习之星""学术之星""领袖之星""道德之星""公益之星""艺术之星""体育之星"等奖项在多个领域树立相关榜样，用榜样的力量感召所有的学生，帮助学生全面完善自我，同时形成充满青春正能量的校园文化，为优秀学生和创新拔尖人才的成长打造出最适合的环境。

## （六）项目内容

### 1. "5A卓越班集体"评选

班级全体学生志存高远，班级风气良好；班级全体学生崇尚学术、潜心科研，具有良好的创新素质；班级全体成员渴求知识、视野广阔，班级活动富有特色、积极向上；班级全体成员至臻学业、你追我赶、互相帮助，班级学习气氛浓厚，全体成员学业成绩良好；班级全体成员锐意创新、视野广阔、勇于实践；班级全体学生多面发展、一专多能、共同进步，为创新人才的培养形成良好的班级环境。

### 2. "优秀学子奖励计划"评选

通过项目参与培养的"星星"们要具有良好的思想道德素质和远大的理想；具备科研创新能力、组织管理能力，乐于助人，热心公益，成绩优秀；学术科研方面取得优异成绩，在科研创新上突出，曾在省级（含省级）以上学术竞赛中获奖、公开发表论文或者获得发明专利等；各科成绩在本专业或年级中须名列前茅；在专业学习和个人发展方面进步特别明显；热衷公益事业，积极参加各类志愿服务活动，并获得各级表彰；勇于承担家庭及社会责任，在孝敬父母、关爱家人、乐于助人等方面起到楷模作用；家庭经济困难的学生自强不息、努力拼搏、积极向上，在学习生活中表现优秀；学生干部应积极参与策划、筹备各类学生活动，具有良好的组织管理才能，表现突出，素质优秀；热心参加各类艺术活动和比赛，并获得各类表彰；热心参加各类体育活动、竞赛，并获得各类表彰。

### 3. "暨南好班长"评选

"暨南好班长"所在班集体必须是已获评的"5A 卓越班集体",此班班长才有资格根据暨南大学"暨南好班长"实施办法,通过学院推荐经过答辩最后入选每年全校评选出的 10 个"暨南好班长"。每年的 10 名班长必须个人素质优秀,热心为班级服务,关心同学,带领全班同学积极进取,最终成为创新拔尖人才。

### 4. 5A 卓越引领计划颁奖典礼

每年 4 月或 5 月在学校礼堂举行 5A 卓越引领计划颁奖典礼,奖励当年度所有 5A 卓越引领计划下的获奖学子。典礼仪式宏大,内容包含各位受奖学子的先进事迹、各种情景短剧等,最为荣耀的是,每年的颁奖典礼都会汇集全校部分校级领导,由他们亲自为获奖学子颁奖,让榜样的力量得以无限放大。"星星"们的光辉闪耀着暨南大学,该典礼被学生激动地称为暨南大学的"奥斯卡"典礼。

## (七)项目程序

### 1. 前期准备

(1) 主题。优中选优,树立榜样的力量;深入学生,深入校园,用情感召。

(2) 创新。首先,三项评选实施方案已形成学校文件,有规则、有依据。其次,从学院到学校逐层宣传,逐层选拔,并广泛利用新媒体助力评选工作的开展,充分扩大活动的影响力。再次,每场评选答辩都有不同的领导、教授、老师参与,用不同领域的精英去选拔该领域的榜样。最后,每年 5A 卓越引领计划的颁奖典礼都会精心设计,力求每年有所创新与突破。

### 2. 活动现场

(1) 收集各学院参选学生资料,学生处汇总,全校辅导员开初评会。

(2) 布场,调置好投影仪,贴好指示牌,做好现场引导。

(3) 主持人介绍,活动开始。

(4) 学生答辩,评委使用学生公众号(微信企业号)评分,嘉宾点评,亲友团微信投票,现场公布结果。

(5) 新一场答辩预告、收集反馈信息。

### 3. 活动后期

(1) 撰写新闻稿并发布于学生处网站,同时于微信公众号公示活动开展情况。

(2) 整理活动反馈,在微信公众号为每一位优秀学子和每一个"5A 卓越班集体"推送专辑。

(3) 制作项目宣传片、获奖学生风采片和展板，制作主题曲等。

(4) 优中选优，组织宣讲团进行5A卓越引领计划宣讲。

(5) 组织获奖学生开展社会考察活动，搭建平台，促进交流，拓宽视野。

### （八）项目支持

"立德树人"5A卓越引领计划的各项活动受到了暨南大学的大力支持，并获得国务院侨务办公室的专项经费支持。

## 三、项目效果

暨南大学"立德树人"5A卓越引领计划的相关活动受到了学生的热烈欢迎，自活动开展以来，共举办了40多场不同领域的选拔答辩会、4场颁奖晚会，展出优秀学子先进事迹展板累计300余块，制作宣传片4部、各奖项风采短片30多部，创作主题歌曲及拍摄MV 1首，鼓励学院进行先期答辩20余场，共计超过32000人次的学生参与了各项相关活动。

### （一）携手并进，共同成长，班级荣光，绽放暨南

随着"90"后大学生步入校园，个性独立成为大学生主要的标签。学生之间、师生之间都缺乏交流，班集体的荣誉感严重缺失。"5A卓越班集体"的培养创建与评选宣传使学生们重新认识到集体的重要性，也体会到了集体的温暖，懂得了集体荣誉感的重要性。评选出的班集体用实际行动让广大师生理解了一个好的班集体可以使师生融洽相处，且令学生在学业上可以取长补短，在生活上能互帮互助，在发展上可携手向前。在追逐优秀、效仿榜样的过程中涌现出更多温暖有力的班集体，使得班风、校风、学风有了明显提升，这个项目受到了学生的热烈欢迎。

### （二）卓越引领成长，繁星闪耀暨南

"优秀学子奖励计划"通过10颗"星星"的培养，从个人层面使得每个领域优秀的学生加深对自身的认识，因为他们在参与选拔的过程中得以重新准备展示自身优势的材料，同时，参与选拔的学生可以对某一领域的其他学院的学生有所了解，在参与选拔的竞争中互通有无，从而提升自己在该领域的实力与水平，既把自身树立为普通同学的榜样，又可以在良性竞争中认识新朋友以弥补自身的缺点。

对于各个学院来讲，每次的"优秀学子奖励计划"选拔都为学院提供了一个认识本院学生的水平与特色的机会。很多人文社科类的学院不乏体育与艺术特长学生，而很多理工科的学院反而更多学习与学术的明星学生。对学生的深入了解，可以更好地让学院投入相关的学科建设资源，使得各类学院均衡地发展，从而使整个学校的人才培养趋于合理，趋于均衡。

（三）树杰出班长典型，做服务集体榜样

如果说"5A卓越班集体"的评选是集体的一点，"优秀学子奖励计划"评选的10类100颗"星星"是繁星的一面，那么"暨南好班长"无疑是这"点"与"面"的完美结合，也是综合性最强的一项选拔。因为每一位当选的好班长至少具备两项重要的功能：一是自身足够优秀，能在一个班集体当中处于领导服务的地位；二是有足够的感召、协调能力，因为只有把班级里的多数人都变得足够优秀才可能最终获此殊荣。

随着"暨南好班长"评选的逐年开展，涌现出了一大批优秀的班长，他们在各自的发展道路上都表现得十分优秀。更重要的是，让更多学生、更多集体认识到一个优秀班集体的重要性。要成为"暨南好班长"不容易，这一荣誉对学生的责任担当和能力都要求较高，需要学生付出较多的时间与精力，但正因如此，学子们才有动力不断磨炼成为创新拔尖人才。

（四）5A卓越引领计划颁奖典礼

颁奖典礼至2015年已举办了3场，2016年的第四场也于当年5月中旬举行，共吸引了近6000名师生观看和参与颁奖演职工作，每一场都有不同主线故事，根据主题邀请暨大学子进行表演。颁奖典礼用视觉、听觉的盛宴将榜样的事迹进行宣传推广，即便是一个普通学生也可以参与其中，接触到优秀的榜样，从而有所感触并进行效仿、追求卓越。

## 四、项目特色

第一，项目密切结合学生的学习发展，贴近学生学习、工作、生活、心理等各方面，设置培养目标、展示成长历程，树立学习与发展榜样，营造学习优秀、争做优秀的良好氛围，促进学风建设长效机制的形成，为拔尖创新人才的培养提供了环境保障。

第二，在项目执行过程中大胆使用新媒体手段，以当代大学生喜欢的方式开展宣传展示活动，大力提升项目在广大学生中的影响力；为获奖同学搭建交流平台，提供社会实践机会，促进其进一步的自我提升。

第三，表彰大会从一维、平面、单调的传统形式改变为多维、立体、绚丽多彩的多媒体形式，从严肃刻板的灌输转变为生动活泼、互动交流的方式，信息量巨大，教育效果好，范例鲜活，深受学生的喜爱。

第四，突出侨校特色，打破生源界限，所有港澳台侨学生及外国留学生均可参与各类评选，促进内外招生学生群体的交流互动，建立友谊联系，拉近内外招生学生群体的距离，使其互通有无、互相学习。

第五，项目公开、公平、公正的评选机制将质疑批判、勇于挑战权威的学风深入到课堂内外，活跃学生的创新思维，评选中的竞争与合作充分引入人才竞争机制，以择优递补的形式营造竞争的学习氛围，通过讲座分享、体验教育、社会实践等多种形式使优生和人才在团队合作中彼此完善、共同进步。

以上是暨南大学开展"立德树人"5A 卓越引领计划项目的主要介绍。该项目开展以来，一直深受同学们的喜爱和好评。如今，"立德树人"5A 卓越引领计划已经成为暨南大学在优秀学生和创新人才的培养工作中不可缺少、效果卓著的重要项目之一，成为暨南大学探索学生管理工作创新模式的成功范例。我们将进一步扩大这一工作内容和服务范围，使得更多的同学受益，为暨南大学的人才培养大计作出贡献。同时也希望将成功的经验与兄弟院校分享探讨，共同为创新学生工作管理模式而不懈努力。

主要负责人：张润、彭德镔、张佳婕

单位：暨南大学

# "生涯梦工坊"

"生涯梦工坊"是为适应大学生职业生涯教育的个性化、体验性与实效性的新需求，由深圳大学学生就业指导中心（又称"职业生涯发展中心"）联手中国第一家职业生涯规划行业协会——深圳市生涯规划与发展协会（以下简称"深圳生涯协会"）共同打造的一个升级版的社会化职业生涯辅导品牌。

"生涯梦工坊"项目通过需求调研、活动设计、资源整合、实施反馈等环节，邀请各行各业的职场精英、企业人力资源专员、专业职业规划师和创业人士进入校园，为在校各年级学生提供职业规划、职场素养、行业信息、求职面试、创业辅导等全方位的职业发展辅导，通过工作坊、一对一咨询、企业参访等多样化的活动形式，打造社会化、职场化和个性化的项目特色，搭建起学校与政府、社会组织、专业机构共建大学生职业发展教育的平台，为探索"校社合作"（学校与社会组织/行业组织合作）提供了新思路。

"生涯梦工坊"项目不仅受到深圳大学学生的欢迎和青睐，还拓展到了深圳职业技术学院等学校和其他行政区，具有良好的可复制性和辐射性。该项目2015年入选深圳市南山区首届民生微实事大赛"十佳项目"，荣获宝安区第二届慈善公益大赛第二名，得到政府部门、学校和企业的认可和支持，多家媒体先后报道其佳绩，该项目在社会上产生了积极的影响。

## 一、项目理念

从"生涯梦工坊"的项目名称中，反映了该项目的主要理念。

### （一）"生涯"——全程辅导、全面发展

项目名称不采用"就业梦工坊"或"创业梦工坊"，而是采用"生涯梦工坊"，是希望体现大学生的职业生涯教育不能仅仅在毕业阶段，还要贯穿大学生从入学到毕业的全过程。"生涯"不仅包括就业、创业，还包括大学计划、专业学习、运动休闲、实践锻炼和素养提升等方面，而这些就反映在项目内容上，包括了职业规划、素养提升、求职择业、创业辅导等方面。

### （二）"梦"——及早规划、贴近职场

实现"中国梦",需要大学生有"生涯梦",及早规划自己的生涯蓝图。践行"生涯梦",既要仰望星空,也要脚踏实地。在对 2015 届深圳大学 5700 名毕业生期望与需求调查结果显示,仅 16% 的学生对自己的职业发展方向和奋斗路径、方法较为清晰;进一步对求职技巧进行需求调查发现,80% 以上的学生表示在搜索招聘信息、面试技巧、简历撰写、职场礼仪等方面都需要加强;93% 的学生表示需要获取实习经验。

要缩短大学生与职场人的距离,就要让大学生多了解职场的真实状况。经过调研,大学生更愿意接受来自职场精英的辅导。因此,"生涯梦工坊"项目结合学校职业生涯教育目标与职场对人才的要求,设置了接地气的项目课表,并经过筛选,邀请了各行各业的职场精英、企业人力资源专员和创业人士担任项目的主讲和咨询师。

### （三）"工坊"——小班训练、个性满足

经过近 10 年的职业生涯教育工作的推进,深圳大学已经建立了较为完善的职业生涯教育体系,有学分的课程、大中型讲座已经形成规模,大学生对一般性的职业规划教育已经习以为常,他们参与这些常规活动的兴趣相比之前有一定幅度的回落。因此,"生涯梦工坊"的项目目标不是追求人多、规模大,而是尝试按照行业、职业细分去设计培训内容,追求细分化、精致化,采取工作坊为主的形式进行,小班化运作,以满足学生分类化、个性化与体验性的需求。

## 二、项目特色

### （一）社会化

与一般的职业生涯教育项目运作不同,"生涯梦工坊"不是由学校就业指导中心全权策划和组织实施的,而是由学校就业指导中心与深圳生涯协会联手打造,走出了一条高校与行业组织深度合作、直接对接大学生发展需求与职场要求的社会化新路子。

深圳生涯协会作为国内首家被民政部门正式批准成立的生涯规划行业协会,倡导贯通中小学、高校、职场、创业和老有所为的人生全程生涯规划,理事单位分布在深圳、广州、珠海、东莞和肇庆等地,拥有来自各行各业的职业规划师、职业指导师、人力资源管理师、心理咨询师、创业导师等师资资源,是深圳市社会组织创新示范基地和南山区社会组织创新苑孵化组织。深圳生涯

协会承接了深圳市教育局、深圳市招生考试办公室以及慈善会等政府项目，具备运营品牌项目的能力和经验。

深圳大学就业指导中心作为"生涯梦工坊"的第一主办方，负责制定项目理念、工作目标和收集学院需求；深圳生涯协会作为"生涯梦工坊"项目的联合主办方，在培训科目、内容设置、师资邀请、反馈调查、社会传播等方面作出了重要贡献。

（二）职场化

"生涯梦工坊"在培训内容设计、师资邀请和形式上体现了"职场化"的鲜明特色。该项目的培训课表由深圳生涯协会具有丰富职场经验的专家组集体研发，培训内容突出讲师的职场经验与案例分享，追求"干货"而非"理论"，主要包括规划篇、素养篇、求职篇、行业篇和创业篇五大部分，以下是已经举办过的部分工作坊名称。

（1）规划篇。如规划你的大学——校园达人养成手册、发现天赋成就自我、支招大学学业/生活/爱情铁三角关系、留学职业生涯规划、找到你的生命动力、在热爱的领域努力地玩等。

（2）素养篇。职业礼仪、韩国时尚装扮、"服"饰人生、仪态训练、葡萄酒品鉴与西餐礼仪、精品咖啡分享会、沟通训练、情商与人生、储备人脉规划未来、如何避免人际冲突、从"菜鸟"到精英的阳光心态塑造、学生到职业人的转变等。

（3）求职篇。佳"历"有约、如何打造高通过率简历、一"面"之缘、群面如何脱颖而出、求职过程中的风险识别与防范、从专业到职业——企业选人看什么、500强求职揭秘、模拟面试等。

（4）行业篇。职业信息全认知、人力资源职业入口及发展方向、软件测试的职业发展之路、互联网金融的职业发展路、快速消费品行业分享、金融行业对我们的影响、无人机产业、揭秘腾讯十大热门岗位、校长论说教师招考技艺、走进UI（User Interface，用户界面）设计师、项目化思维助力人生职场、会计人生、银行从业者的自述等。

（5）创业篇。大学生创业前必须知道的事——梦想、90后CEO的就业创业路、如何顺应移动互联网创业大潮、大学生如何选择创业项目、创业路上的那些坑、创二代的烦恼——从基金公司到家族企业等。

该项目所邀请的讲师和咨询师绝大多数是来自各行各业的职场精英，为增强职场实战性，有些模拟面试等内容还专门安排到企业去进行，同时也组织学生到相关企业进行参访、座谈等。

## （三）个性化

"生涯梦工坊"满足不同年级、不同类别学生的细分需求，采用小型主题工作坊的方式，三五十人的规模；通过互动参与、体验、现场咨询等方式，保证学生与讲师的充分沟通与互动；同时，在每双周四的校园招聘会现场，邀请企业人力资源专员为求职学生提供一对一的简历、面试辅导，以满足学生的个性化辅导需求。小型、深入、互动，是"生涯梦工坊"所追求的项目特色。

# 三、项目实施

## （一）项目设计

### 1. 起源

从2006年开始，深圳大学就业指导中心先后推出了春季"职业规划月"和秋季"就业辅导月"两个就业工作品牌，贯彻全程化、分年级辅导的工作理念。

春季"职业规划月"活动每年3—5月举办，对象以低年级学生为主，向全体学生开放，内容包括自我认知、职业环境分析、职业发展定位、制订大学计划等内容；秋季"就业辅导月"每年10—12月举办，对象以毕业生为主，向全体学生开放，内容涵盖职场礼仪、简历写作、求职技巧、行业岗位需求、职场适应等。学校除了安排讲座、工作坊、开通一对一职业咨询外，各学院也结合专业特点和学生实际安排各具特色的职业规划与就业辅导活动。

据不完全统计，深圳大学每年共举办就业指导类讲座、沙龙、工作坊100多场，参加学生超过10000人次。

### 2. 探索

从2013年开始，深圳大学就业指导中心开始探索按照行业、职业和企业类型进行细分开展职业生涯辅导，与各学院合作开展了针对性更强的讲座活动，一些讲座如"银行业的职业规划与求职""互联网的发展前景与大学生的准备"等深受大学生的欢迎。

### 3. 升级

从2015年3月开始，深圳大学就业指导中心与深圳市生涯规划与发展协会正式合作，在"职业规划月"与"就业辅导月"的基础上，进行品牌整合升级，并正式更名为"生涯梦工坊"。

## （二）项目运作

"生涯梦工坊"的运营团队由深圳大学就业指导中心、深圳生涯协会、深圳大学学生职业规划与发展协会（以下简称"深大职协"）以及各学院就业辅导员代表共同组成，实行项目负责制，项目负责人由深圳大学就业指导中心老师担任。项目负责人根据深圳大学就业指导中心工作要求提出项目目标，收集学院需求，委托深圳生涯协会设计项目方案，报深圳大学就业指导中心领导审定后执行。深圳生涯协会负责校外宣传、对接资源、邀请职场讲师、咨询师和培训效果反馈调查，深大职协负责培训场地预借、海报/微信宣传、培训主持和现场组织。

## 四、项目成效

（一）帮助学生认识了真实职场，缩短了学生与职场的距离

从 2015 年 3 月至今，"生涯梦工坊"共举办了 60 多场工作坊，平均每周 2 场，直接受益学生 2000 多人，间接受益学生 8000 多人；在 20 多场校园招聘会上派出企业人力资源专员和专业职业咨询师共 80 多人次，为 1000 多人次学生提供了包括简历、面试、礼仪和职业规划在内的一对一公益职业咨询。

据不完全统计，学生对求职类工作坊的满意度达 90% 以上，认为工作坊"实战、实用"，并愿意向其他同学推荐；而最受学生欢迎的活动形式是招聘会上一对一的现场职业咨询。有些学生平时不爱参加讲座，到招聘会求职时看到有公益职业咨询，就抱着试试看的心态来参加咨询，结果发现很贴近职场，因为这都是深圳生涯协会经过挑选的人力资源资深人士，同时他们又具备职业规划师的专业资质。"生涯梦工坊"在校园招聘会现场设置公益职业咨询摊位，就是为方便求职毕业生而度身定做的。

一位法学院的大四毕业生在现场咨询结束后感叹："今天的半小时谈话，很可能改变我的一生。"而一位腼腆的男生，在一个寒风瑟瑟的冬日下午接受完咨询辅导后，买来一杯热气腾腾的奶茶，双手端给企业咨询师以表示感谢。

（二）探索了"校社合作"新模式，形成了较好的社会影响

以前一般谈"校企合作"，而"生涯梦工坊"开创了"校社合作"新模式，即学校与行业组织/社会组织合作的新模式，由行业组织深圳生涯协会牵头，整合相关企业和社会师资，为在学校内深入开展大学生职业生涯教育辅导，同时将职业生涯教育理念传播到全社会，让更多人关注大学生就业和职业发展。

2015 年 12 月 4 日，深圳市南山区首届民生微实事项目创新大赛现场赛暨颁奖典礼在南山区委荔香居隆重举行，"生涯梦工坊"入选"十佳项目"。本

次大赛由深圳市南山区民政局主办,南山区社会组织总会、南山区慈善会承办,开赛以来共接收到全市各类参赛项目187项,经过专家评委严格打分,"生涯梦工坊"进入30强。在网络投票环节中,"生涯梦工坊"获得19382票,名列前茅;在现场决赛环节,"生涯梦工坊"展示精彩,在所属类别的14个项目中高居第一,并最终荣获大赛最高奖。

2015年12月23日,由深圳市宝安区慈善会主办、深圳市社会公益基金会承办的宝安区第二届公益慈善项目大赛总决赛在宝安区举行,"生涯梦工坊"经过专业评委打分、网络投票、尽责调查和现场展示答辩等环节,在117个比赛项目中过关斩将,先后晋级32强、20强,并最终夺得总分第二名的佳绩。

《深圳都市报》、深圳新闻网、《宝安日报》、南方网、广东共青团等媒体先后报道了"生涯梦工坊"的开展情况以及获奖等信息,在社会上传递了职业生涯规划的理念,获得了较好的社会反响。

(三)具备良好的复制性,拓展到了其他学校和地区

由于其独有的"校社合作"模式,"生涯梦工坊"对内发挥学校就业指导中心的策划、审核作用,协调各学院进行需求收集,调动学生职业规划协会进行实施落实;对外借助行业组织/社会组织整合师资和内容资源,增强社会影响。项目实施以来,不仅在深圳大学形成了较大影响,而且还辐射到深圳职业技术学院等学校和宝安等行政区,帮助了更多的学生和社会青年了解到职业生涯规划和职场信息,提升了职场竞争力。

## 五、项目计划

为了将"生涯梦工坊"做得更接地气、更有实效,我们计划利用两三年时间,不仅将该项目做成"职业生涯教育"的活动品牌,同时也是"精准就业创业"的服务品牌,即整合更多的行业资源和企业资源,在增加行业细分、职业细分工作坊的基础上,为大学生提供更多的企业参访、见习、实习乃至应聘机会,打通职业规划、职业素养提升与就业求职的环节。创业类工作坊不仅仅停留在经验传授与分享,也尝试为大学生创业团队进行资源对接,真正助力大学生创业。

主要负责人:陈德明

单位:深圳大学

# 打造校园法律文化周活动品牌，推进法律服务与实践育人平台建设

韶关学院法学院认真学习贯彻习近平新时代中国特色社会主义思想，促进社会主义法治国家的建设，发挥法学专业优势，开展校园法律文化周活动。随着多年的实践，校园法律文化周已成为韶关学院开展法制宣传教育的重要载体，使全校师生认识法律、了解法律、掌握法律，最终达到"知法、懂法、守法、用法"的效果。法学院师生积极开展送法下乡活动，把法律知识送下乡，送进社区，送进千家万户，有效推进乡镇、社区的法制建设；密切关注弱势群体，积极提供无偿法律援助，积极为粤北地区的弱势群体提供无偿的法律援助；校园法律文化周也成为韶关学院对外开展法律服务、普法宣传的重要品牌，成为法学应用型人才培养的一个重要实践育人平台。

## 一、项目理念

校园法律文化周活动项目以弘扬法律文化，宣传法律知识，增强法律意识，打造"尚法明理、厚德载物"校园文化为宗旨，围绕"弘扬人文精神，提高人文素质，创建人文校园"的目标来展开。项目以法学院学生为主体，以普法志愿服务队为骨干，以全校师生和社会民众为宣传和服务对象，积极通过一系列丰富多彩的普法宣传和法律服务活动，让全校师生和社会民众认识法律、了解法律、掌握法律，最终达到人人"知法、懂法、守法、用法"。同时，校园法律文化周活动项目也承载着实践育人的重任，通过各项普法实践活动的开展，提高学生的法律意识和观念，调动学生学习法律的兴趣，拓展、巩固和加深学生对法律知识的了解，提升学生的法律素养和实践能力。

## 二、项目特色

（一）树立品牌意识，打造精品校园文化活动品牌

校园法律文化周从首届活动的策划开始就被定位为全校性的活动，积极打造各种精品活动，是校园文化的一个重要组成部分。这一做法受到学校领导的

高度重视，学校将此项活动提升为学校层面的法律文化周活动。为此，学校成立了以校党委书记为顾问，主管学生工作的党委副书记为主任，宣传部、法学院、思政部有关领导为副主任，学生工作部、保卫处、团委、院办、网络中心等有关领导为成员的校园法律文化周活动组委会，全面统筹和部署每年的校园法律文化周活动。在活动中，法学院调用了最精干的师资力量和最优秀的学生骨干，为广大师生、为社会开展法制宣传教育，为广大师生和民众提供法律服务。随着多年的实践，校园法律文化周已成为韶关学院开展法制宣传教育的重要载体，成为学校对外开展法律服务、普法宣传的重要品牌，也成为法学应用型人才培养的一个重要实践育人平台。

（二）突显服务宗旨，推进校内外普法进程

在校内，法学院在广播台开设法制宣传专栏，举办普法图片展，与粤北大学生报社联办普法专刊，使普法内容在学生群体、生活社区中得到广泛传播；同时，通过举办专题讲座、法律实务讲堂和法律宣传与义务咨询服务，系统介绍法律热点问题，让大学生初步了解相关的法律知识；另外，还通过组织法律问题网上论坛活动、模拟审判活动、法律专业小论文写作评比活动、法律专业知识竞赛、法制宣传文艺晚会等活动，将法律服务、司法观摩、知识竞赛与文艺展演活动较好地结合起来，形式多样地开展了普法宣传教育活动。

在校外，法学院以青年法学会、青年志愿者协会、法律援助工作站为主体积极开展各种普法活动，积极推进法律进社区、法律进企业、法律进村镇、法律进校园的工作步伐。2007年，法学院组织法律志愿服务队到韶关市新丰县沙田镇河洞村开展了"构建和谐社会，共建普法新村"主题法律宣传与法律服务活动。2008年，法学院法律服务队前往韶钢集团，与该集团联合在韶钢东区文化广场举行了"全国法制宣传日法律宣传咨询活动"。2009年，法学院组织学生优秀普法骨干到韶关市浈江区大塘镇大塘中学为中学生开设了"未成年人违法犯罪预防"的普法专题讲座。2010年，法学院联合韶关市司法局、市普法办、市人民调解工作指导委员会办公室在韶关旭日国际有限公司举办了韶关市"法律服务进企业，人民调解促和谐"普法宣传活动，2011年、2012年分别在浈江区东河健身广场、武江区西河健身广场开展送法进社区活动。2014年，法学院与韶关市总工会、莞韶工业园团委联合组织韶关市青年律师、韶关学院法律援助站、青年法学会和党员志愿者服务队到莞韶工业园开展"普法进企业，服务零距离"送法进企业活动。

## （三）深化实践育人功能，注重学生素质提高

对法学专业学生，我们通过举办法制专题讲座、法律小论文评比活动、法律专业知识竞赛、法律实务大讲坛等多种活动，巩固学生的法律知识，拓展学生知识面，加强学生的法律实务探讨，提高学生的法律实务技能。对非法学专业学生，我们根据大学生的生理、心理特点和认知能力，通过组织校纪校规学习，出版法制宣传专刊，举办法制宣传文艺晚会、普法图片展、法制专题学习等多种形式，在大学生中宣传各种法律法规，普及法律知识，引导学生牢固树立崇尚法律、遵守法律的意识。

## （四）增强创新意识，寻求活动载体创新

我们的法制宣传教育讲求因地制宜、因时制宜、因人制宜，积极寻求一些与学校、学生情况相符合的，能够更好地体现时代风格、学校特色、学生特点的入耳入脑入心的法制宣传教育方式。坚持贴近实际、贴近生活的原则，用丰富多彩、生动活泼、喜闻乐见、寓教于乐的形式，深入开展主题宣教活动，以提高法制宣传教育的吸引力和融合力，激发广大师生对法律的兴趣，赢得广大师生的主动参与。

在活动中，我们大力拓宽了普法宣传的深度和广度，积极尝试以校园网BBS、微博等为平台开展法律网上论坛活动，我们也曾以学校形势与政策教育QQ群作为直播平台，在网上对校园法律文化周开幕式及其会议内容和进程进行了同步的图文直播，并安排专业教师在形势与政策教育QQ群中与学生共同探讨法律问题，解决法律疑难。通过网络，我们扩大了普法宣传教育的覆盖面，以多样化的普法模式，向广大同学传播了法律知识，为校内同学提供了法律服务，使广大学生的法治观念和法律素质得到了进一步提高。

## （五）强调资源整合，提升活动成效

首先是职能部门的资源整合，例如，党委宣传部负责活动的协调和宣传报道工作；法学院负责整个活动的具体工作；学生处负责安排学生参加各项普法活动；保卫处负责提供普法图片展所需资料；校团委负责协助办好普法专刊，为普法图片展提供场馆；思想政治理论课教学部办好"12·4"校园普法征文活动；网络与教育技术中心配合法学院、思想政治理论课教学部办好"12·4"校园普法网上论坛活动以及法制宣传日文艺晚会等有关工作。

其次是师资力量的整合，我们在活动中除安排本单位的教师担任活动指导外，还积极邀请校外的法律专业人士、法律实务工作者为学生举办各种专题讲

座，为学生提供专业指导。

最后是学生社团力量的整合，我们在活动中积极调动青年法学会、青年志愿者协会、法律援助工作站、法园杂志社、粤北大学生报社等多种学生组织的力量，凝聚各种力量参与普法工作，不断开创法制宣传教育工作新局面。

## 三、项目实施

（一）加强领导，成立活动组委会

每年的校园法律文化周，韶关学院成立了以学校党委书记为顾问，主管学生工作的党委副书记为主任，宣传部、法学院、思政部有关领导为副主任，学生工作部、保卫处、团委、院办、网络中心等有关领导为成员的校园法律文化周活动组委会，全面统筹和部署每年的校园法律文化周活动。

（二）高度重视，活动以文件形式发文

韶关学院领导对活动高度重视，法学院根据每年"12·4"国家宪法日的主题精心制订活动计划，上报学校以文件的形式发文。学校要求法学院与各部门精心组织，认真部署实施，开展生动活泼的法制宣传活动，为维护校园和谐稳定打造良好的法治环境，为粤北地区民众提供无偿的法律援助。

（三）依托多个社团组织，提高活动成效

法学院充分结合法学专业特点，依托法律援助工作站、青年法学会、社会工作者协会、青年志愿者协会等社团开展校园法律文化周普法服务工作。分别与韶关市中级人民法院、韶关市检察院、韶关市司法局、韶关市法制局、浈江区人民法院、众同信律师事务所等多个单位建立长期合作关系，与韶关市司法局联合普法，邀请公检法单位和律师事务所的资深法官、检察官和律师到校园开设法律实务大讲堂，等等，不断创新普法工作的机制与方法，积极调动广大学生踊跃参与。通过校园法律文化周活动这一平台，我们以多样化的普法模式，开展法律知识专题讲座、普法图片展、"校园说法"模拟审判活动、普法漫画设计大赛、法律知识竞赛等一系列精彩纷呈的大型活动，向广大师生、社会民众传播了法律知识，为校内学生、校外群众提供了法律服务，增强其法律意识，转变其法制观念，使其学法、知法、守法的意识不断增强，收到了良好的效果。

### （四）活动总结表彰

在校园法律文化周活动中，广大学生积极参与、热情奉献，涌现出了一大批表现突出的先进个人。为表彰先进，树立典型，每年都由活动组委会评选"普法工作先进个人"以及表彰在法律知识竞赛、法律条文 PK 赛、普法征文比赛中获奖的班级和同学。我们希望受表彰的同学在"七五"普法工作中奋发进取，作出更大的贡献；希望其他同学要以先进为榜样，为构建法治中国、和谐校园而努力。

## 四、项目成效

校园法律文化周自 2005 年举办第一届以来，截至 2015 年已成功举办了 11 届，所开展的各项活动在校内外掀起了普法宣传热潮，取得了良好效果，受到省、市普法部门的充分肯定和高度评价。校园法律文化周也受到社会媒体的广泛关注，《南方日报》《韶关日报》、韶关电视台、韶关电台相继为校园法律文化周作了相关报道。

校园法律文化周曾获得韶关学院首届校园文化建设二等奖，2013 年被学校推荐评为广东高校校园文化建设优秀成果，并获得 2014 年韶关学院第二届校园文化成果评选活动特别奖。法学院先后被评为广东省"四五"普法先进集体、广东省"五五"普法中期先进集体、广东省"五五"普法先进集体，法学院党委书记张小平先后被评为广东省"四五"普法先进个人和全国"五五"普法先进个人，朱颖俐、吴永满、曾裕华等教师先后被评为韶关市普法先进个人。

在实践育人成效方面，校园法律文化周活跃了法学院的社团组织和学生个体，在各项竞赛和评先评优中成绩斐然。例如，普法实践队被列为广东省重点实践队，法律援助志愿服务项目获得"广东省财政志愿服务专项资金"的资助，法学院团委获得广东省"五四"红旗团委并被推荐评为 2016 年广东省"五四"红旗团委标兵，学生班级获得广东省先进班集体称号；先后有学生获得广东省大学生第七届、第八届"挑战杯"创业计划竞赛金奖，获得中国大学生"自强之星"称号，获得全国大学生年度人物入围奖，有 3 名学生先后获得学校的"十佳青年"称号；学生参加国家司法考试通过率达 25%，学校在 2007 年以来的就业工作评估中有 5 次被评为就业先进单位；等等。学生的成绩也让韶关学院的学生工作获得了不少荣誉，法学院学生工作团队被评为广东省高校学生工作优秀团队。项目负责老师曾裕华、郑顺爱获得广东省高校学生工作先进个人、广东省高校学生资助工作先进个人、广东省造血干细胞捐献志愿服务工作优秀志愿者等荣誉称号。

## 五、项目计划

（一）指导思想

以习近平新时代中国特色社会主义思想为指引，提高对普法工作的思想认识。要科学规划，不断创新，以科学发展观统领普法工作全局，以人为本，普法为生，普法为民，不断创新普法工作的机制与方法，促进法治中国建设，推进校园普法工作进程，促进学校依法治校工作跃上一个新的台阶。

（二）活动目的

校园法律文化周活动项目让全校师生和社会民众认识法律、了解法律、掌握法律，最终达到人人"知法、懂法、守法、用法"。同时，项目也承载着实践育人的重任，通过各项普法实践活动的开展，提高学生的法律意识和观念，调动学生的法律学习兴趣，拓展、巩固和加深学生对法律知识的了解，提升学生的法律素养和实践能力。

（三）活动对象

全校师生、社会民众。

（四）活动时间

每年12月1—6日。

（五）活动内容

第一，广播台、校报、校园网开设法制宣传专栏、悬挂宣传横幅、出版法制宣传专栏，宣传内容为师生员工应知应会的法律知识。

第二，举办校园法律文化周活动启动仪式。

第三，举办法制宣传日文艺晚会。

第四，与普法办、保卫处联合举办普法图片展。

第五，与大学生新媒体中心联合办好微信平台普法手机报，在校园内积极开展校纪校规宣传和"法律三进校园社区"工作，即法律宣传进社区、法律咨询进社区、法律援助进社区。

第六，举办校园说法——模拟审判活动。以贴近生活的案例为题材，由学生扮演司法审判中的各种角色，通过审判活动的开展，使学生接近司法实践活动，熟悉司法审判程序，了解和掌握司法审判常识，从而提高法制观念和法制意识。

第七，举办法律专业小论文写作（法学院负责）和普法征文评比大赛（思想政治理论课教学部负责）。

第八，举办校外送法进企业活动：与韶关市莞韶工业园联合举办企业普法宣传活动；派优秀学生青年志愿者到企业开展法律问题调研，撰写调查报告。

第九，举办法律大讲坛活动：邀请法学专家、学者韩登池教授举办普法教育专题讲座《弘扬宪法精神，共筑法治中国梦——学习贯彻党的十八届四中全会法治精神》；举办法律实务专题讲座。

第十，举办第十三届法律专业知识竞赛活动。

第十一，举办法律条文知识竞赛。

（六）活动保障

各相关单位分工负责，互相配合。宣传部负责活动的总体协调以及宣传报道等工作；法学院负责整个活动周相关工作的筹备与落实；党委办校长办负责"12·4"国家宪法日行政楼电子显示屏的信息发布工作；校团委负责协助做好微信平台普法手机报，为普法图片展提供场地；学生处负责安排学生参加各项普法活动；保卫处负责提供普法图片展所需资料并配合做好布展工作；网络与教育技术中心配合法学院办好"12·4"校园普法网上论坛活动等有关工作；思想政治理论课教学部负责组织普法宣传征文比赛等工作；图书馆负责为校园法律文化周启动仪式提供场地；后勤保障处负责为法律文化周闭幕式提供场地。

主要负责人：曾裕华、郑顺爱

单位：韶关学院

# 高职学生职业核心能力培养机制建设

职业核心能力是人们在工作和生活中除专业岗位能力之外取得成功所必需的基本能力，它可以让人自信和成功地展示自己，并根据具体情况决定如何选择和应用。按照高职院校人才培养要求，广东省外语艺术职业学院从2011年开始积极探索学生职业核心能力的培养，并于2013年将学生职业核心能力培养机制建设项目列为学校省级示范性院校建设中的两个综合建设项目之一。项目组在学校的领导下，以示范性项目建设作为中心工作，按照《学生职业核心能力培养机制建设项目实施方案》确定的目标和建设任务，设立组织、建设制度、组建和培养师资团队、宣传发动和打造培训基地等，为学生职业核心能力培养机制建设搭框架、打基础、蓄后劲。通过几年的示范性院校项目建设，各方面工作均取得了显著成效。

## 一、项目理念

随着知识经济时代的到来和科学技术的发展，社会对人才的需求已由过去的高素质技能型人才逐渐转变为兼有专业能力（硬实力）和职业核心能力（软实力）的综合型优质人才。本项目运用职业核心能力培养的理论和方法，进一步规范和提升学生教育管理工作的水平和层次，完善高职院校人才培养体系，全面培养符合社会和时代发展需求的人才。

## 二、项目特色

### （一）开发校本职业核心能力认证平台

在构建学生职业核心能力培养机制过程中，广东省外语艺术职业学院开创性地开发了校本职业核心能力认证考核平台，大力开展校本职业核心能力认证，对认证合格的学生颁发校本职业核心能力证书，并将该项工作纳入人才培养方案，规定学生至少完成1项职业核心能力的认证并获得1.5个必修学分。校本职业核心能力认证具有鲜明的特色：其一，学生参加校本职业核心能力认证，是学生职业核心能力培养的一部分，无须缴纳任何费用，不增加学生的经济负担；其二，校本职业核心能力考核认证与传统的资格认证不同，不是通过一次考试去考核学生，而是通过学生参加相关的职业核心能力课程学习、活动历练、日常学习工作表现的记录和评价，进行全面客观的综合考评认证。这可促进学生获得证书与提升能力同步。

（二）建设职业核心能力培养窗口单位

为拓宽学生职业核心能力培养途径，扩大学生历练职业核心能力平台，广东省外语艺术职业学院建设了组宣部、学生处、图书馆、后勤集团、团委等首批"职业核心能力培养窗口单位"。各窗口单位通过管理养成、示范引导、活动历练、专项培训等方式，对学生职业核心能力进行全方位的培养，切实提升学生的职业核心能力。各窗口单位在实施过程中积极探索新思路、新方法，进一步建立健全各项工作制度，采取切实措施，确保培养工作取得实效。

（三）打造三位一体的高职学生职业核心能力培养途径

通过职业核心能力必修课、选修课、讲座、主题班会课等课程，让学生了解、掌握什么是职业核心能力、如何培养职业核心能力等知识和技能，通过职业核心能力活动项目、社团活动和社会实践等让学生在参与中历练职业核心能力，通过日常管理和示范引导等方式让学生逐步养成职业核心能力。这种"课程点拨＋活动历练＋管理养成"三位一体的培养途径，是高职学生职业核心能力全面、综合、有效的培养途径，既符合高职人才培养的目标和要求，又体现职业核心能力培养方式的多元化、培养过程的实践性。

## 三、项目实施

该项目主要通过加强组织与制度保障、师资队伍保障、阵地保障在内的三项保障，构建课程模块、活动模块、管理模块的三个模块，建立一个校本职业核心能力证书认证考核平台，切实培养学生自我管理能力、与人交流能力、与人合作能力、解决问题能力、信息处理能力、创新能力等六种职业核心能力，从而构建高职院校学生职业核心能力培养机制。

（一）抓好组织与制度建设

设立校、院、班三级组织体系，配备各级组织的工作人员，并按各自职能开展相关工作，制定并出台了《推进学生职业核心能力培养工作考核奖惩规定》等9项制度。

## （二）加强队伍建设

组建一支52人的"专兼职结合、校内外互补"的职业核心能力培养师资队伍，并为学生开展相关培养工作。加强师资队伍培训，通过外派学习、培训认证，三年来开展校外培训58人次，开展校本培训245人次。

## （三）落实阵地建设

已建设10个示范性学生社团，作为学生职业核心能力培训基地，为学生启动了相关培训活动（共计培养学生2137人次），同时建立了5个职业核心能力培养窗口单位，学生在参与社团活动、参与社团建设、分享社团建设成果的整个过程中，职业核心能力的各方面都得到不同程度的锻炼和提高。并建设校园网络电视台，为学生职业核心能力的培养提供展示和历练平台。

## （四）开展"课程点拨"

第一，开设必修课和选修课。已制定"礼仪训练""职业沟通"两门必修课的课程建设和实施方案，并面向5个重点专业开设"礼仪训练""职业沟通"两门必修课；开设"创新能力培养"等6门选修课。授课学生共计1363人。

第二，思政课教学改革。根据《思政课（公共课）教学渗透职业核心能力培养规定》的要求，通过校内外思政课改革调研，结合工作实际，制定了《思政课改革方案》。通过将职业核心能力渗透在思政课（公共课）相关章节之中，帮助学生在获得道德与法律知识和提高道德能力的同时，获得职业核心能力。

第三，举办系列主题讲座。面向学生开设"什么是职业核心能力""为什么要培养职业核心能力""如何培养职业核心能力"等系列职业核心能力专题讲座26场次。

第四，召开系列主题班会课。已面向全校学生召开"学会自我管理""职业导航""团队合作精神培养""创新驱动发展"等系列职业核心能力培养主题班会课。

## （五）强化"活动历练"

第一，建立校园文化活动体系。以职业核心能力培训为导向，建立类型丰富、形式多样、特色鲜明、要求具体、评价科学的校园文化活动体系，为学生职业核心能力培训提供重要载体。实施了"社会实践""职业化管理的勤工助学""学生社团建设"和"心理健康教育"四个校级活动项目。各学院根据专业特点，实施了院级活动项目12项。

第二，搭建校院两级学生活动平台。学校以"三大典礼"即新生开学典礼、毕业典礼、"榜样广外艺"颁奖典礼为平台，全面历练学生的职业核心能力。各院系以专业技能节为抓手，把培养学生专业核心能力和职业核心能力有机结合起来，让学生在组织、参与技能节的各项活动中锻炼职业核心能力。

（六）重在"管理养成"

第一，完善学生成长过程管理服务制度。制定了《"HAPPY 365"学生综合素质培养体系》，完善学生成长过程管理服务制度。培养学生"五大特质"（即HAPPY这五个英文字母所代表的诚信、笃志、勤奋、知礼、阳光），加强"三美五进"（即语言美、行为美、形象美，进课室、进图书馆、进宿舍、进饭堂、进第二课堂）的精细化管理，培养学生自我管理、与人交流、与人合作、解决问题、信息处理、创新能力等六种能力，将学生综合素质培养与学生日常管理服务工作结合起来。

第二，加强学生职业生涯规划教育和就业指导。加强学习生涯规划、职业生涯规划指导和就业指导，促使学生合理评价自我，明确大学阶段的成才目标，唤醒职业愿景，强化职业核心能力学习历练的原动力，提高求职综合竞争力。

第三，发挥教职工"三育人"作用。为调动教职工做好教书育人、管理育人、服务育人工作的积极性，发挥教职工在校园生活中对学生言传身教的作用，全体教职工在日常教育、管理、服务过程中渗透对学生职业核心能力的培养，全方位引导学生"自主学习、自觉修身、自励发展"。

（七）深化六种能力培养

第一，实施《六种能力的培养方案》。明确自我管理、与人交流、与人合作、解决问题、信息处理、创新能力等六种能力为学生职业核心能力重点培养的内容，制订并实施《六种能力的培养方案》。加强对培养工作的指导，明确六种能力各自的具体组成要素、要求等级、培养途径、获取方法、实施时间、评价方式等内容，将抽象的能力项目具体化、实践化，形成培养职业核心能力的指导纲要，实现"学有目标、教有依据、评有参考"，使学生能清楚地明白六种能力的具体内涵以及获取能力的方法，使核心能力的培养和评价有针对性和可操作性。

第二，宣传发动师生。为做好职业核心能力的宣传发动，形成浓厚的氛围，我们通过网络、宣传栏、海报等形式对职业核心能力的相关知识进行全方位宣传、报道，使学生职业核心能力培养工作在全校师生中深入人心。

### （八）开展校本职业核心能力校本认证

根据《职业核心能力认证管理办法》的有关要求，结合培养工作的需要，出台了《校本认证工作的方案》。校本职业核心能力考核认证由学生持《广东省外语艺术职业学院学生职业核心能力认证申请表》和相关材料及时向所在系学生职业核心能力培养指导小组申请认证，系学生职业核心能力培养指导小组负责认定，学校职业核心能力发展中心进行审核并颁发相应的职业核心能力证书。

## 四、项目成效

为保障项目的建设和实施，广东省外语艺术职业学院构建起保障有力、途径适用、要求具体、考核科学的学生职业核心能力培养机制，即具有"三项保障、三个模块、六种能力、一个认证平台"的学生职业核心能力培养机制。切实提高学生职业核心能力培养实效，落实职业素质教育要求，增强学生就业竞争力和终身发展潜力，为培养"高强大"人才提供有力支撑。

### （一）完善了学生的成才观念

该项目的建设使得学生从此前仅重视专业知识和技能的学习，到如今"双核能力"（专业核心能力和职业核心能力）共同提升，有效完善了学生的成才观念。这从全校每一名学生均通过课程、活动等方式参与到职业核心能力培养中，仅2014级学生就有2062人次申请校本职业核心能力认证等方面，便可窥探出本项目建设对学生成才观念的积极影响。

### （二）更新了教师的育人理念

职业核心能力培养师资队伍全程参与培养指导、职业核心能力窗口单位教职工积极主动示范引导、专业课和公共课教师改革教学方法在教学中渗透职业核心能力培养等，均是广东省外语艺术职业学院教师树立起培养学生职业核心能力育人理念的有力佐证。与此同时，项目组主要成员、职业核心能力培养师资队伍和工作人员在项目实施和实践探索基础上，从理论上探索学生职业核心能力培养机制建设，围绕项目建设申报和开展课题研究、撰写和发表论文，研究探索职业核心能力的内涵及其培养、认证途径和方法。其中，获得立项的省级课题 10 项，校级课题 17 项；公开发表论文 17 篇。

### （三）提高了人才培养质量

学生职业核心能力培养机制项目的建设，有效促进了学生职业核心能力的培养与发展，对学校的人才培养质量提升效果明显。一是 2014 届和 2015 届毕业生初次就业率高达 99.61% 和 99.28%，分别居全省高职院校第三名和第二名。与此前相比有较大提升。二是毕业生初次就业起薪点稳居高位，仅 2015 届毕业生初次就业平均起薪点就达 3250 元，居全省高职院校前列。三是用人单位对毕业生满意度大幅度提高。在 2015 届毕业生用人单位对毕业生满意度调查数据中可喜地见到，99.03% 的用人单位对广东省外语艺术职业学院 2015 届毕业生的综合评价为满意或非常满意。其中，98.26% 的用人单位对 2015 届毕业生的团队意识、合作能力、职场礼仪等职业核心能力表示非常满意。四是麦可思调查报告显示，广东省外语艺术职业学院毕业生的胜任能力、用人单位满意度等指标均远远高于全国平均水平。

### （四）发挥了示范和辐射作用

第一，广东省外语艺术职业学院连续两次荣获"全国职业核心能力优秀单位"，教育部教育管理信息中心将学校的相关做法刊印成经验材料在全国推广。第二，广东省外语艺术职业学院阎伟老师受全国职业核心能力认证办公室邀请，为全国职业核心能力教师授课，分享、传授授课经验，授课内容在"中国教育在线"全程直播并挂网示范，为全国职业核心能力师资队伍建设奉献力量。第三，应全国职业核心能力认证专用教材编审委员会的邀请，广东省外语艺术职业学院派出胡晶君等三名教师参与全国职业核心能力认证专用教材《与人合作》的编写工作。第四，兄弟院校多次邀请学校学生职业核心能力培养工作负责人张镜怀为学生举办职业核心能力培养讲座。第五，广东省外语艺术职业学院校园文化建设成果荣获 2014 年广东省高校校园文化建设优秀成果特等奖。经过几年的实施和积累，学校职业核心能力培养工作不仅成绩可喜，而且其做法可复制，积极发挥着辐射作用。

## 五、项目计划

### （一）建设目标

通过该项目建设，建立起保障有力、途径适用、要求具体、考核科学的学生职业核心能力培养机制，切实提高学生职业核心能力培养实效，落实职业素质教育要求，增强学生就业竞争力和终身发展潜力，为培养"高强大"人才提供有力支撑。

（二）建设重点与难点

依托学校学生职业核心能力发展中心，建立起具有"三项保障、三个模块、六种能力、一个认证平台"的学生职业核心能力培养机制。

第一，加强三项保障，包括组织与制度保障、师资队伍保障、阵地保障。

第二，建设架构合理、操作性强、覆盖面广的三大培养模块，即课程模块、活动模块、管理模块。

第三，培养学生的自我管理能力、与人交流能力、与人合作能力、解决问题能力、信息处理能力、创新能力。

主要负责人：张镜怀
单位：广东省外语艺术职业学院

# 以竞赛促素质

高职院校普遍存在学生学习兴趣不高，学习的积极性、主动性不足，专业素质和综合素质弱、团队合作观念淡薄、创新创业能力不足等问题，进而出现班风学风较差等整体层面的问题。为了解决以上问题，2010年以来，广东机电职业技术学院电气工程学院积极探索"以竞赛促素质"项目，通过有组织、有计划地引导学生开展和参加各类竞赛，从而有效激发学生的学习兴趣，提高学生的自主学习能力，使学生的专业知识和技能、团队合作能力和创新创业能力等综合素质得到有效的提升。自该项目实施以来，电气工程学院学生连续多年在全国、全省各类学生技能竞赛和科技作品竞赛以及创业计划大赛中取得多项一等奖的优异成绩。

## 一、项目理念

"以竞赛促素质"是电气工程学院学生工作团队开展各类竞赛促进学生综合素质提升工程的简称。该项目本着"以赛促学、以赛促教，建设竞赛文化"的理念，旨在通过赛事提高学生学习的兴趣和自主学习的能力，培养学生的创新创业精神和团队协作精神，通过开展竞赛活动引导学生将第一课堂所学知识运用到第二课堂的实践活动中，同时通过第二课堂活动调动学生的学习兴趣和学习主动性，进而促进第一课堂的学风，鼓励学生钻研专业、学以致用，提高学生的创新能力和团队合作能力；通过引导学生参加各种专业知识、技能和文化竞赛，在校园营造乐于钻研与学习、敢于挑战与竞争、勇于创新与创业的校园文化，形成师生同甘共苦钻研克服难题、师生一家亲的校园文化；通过形成校园竞赛文化，进而促进文化育人的长效机制的形成。

## 二、项目运作

### （一）项目主体

项目由电气工程学院主办，电气工程学院学工团队负责组织实施，电气工程学院主管学生工作的党总支副书记和主管实践教学的副院长任项目主要负责人、电气工程学院学生工作团队和各专业主任任项目组成员。每年由项目组成员根据广东省各项赛事的举办情况，以及广东机电职业技术学院和电气工程学院的实际情况，商定本年度要举办的各项院级技能竞赛，学院的团总支、学生会联合承办，以班为单位组织选拔赛，电气工程学院全体学生每人至少要参加学院举办的一项赛事。

（二）项目对象

项目参加对象为电气工程学院全体学生。根据广东机电职业技术学院学生素质"六个一"工程要求，所有学生在校期间都要参加一项赛事。电气工程学院的学生一入学，辅导员就"以竞赛促素质"项目在新生中作宣传，学生可根据学院竞赛计划，有选择性地报名参赛；同时可以自愿报名并经专业教师选拔加入各种专业兴趣小组，如学生电工维修兴趣队、光伏产品设计兴趣小组、人工环境协会等开展各种专业课外活动，激发自己对专业的兴趣，同时成为参加全国与省级技能竞赛的后备人选。另外，每年学院组织各项院内学生专业知识、思想文化和文艺竞赛，学生可以跨专业、跨年级组队，通过参赛，学生将更多时间投入到专业知识和综合素质培养当中，培养自学、钻研专业的能力；同时，在院内赛获奖的学生也成为参加全国与省级技能竞赛的后备人选。

（三）项目时空

项目于2010年启动，通过多年的运行，项目各方面制度和运行机制等得到了不断的完善，也取得了令人满意的成果。2010—2015年，学生参加省级以上各类竞赛获得省级奖项39项，获得国家级奖项11项。

（四）项目内容

**1. 认真规划，形成机制，确保实效**

电气工程学院领导班子每年年初召开专题党政联席会研究学生竞赛问题，审议通过项目组制订的全年学生竞赛活动计划，并纳入学院年度工作计划，作为学院的重要工作事项予以推进。计划公布后，由项目组负责分工按计划推进。每个竞赛活动结束后，项目组负责人要在学院党政联席会上做竞赛情况总结，确保责任到位，保证每个竞赛项目的质量和效果。

**2. 分层分类开展竞赛活动，全面提升学生素质**

项目组根据国家和广东省每年的竞赛项目和电气工程学院的实际，采取分层分类的办法制订并推进学院的竞赛计划。学院竞赛主要分为四类：一是普及类竞赛。这类竞赛主要包括专业基础知识和技能竞赛、传统文化知识竞赛和思想教育类知识竞赛，此类竞赛主要以班级为单位组织初赛，要求全员参加，重在知识普及。二是国家和广东省专项赛事的选拔赛。如全国和广东省职业院校技能竞赛选拔赛、"挑战杯"系列竞赛的选拔赛、"立志博学修身报国"主题教育活动的选拔赛等，对于这类赛事学校鼓励全员参加，但不作强制性要求，学生可跨班级、跨专业自由组队参赛，先在院内举行初赛和复赛，最后推送到学校参加决赛争取参加省赛和国赛的资格。三是专业类和课程类作品竞赛。如电工技能大赛，太阳能产品设计大赛之类，这类竞赛要求相关专业的学生全员参加，学生根据专业或课程要求完成一个作品作为专业设计或者课程作业（或成果），如"职业生涯规划"课的学生要完成一个职业生涯规划书，然后将专业设计成果或课程成果报送学院参加院级评审，评出优秀作品，若有相应的省级或国家级赛事，则择优推送学生作品参加。四是校企合作类竞赛。即与企业合作在学生中开展的竞赛，这类竞赛则由学生自愿报名参赛。

### 3. 组建学生专业社团，指导教师用心指导，为项目实施选拔"苗子"

为了推进学生专业竞赛的开展，在院团总支的指导下，学生先后成立了学生电工维修兴趣队、光伏产品设计兴趣小组、人工环境协会等多个学生社团，吸引大批有兴趣的学生参加。学院选派了专业素质强、师德师风好、具有奉献精神的辅导员和专业教师担任指导教师。指导教师经常利用课余时间指导学生社团，与社团成员一道研究专业问题、竞赛题目以及做练习等。在社团成员参加省赛或国赛期间，指导教师更是每天和参赛的社团成员一起研究竞赛，指导学生练习。指导教师的敬业精神和奉献精神深深打动了参赛学生和社团成员，也在学生中得到广泛好评，师生间的感情和关系进一步密切了，同时也吸引了更多的学生加入这些学生社团。

### 4. 开放实验室，鼓励学生主动走进实验室，开展创新实验

工科院系的实验室设备都是一些大型且价格昂贵的设备，很多高职院校都不会在课余时间开放实验室供学生自行研发或者联系，以免造成不必要的损失。但是为了推进"以竞赛促素质"项目，电气工程学院在课余时间向学生全面开放实验室，供学生开展实验和进行竞赛练习。为此，学院学生党支部专门成立了学生党员实验室服务小组，学院团总支成立了专门负责创新实验室管理志愿者团队，为愿意在课余时间到实验室做实验和练习的学生提供服务。电气工程学院学生只要有兴趣，都可以在课余时间利用实验室提供的实验设施进行专业的探索研究。俗话说"近水楼台先得月"，学生利用课余时间在创新实验室进行专业探索，进行自己感兴趣的研究，参与实验室管理的维护人员耳濡目染，在不知不觉中也成为专业技术能手，在参战省赛、国赛中得心应手。

### 5. 加强校企合作，引进企业资源开展竞赛活动

校企合作共育人才是高职院校人才培养的优势和特色，为了使学生更好地了解企业的人才需求和深入接触企业文化，我们主动邀请企业共同举办专业竞赛，由企业员工和学院教师共同出题，共同担任评委，在学生中开展企业冠名的各种技能竞赛。例如，与美的集团厨房电器事业部共同举办的第四届电工技能大赛，与广东同益电器有限公司共同举办的绿色环保节能产品设计大赛，等等，都得到企业从人员（专家、评委）到物资上的大力支持，既受到学生的欢迎，也得到企业的好评，效果十分明显。

## （五）项目支持

### 1. 制定相关规章制度，确保项目顺利实施

为了推进"以竞赛促素质"项目，我们出台了一系列的制度和措施确保项目顺利实施。一是学校层面出台了《广东机电职业技术学院学生综合素质"六个一"工程实施办法》，明确学生在校期间必须参与至少一项赛事。二是电气工程学院专门出台相关规定，对获省级以上奖项的学生和指导教师予以精神和物质上的奖励，奖励力度大，充分激发了教师和学生的参赛积极性。三是把"以竞赛促素质"提升为学校"高徒计划"的一个重要组成部分，把竞赛作为培养"高徒"的重要手段。

### 2. 建立起良好的工作机制

电气工程学院对学生竞赛工作高度重视，成立学生竞赛工作小组统筹全院的学生竞赛工作，学生工作团队、专业主任均为小组成员，各内部单位和成员分工明确，责任到人。谁负责学生技能竞赛的组织、谁负责宣传发动学生、谁负责培训等都落实到专人，所以整个项目运作起来有条不紊。

### 3. 确保配套经费的投入

为了保证竞赛取得良好的效果，学校为学生竞赛工作提供了配套的专项资金支持。有专项经费用于竞赛设备与耗材的购买，以及设备日常维护的费用。同时，竞赛的培训和训练工作需要学生与教师付出大量的时间与精力，对于参赛的师生，学校建立了完善的激励机制，设立了专项奖励和补助资金。

### 4. 建立起高水平的指导教师队伍

经过多年的竞赛工作，我们建立起一支高水平的指导教师队伍，这支队伍包括全国职业院校技能竞赛一等奖的指导教师、广东省"挑战杯"系列竞赛一等奖的指导教师、"立志博学修身报国"主题教育活动一等奖指导教师等，还有广东省高职教育领军人物（申辉阳副院长）、广东省师德先进个人（雷红玲老师）、学生工作先进个人等。这些指导教师经验丰富，不止一次指导学生

获得国赛和省赛的大奖,是实至名归的金牌教练,这支队伍是学生在竞赛中取得成绩的保障。

## 三、项目效果

(一) 学生素质得到提升,在各类竞赛中取得了优异成绩

自项目实施以来,广东机电职业技术学院学生的专业能力、创新创业能力和综合素质得到了极大的提升,在全国和全省各类竞赛中都取得优异成绩。2010—2015 年,广东机电职业技术学院学生共计获得省级以上赛事奖项 50 余项,其中,在全国职业院校技能大赛中获得国家一等奖 4 项、二等奖 4 项、三等奖 3 项;在广东省职业院校技能大赛中获省级一等奖 9 项、二等奖 13 项、三等奖 3 项;在广东省"挑战杯"系列赛事(含课外学术科技作品竞赛和大学生创业计划大赛)中获省级奖项 10 项,其中省级一等奖 2 项;在省教育厅"立志博学修身报国"主题教育系列活动中获得省级奖项 4 项,其中一等奖 1 项。

(二) 提升了学生学习的兴趣和积极性,改善了班风学风

自推行"以竞赛促素质"项目以来,较好地激发了学生对专业学习的兴趣,提升了学生的学习积极性和主动性,学生旷课、迟到等现象明显减少,课余主动到实验室的现象明显增加,课程作业的质量明显提高,班风学风有了明显的改善。多个班级被评为校先进班集体和优秀团支部。其中,光电 1315 团支部因班风学风优良,多名支部成员在省级大赛中获奖,于 2015 年被评为广东省"五四"红旗团支部。

(三) 提升了学生的科研能力和创新能力,培养了学生的团队意识和合作精神

自项目推行以来,学生的科研能力和创新能力得到明显提升,如人工环境协会有 3 名成员分别在公开学术刊物上发布专业科研论文,作为高职学生能够在公开刊物发表学术论文是十分难得的,这也证明了广东机电职业技术学院学生科研能力和创新能力的提升;在 2014 年广东大学生科技创新培育专项资金申报中,广东机电职业技术学院有 5 个学生团队的项目获得省级立项,立项总金额达 10 万元;在 2015 年广东大学生科技创新培育专项资金申报中又有 5 个学生团队的项目获得省级立项,立项总金额达 9 万元。两年的立项数和立项总

金额均居全校第一。

（四）培养学生坚强的意志和吃苦耐劳的品质

学生参加的很多竞赛都要在限定时间内完成比赛内容，为了在决赛时能够发挥最佳状态，取得最佳成绩，学生需要海量的赛前训练，有些技能操作需要不厌其烦地重复相同的操作几百遍，因此，整个训练和比赛过程也是一个培养学生坚强意志和坚韧耐力、吃苦耐劳品质的过程。如在"自动生产线安装与调试"技能竞赛培训期间，参赛学生每天都早出晚归地学习、研究与训练，参赛选手常常是从早上8点进入实验室，一直训练到晚上11点才离开。这些技能竞赛的赛前准备，工作量与训练量都是非常惊人的。所有的这些经历，都让学生和教师的意志力和忍耐力得到了很好的锻炼，学生的吃苦耐劳品质也得到更大的提升。

（五）推动校园竞赛文化的形成，进一步密切了师生关系

自项目推行以来，由于有制度的引导和保障，并取得了丰硕的成果，逐渐在全院师生中形成人人关心竞赛、积极参与竞赛、敢于克服困难、勇于迎接挑战、不断勇攀高峰、以参与竞赛获奖为校争光为荣的良好文化氛围。在竞赛过程中，需要师生密切配合，指导老师主动关心学生、指导学生，为学生排忧解难、解疑释惑，师生一道克服难题，共同完成任务，师生间的关系越来越融洽、和谐，逐渐构建起良好的师生关系。

## 四、项目特色

（一）探索出第二课堂与第一课堂有效结合的途径，促进两个课堂有机融合

通过项目的实施，我们初步探索出学生第二课堂活动与第一课堂紧密结合的有效途径，实现了第一课堂和第二课堂的互相促进，提升了学生的学习兴趣和参加第二课堂活动的积极性。例如，我们鼓励引导专业教师根据专业和课程特点开展专业作品设计或者课程作业设计，然后通过第二课堂组织作品设计大赛等，密切了第一课堂和第二课堂的关系，学生在第二课堂中碰到了问题，也带着问题到第一课堂寻找答案，促进了两个课堂的有机融合。

（二）活动参与面广，在校学生全员覆盖，效果好，受益面广

我们制定制度，要求全体学生在校期间必须参加至少一项专业技能或思想

文化或文艺类赛事,从制度上确保了每位学生参加竞赛的权利,避免了竞赛成为少数"尖子生"的专利,为全体学生参加竞赛提供了平台与机会。

(三) 做到分层分类组织赛事

在比赛层次上设置班级初赛,确保全员参与,经班级选拔后再进行全院复赛或决赛。同时,根据不同类别的赛事设置比赛方式,或报送作品参赛,或现场技能竞赛,或笔试竞赛,等等,这样有利于不同类型、不同层次竞赛的组织和开展,确保赛事组织更具实效性。

(四) 通过竞赛促进学生社团建设,通过学生社团促进竞赛开展

通过推行本项目,学院团总支指导学生组建了专业学生社团,如人工环境协会、学生电工维修兴趣队等,通过协会组织、引导学生积极参与专业研究与培养专业兴趣,同时也培养竞赛的好苗子。

(五) 学工团队和专业教师团队团结协作,互相促进,共同进步

项目的推行需要学工队伍和专业教师的密切配合、共同参与。这几年来,通过项目的实施,我们培养了一批优秀的竞赛指导教师(教练),提升了专业教师和辅导员、班主任的业务素质和能力,同时也密切了学工团队和专业教师之间的关系。

主要负责人:唐宏林、黄嘉思
单位:广东机电职业技术学院

# 大手牵小手

为进一步贯彻落实习近平新时代中国特色社会主义思想,提升广州南洋理工职业学院(以下简称"学院")学生的实践能力,促进社会和谐和城乡教育的均衡发展。从2012年5月起,学院与从化区温泉镇第三中心小学(以下简称"温泉三小")开展"大手牵小手"志愿服务活动,利用大学师资、小学场地,大手牵小手,结对共建,共同成长,努力拓展新形势下大学生思想政治教育的新途径。

## 一、项目名称

大手牵小手。

## 二、项目理念

作为一所立足于广州市从化区的高职院校,广州南洋理工职业学院一直以来坚持主动融入地方,服务社会,促进教育均衡化,助力山区儿童的全面发展的理念;以素质教育作为突破点,将学生活动的实践性、趣味性、教育性、灵活性融为一体,寓教于乐,引领学生成长、成才。"大手牵小手"项目旨在鼓励在校大学生发挥个人兴趣专长和专业技能,通过参与社会实践活动,在帮助他人、服务社会的同时融入社会,从而引导学生在实践中感悟生活、体验社会,促进学生综合素质的提升,增强学生的社会责任感和使命感。

## 三、项目实施

(一)项目主体

广州南洋理工职业学院在校大学生志愿者(含教师)。

### （二）项目对象

从化区温泉镇第三中心小学全体学生。

### （三）项目时空

从 2012 年 5 月至今，在从化区温泉镇第三中心小学开展志愿服务系列活动。

### （四）项目目标

"大手牵小手"志愿服务项目旨在通过广州南洋理工职业学院与温泉三小所建立的志愿服务基地，有效地将学校的思想政治工作、社会服务与社会实践教育结合起来，彰显大学素质教育在新的历史时期的内涵。

"大手牵小手"的目标有两个。一是助力山区儿童成长、成才。利用大学师资、小学场地，大手牵小手，结对共同建设乡村少年宫，坚持活动常态化，使小学生在思想、学习、行为、心理等方面得到成长，促使他们树立正确的人生观、世界观、价值观，促进他们的素质与能力发展，助力山区儿童成长、成才。二是促进大学生综合能力提升。"大手牵小手"活动的开展，为山区儿童提供关怀服务的同时，也极大地拓展了大学生的个性发展空间，拓展了学校实践教育的内涵，为学生自我素质的提升提供了一个较好的载体。通过共建活动，进一步提高学生自身的实践能力，参与学生在实践中不仅充实了大学生活、提升自身的综合能力，更增强了社会责任感和历史使命感，用实际行动践行社会主义核心价值观，从而提高学生的综合能力。

### （五）项目内容

为确保活动实质性地展开，参与志愿服务的团队在学院学工处的指导下，每学期都制订了切实可行的计划方案，指派专业老师亲自带队，全程跟踪服务，确保活动有序、有效地开展。活动项目内容有以下几项。

**1. 定期开展义务课外兴趣辅导，丰富小学生课余生活**

广州南洋理工职业学院通过在温泉三小建立固定的志愿服务基地，利用温泉三小的体育场地及设施，开设乒乓球、篮球、足球、田径、美术、美文、电脑科技技术、心理辅导等 10 个兴趣小组，定期派相关的教师、学生社团骨干、有才艺方面特长的同学义务培训小学生，为广大乡村小学生搭建全面发展的新平台，打造素质教育新阵地，助力山区儿童成长（如图 1 所示）。

图 1　开展课外兴趣小组培训班

2. 开展"我的大学·我的梦"活动

为山区儿童搭建一个全面发展的平台,助力山区儿童放飞梦想。同时配合广州市开展的创建全国文明城市活动,以及从化区开展的创建教育强校、建设乡村少年宫的活动要求,在每学期的中段考试结束后,由温泉三小领导挑选各年级成绩优秀的小学生代表到广州南洋理工职业学院参观,由学院青年志愿者带领这些优秀的小学生代表参观图书馆、博爱湖、樱花园、运动场、饭堂、超市等;同时,组织大学生和小学生一起谈理想、生活与学习,组织观看大学生军政教导队的军事表演、升国旗仪式,开展素质拓展,共进午餐。参观校园、谈理想等系列活动的开展,使小学生了解到大学的生活和学习,也体会了来自大哥哥、大姐姐的关爱,从而激发他们学习的动力,鼓励自己不断努力,实现自己的成才梦。

3. 开展"同铸复兴路·共圆中国梦"爱国主义教育活动

从 2014 年 11 月起,广州南洋理工职业学院组织学生军政教导队在温泉三小开展"同铸复兴路·共圆中国梦"爱国主义教育活动。由学院学生军政教导队成员担任国旗队,组织广大小学生在校园广场上举行标准规范的升旗仪式(如图 2 所示)。学生军政教导队用整齐的步伐、统一的口令、标准的动作、严肃庄严的表情感染着温泉三小每一位在场师生,使他们接受了深刻的爱国主义教育,树立了为国争光的理想。同时,学生军政教导队还别出心裁地安排大学生和小学生共同在国旗下谈活动感受、共唱国歌,激发小学生的爱国热情,促使他们用实际行动报效祖国。

图2　学生军政教导队到温泉三小举行升旗仪式

**4. 开展"温暖童心，关爱留守儿童"活动**

随着改革开放进一步深化，农村城镇化进一步推进，农村劳动力外出务工日益增多。乡村小学的学生大多数是留守儿童，他们的健康成长问题日益成为社会关注的热点。温泉三小的学生身处乡村，大多数学生的父母在外工作，家庭经济条件相对较差。该项目的"温暖童心，关爱留守儿童"子项目多次组织捐款捐书活动。虽然物质上的帮助有限，但是我们的心理辅导、朋辈教育在很大程度上给予留守儿童心理关怀，帮助他们克服自卑情绪，树立自信心。

**（六）项目开展程序**

"大手牵小手"项目根据温泉三小地处乡村的实际情况，有针对性地开展志愿活动。明确分工，确定项目组成员分工和具体工作要求，并收集、整理相关资料，制订、评价和确立项目实行方案，有序开展以下活动。

第一，广泛调研，了解本校学生素质和温泉三小学生的需求。

第二，根据调研结果，制订服务活动计划。

第三，组建志愿服务活动队，进行队员选拔培训。

第四，按计划定期开展志愿服务活动。①对小学生进行文化知识辅导和个人特长、兴趣培养，丰富小学生的课余生活。②生活指导，利用平时的课余时间为小学生讲解交通、食品、生活、网络等安全知识，教他们掌握一些自我保护技能和自救方法。③带领他们参观从化区110报警台，体验警队工作；组织他们过一天消防兵生活，认识消防工作的重要性；参观大学校园，理想教育，构建个人奋斗目标。④"温暖童心，关爱留守儿童"子项目通过物质帮扶和精神关怀，让留守儿童感受到社会的温暖。

第五，活动中期情况反馈，计划调整。

第六，总结活动，检验活动成效，展示活动成果。

### （七）项目支持

第一，从化区教育局高度重视。"大手牵小手"活动自开展以来，得到了从化区教育局的重视，教育局领导对活动前的筹备、活动的启动、活动的过程都亲自过问，并作了许多有针对性的、可行性的工作指导，保证了活动有效、有序地进行。

第二，广州南洋理工职业学院领导的重视。学院党政领导一直十分关注此项活动，并由学工处处长亲自指导组建志愿者团队，对乡村学校少年宫的学员培训进行统筹规划和具体实施。

第三，两校通力合作，密切配合。广州南洋理工职业学院积极按照计划实施帮扶活动，学生志愿者参与积极性高，温泉三小的领导、老师的大力配合，使得活动得以顺利开展。

第四，经费支持。广州南洋理工职业学院拨付专项经费支持该项目的开展，在用车和教师指导方面也提供了便利条件。

## 四、项目效果

### （一）填补对民办院校下乡志愿服务方面的空白

目前国内针对大学生实践能力而开展的项目比较多，但民办高职院校大学生下乡志愿服务的项目较少。该项目的研究能对以上不足方面进行补充，也能进一步发挥民办高校服务地方社会的作用。

### （二）硕果累累

参与服务的平安志愿者服务队在 2013 年荣获从化区志愿服务优秀集体称号；"大手牵小手"活动在 2015 年 3 月列入广州南洋理工职业学院党委书记项目，获得了广东省教育工委审批通过。2013 年，温泉三小获得从化区小学教学质量一等奖；篮球队在 2013 年从化区小学生篮球赛获得女子组第二名、男子组第四名；合唱队获得从化区合唱比赛二等奖；在全国小学生"小探索者"科学小论文竞赛中获得 3 个一等奖、2 个二等奖；在第二十五届"双龙杯"全国少年儿童书画大赛中获得 2 枚金奖、6 枚银奖、2 枚铜奖；多位同学的作文在《乡村语文报》上发表。

"大手牵小手"活动通过调查问卷摸清了温泉三小师生对广州南洋理工职业学院的满意度，以便学生及民众了解温泉三小的整体情况。

表1　温泉三小教师对"大手牵小手"的评价（$n=26$）

| 问　　题 | 选　项 | | |
|---|---|---|---|
| 对温泉三小的影响力 | 很好 | 一般 | 不好 |
| | 80% | 15% | 5% |
| 对温泉三小学生的影响力 | 非常影响 | 一般 | 不好 |
| | 90% | 10% | 5% |
| 是否想每年继续开展 | 非常愿意 | 愿意 | 无所谓 |
| | 95% | 3% | 2% |

从表1可以看出，"大手牵小手"项目得到了温泉三小教师的大力支持，他们大多数比较认可这一项目，也希望广州南洋理工职业学院能每年开展此类项目，达到"大手牵小手，共筑成长梦"的效果。

表2　温泉三小学生对"大手牵小手"的评价（$n=500$）

| 问　　题 | 选　项 | | |
|---|---|---|---|
| 是否对自己有益 | 很好 | 一般 | 不好 |
| | 95% | 3% | 2% |
| 有没有达到自身的提高 | 非常有提高 | 一般 | 不好 |
| | 96% | 3% | 1% |
| 是否想每年继续开展 | 非常愿意 | 愿意 | 无所谓 |
| | 95% | 3% | 2% |

从表2可以看出温泉三小的学生非常支持"大手牵小手"项目，他们从中收获很多，自身的发展也得到了较大的提高，希望广州南洋理工职业学院能每年开展此类项目。

不止温泉三小的师生认可"大手牵小手"项目，广州南洋理工职业学院的学生也非常认可该项目。通过该项目，他们了解了家庭经济困难学生的内心世界，并用所学的知识去帮助温泉三小的学生，共同实现成长梦！

表3 群众对"大手牵小手"的评价（$n=28$）

| 问题 | 选项 | | |
|---|---|---|---|
| 是否对社会有影响 | 很好 | 一般 | 不好 |
| | 98% | 1% | 1% |
| 是否认可这一项目的做法 | 非常认可 | 一般 | 不好 |
| | 97% | 2% | 1% |

从表3可以看出，群众及从化区政府也比较认可"大手牵小手"项目。这一活动的开展使得乡村儿童享受到丰富的课外生活，增长了见识，陶冶了情操，提升了素质，有利于缩小城乡差距、促进教育均衡。

## 五、项目特色

### （一）项目立足山区、服务地方，促进城乡教育均衡化发展

温泉三小地处山区，有相当一部分小学生是留守儿童，如何管理以及如何根据学生的身心特点开展组织活动，对于志愿者学生来说是一个难题。该项目通过摸查乡村小学生的情况，有针对性地从他们的思想、学习、生活、心理、行为等方面予以引导，使他们的思想得到引领，学习得以进步，心灵得到呵护，生活得到指导，从而使他们能够开心、健康地成长，度过七彩的学生时代。

### （二）项目结合学院专业特色和大学生成长成才需求开展活动

该项目结合广州南洋理工职业学院的专业教学特色，组织学生亲身参与志愿活动，在实践中提升学生的心理素质和综合能力。

### （三）利用问卷调查对活动效果进行评估

为了全面客观评价项目的开展效果，该项目组分别对温泉三小的教师、学生、广州南洋理工职业学院大学生和社会相关人员以匿名方式进行调查，以调查数据说明项目的成效。

### （四）项目形式多样，注重实践育人

实施"大手牵小手"志愿服务活动，一方面城乡互联，结对共建，帮扶从化农村小学进一步推进素质教育，促进城乡教育均衡发展，帮助广大小学生

健康成长、成才；另一方面，也使大学生在服务社会中长见识、增才能、明责任、勇担当，提升自己的实践能力。

主要负责人：彭伟池、刘云娇、徐杏枝、田成兰、陈宁、颜承勇、罗江等

单位：广州南洋理工职业学院

**参考文献**

［1］广东省高等学校思想政治教育研究会学生工作专业委员会．高校学生事务管理精品项目［M］．广州：中山大学出版社，2013．

［2］广东省高等学校思想政治教育研究会学生工作专业委员会．高校学生事务管理精品项目选粹［M］．广州：中山大学出版社，2014．

# "党建、传统文化教育、半军事管理"相结合的育人模式

## 一、项目概述

2012年10月,中共广东省委教育工委任命吕清同志为广州华夏职业学院(以下简称"学院")督导专员、党委书记。吕清同志到校后任党委书记主持党委工作,并分管学院学生工作。如何把党建工作融入学生工作,打造一项党建育人工程呢?吕清同志带领党委系统的同志,经过长达几个月的深入调研,从学生工作的实际出发,结合当前国家对高职院校人才培养目标的要求,提出了"党建、传统文化教育、半军事管理"相结合的育人模式(以下简称"'三合一'模式"),得到了学院董事会、行政、党委三套班子一致认可,并从2013年3月开始实施。

"党建、传统文化教育、半军事管理"相结合的育人模式的具体内容包括三点:一是党建引领工作,二是传统文化教育工作,三是半军事管理工作。

党建引领工作是通过党的建设工作,尤其是党的思想建设工作,来培养和提高学生的政治思想素质。这是为实现培养目标中的高素质人才而设计的,是培养学生爱党、爱国、爱社会主义,成为有理想、有抱负、追随共产党、为共产主义奋斗终生的社会主义事业接班人所具备的政治素养。

传统文化教育工作是相对集中的、流水般不间断的中华优秀传统文化的教育,采取从启迪"孝心"开始,进而提升"爱心"和"感恩之心"的渐进式方法,而且要求力行传统文化从我做起、从小事做起。"孝心""爱心""感恩之心"是做人的思想根基,也是进行其他教育的基础。

半军事管理工作就是通过严格的军事训练和日常管理,来养成学生良好的行为规范,养成学生坚定的意志和顽强的毅力,养成学生严格的纪律和吃苦耐劳的精神。这是学生掌握一项技能所必备的素养,是为培养技能型人才所设计的养成教育。

## 二、项目运作

（一）实施项目的过程

2012年11月至2013年2月，为项目实施准备阶段；2013年3月至12月，为项目实施试验阶段；2014年1月至12月，为项目实施初级阶段；2015年1月至今，为项目实施深化阶段。

（二）采取的主要措施

**1. 制订"三合一"模式实施方案**

广州华夏职业学院党委在2012年11月开始进行方案的调研和起草工作，数易其稿，于2013年3月正式形成方案，经学院党政联席会议讨论通过，并正式发文实施。

**2. 成立工作机构，明确工作职责**

成立学院"党建、传统文化教育、半军事管理"相结合的育人模式工作委员会，负责学院"三合一"模式实施工作的领导和指挥。工作委员会下设三个领导小组：党建工作领导小组，传统文化教育教育领导小组，半军事管理领导小组。在六个二级学院成立学生工作组，负责本二级学院"三合一"模式实施的领导和指挥。成立预备役连，负责对各二级学院实施"三合一"模式的情况进行检查和考核，直接对学院工作委员会负责。

**3. 精心组织实施**

（1）党建引领工作。高度重视抓好入党启蒙教育，帮助学生提高对党的认识，向党组织靠拢，提交入党申请书。在党委的统一部署下，成立院、系两级由学生党员和入党积极分子组成的学习会，由学习会抓好学员们党的基本知识的学习。充分发挥学生党员和入党积极分子的模范带头作用，广州华夏职业学院现有学习会成员9000多名，占在校学生的85%，为了有效发挥学员们的带头作用，我们开展了学习会的学员挂牌、学生党建工作进宿舍等活动，形成强大的正能量场，充分发挥了党建工作的引领作用。加强基层党支部建设，要求做到组织落实、工作落实、制度落实。做好在学生中发展党员的工作。通过党校加强对党员和入党积极分子的培训，让他们接受系统的党的知识教育。

（2）传统文化教育工作。①加强传统文化师资队伍建设。成立传统文化教研室，由全体辅导员和思政部的教师组成，定期开展教研活动，建立课程体系，规范课堂教学，开展传统文化研究。②狠抓教材建设，不断提高教材质量。学院的传统文化音像教材教学效果很好，教师和学生看了以后，都被正能量感人肺腑的教育感动得泪流满面，而思政课是达不到这种效果的。③将传统文化教育作为必修课，列入学分计算，以1学分计算。每届新生进校开展为期3天的传统文化教育，老生每学期开展为期半天的传统文化教育。④规定新入职的教职员工也要参加传统文化课堂学习。⑤强调持之以恒的实践，从我做起，从小事做起，从现在做起。例如，将孝敬父母（每周至少给父母一个问候电话等）、文明礼貌、爱惜粮食、奋发学习等，自觉养成良好的习惯，形成华夏学子特有的品德素质。

（3）半军事管理工作。组织架构及运行包括：纵队［学院（半军事管理领导小组）］—大队（各二级学院）—中队（以辅导员所带学生为单位）—小队（行政班级）—预备役连。其主要内容包括：一日生活制度；学生宿舍内务管理；军容风纪；举止与礼节；日常制度，即请示报告、会议、请销假、检查与评比、执勤等；会操、校阅式、仪仗式和升旗仪式；奖惩制度。

**4. 实施考核制度**

"党建、传统文化教育、半军事管理"相结合的育人模式采取分级考核的制度，即学院通过组织部、学工部、预备役连考核各二级学院学生工作组的工作情况，二级学院和学工部共同考核辅导员，辅导员考核各班（小队），各级考核都按照统一的指标体系进行。

考核结果实行"五挂钩"，即考核结果与个人和单位评优评先挂钩；考核结果与个人加薪晋级挂钩，考核结果与个人每月奖金挂钩，考核结果与个人外派考察培训、职称评定等挂钩，考核结果与各二级学院学生活动经费挂钩。

## 三、项目成效

广州华夏职业学院"党建、传统文化教育、半军事管理"相结合的育人模式取得了超出预想的效果。

### （一）学生素质得到了有效的提高

学生素质提高表现为出现了17个"了"的奇迹：①孝敬父母了。学校要求学生每周给父母等亲人至少一个问候电话。全院学生都执行得很到位，绝大多数学生在生活之中跟父母的沟通多了，关心父母的"冷暖"多了，在家能够积极参与家务劳动等，是父母满意的好孩子。②感恩意识增强了。通过传统文化的学习，学生感受到今天的幸福来之不易，增强了感恩意识，他们感恩社会主义祖国，感恩共产党。③政治热情高了，要求入党的多了。学生要求入党的人数占学生总数的85%，而且发挥了很好的模范作用，形成了强大的正能量场。④好人好事多了。学习了优秀传统文化,学生的爱心大为增强,他们积极参加美化校园、服务社会等力行活动。⑤对师长有礼貌了。学生在路上见到师长都会主动打招呼、问好。⑥就餐文明了。学生文明排队,进餐有序,爱惜粮食。用餐后自觉回收餐具,清洁桌面,并逐步形成了学院特有的用餐规范。⑦宿舍漂亮舒适了。学生能自觉轮流打扫本宿舍卫生,营造了漂亮舒适的生活、学习环境。⑧教室整洁干净了。每天晚自习后,学生轮流打扫教室卫生,保证了教室的整洁干净。⑨规范丢放垃圾自觉了。学生每天自觉将垃圾从宿舍带下来,丢放在垃圾车内,确保了宿舍内的公共卫生。⑩校园卫生变好了。每周由参与"传统文化教育实践周"的学生清扫校园卫生,营造了良好的校园环境。⑪每天早训出勤率高了。早训出勤率从原来的72%提高到现在的96%。⑫每天上课出勤率高了。由原来出勤率不足70%提高到了95%以上。⑬晚归率低了。曾经多周晚归率为零。⑭吸烟的少了。公共场合吸烟的现象基本杜绝了。⑮起哄、空中抛物的现象基本克服了。⑯参加技能竞赛的多了,获奖的多了。⑰毕业生就业率高了。这两年的就业率位居同类学校的前列。

(二) 得到了家长们的广泛赞誉

学生在学习中华优秀传统文化之后,积极主动打电话感谢父母的养育之恩。有的家长就觉得非常奇怪,打电话询问辅导员,还以为孩子出了什么问题。当辅导员告诉家长"我们学校开展了中华优秀传统文化教育",家长听后激动不已。有一位家长说:"我的孩子这么多年都很少叫过我们了,现在不光叫了我们,还检讨自己过去没有孝敬之心,对不起我们,要以自己的行动感谢我们。学校开展的中华优秀传统文化教育效果真好!当初决定把孩子送来学校是一个正确的选择,感谢学校教会了我们的孩子怎样做人。"随着中华优秀传统文化教育的进一步深入,得到了家长们的广泛赞誉。

(三) 深受用人单位的好评

很多用人单位领导来广州华夏职业学院招聘、交流的时候,了解到学院开展了中华优秀传统文化教育,学生的素质在教育中得到了有效提高,都高度赞赏这一做法,并纷纷与学院毕业生签订就业协议书或合同。事实证明,广州华夏职业学院毕业生在企业工作期间,注意力行中华优秀传统文化,如工作认真、热爱生活、老实做人、踏实做事、一丝不苟、吃苦耐劳、爱护公物、注重环保、讲卫生讲纪律、有孝心和爱心、有感恩之心、有强烈的事业心、有饱满的政治热心、积极向上、团结同事、尊敬师长和领导、对人彬彬有礼,深受企业的好评。

## （四）得到广东省委教育工委和评估专家组的充分肯定

2014年9月29日，广东省教育工委组织处处长吴琦琳、调研员杨承德率领广东省民办高校党委书记莅临广州华夏职业学院视察指导工作，各位领导对学院"党建、传统文化教育和半军事管理"相结合的育人模式表示充分肯定和赞赏。他们在讲话中指出，"三合一"模式实施以来取得了良好的效果，令人振奋！希望能坚持推进，不断总结、改进、完善，力争为培养合格人才作出更大贡献。

2015年6月中旬，广东省人才培养工作评估专家组对广州华夏职业学院进行评估，在评估反馈中，对学院党建工作和学生工作给予了充分肯定，尤其是对"三合一"模式给予了高度的赞赏。评估专家组组长俞仲文教授在评估反馈中说："校园风气好，学生人才培养质量显著，党建工作、学生工作通过'三合一'模式创造了17个'了'，这个了不得，在全国都有名气，这非常好！"

## （五）得到了兄弟院校领导、同行的高度评价

广州华夏职业学院"党建、传统文化教育、半军事管理"相结合的育人模式得到了广东省教育厅领导和部门领导的关心重视及高校同行们的肯定和支持，在广东省高教系统有一定的影响，兄弟院校纷纷前来学院参观考察，并给予高度评价，希望学院能不断地总结经验，不断完善和优化，力争把"三合一"模式打造成党建工作和学生工作的品牌。

## （六）在全国性会议上得到了充分肯定

2015年5月底，广州华夏职业学院参加了第十一届全国民办高校德育论坛，大会根据各学院党委报送的材料安排了6所高校的代表作大会交流发言，广州华夏职业学院党委书记吕清同志介绍了学院开展中华优秀传统文化教育的经验。学院"三合一"模式得到全国民办高校德育研究会的肯定，得到全国同行们的肯定，该经验介绍被全国教育网转载。

2015年7月中旬，广州华夏职业学院参加了在云南昆明召开的全国民办高校党建工作会议，学院党委书记吕清同志介绍了学院党委开展的"三合一"模式子项目党建育人工程的做法和经验，得到与会同行的充分肯定。

## （七）科研成绩快速提升，硕果累累

2013年，广州华夏职业学院申报的《创建"三合一"模式　打造育人高地》被广东省委教育工委立项为"书记项目"，并在2014年被评为优秀项目

（全省民办高校只有 3 所高校入选）。2014 年，学院申报的《民办高职院校"三合一"学生教育教学工作模式成果》，被立项为广东教育教学成果奖（高等教育）培育项目；《民办高职院校实施"三合一"学生工作模式实证研究——以广州华夏职业学院为例》被立项为广东省高等学校思想政治教育工作创新项目。2015 年，论文《民办高校抓好中华优秀传统文化教育的"非常方法"——"八项注意"——以广州华夏职业学院为例》在全国民办高校德育工作年度优秀论文评审中被评为优秀论文。

## 四、意见建议

（一）项目的后续工作打算

目前，广州华夏职业学院正在进一步优化"党建、传统文化教育、半军事管理"相结合的育人模式方案，进一步深化这一育人模式的实施，全体师生有信心在原来的工作基础上创造更好的成绩，进一步开创党建工作和学生工作的新局面，打造党建工作和学生工作品牌。

（二）对实施"书记项目"的意见建议

第一，学院董事会、行政和党委三套班子的重视和鼎力支持，是"三合一"模式得以实施和取得成效的关键。学院董事会、行政和党委三套班子要一如既往地重视和支持"三合一"模式的实施。

第二，坚强有力的党建工作和学生工作队伍是"三合一"模式得以顺利实施和取得成效的保障。要打造一支精干的"招之即来，来之能战，战之能胜"的党建工作和学生工作队伍，为实施好"三合一"模式做好保障。

第三，实事求是、持之以恒和不断创新的精神，是"三合一"模式实施和不断深化必须坚持的工作原则。在"三合一"模式实施过程是一个理论与实践的结合过程，是一个不断实践、探索、检验总结的过程，同时也是一个实事求是不断扬弃的过程。"三合一"模式方案，通过实践检验是正确的部分，我们要坚定不移地坚持执行，通过实践检验确实存在的不妥之处，我们也要坚定不移地进行改革、创新、修正和舍弃。只有这样，"三合一"模式方案才会越来越完善，实施效果才会越来越好。

主要负责人：吕清
单位：广州华夏职业学院

# 汕头大学校领导与学生餐会项目

学生作为大学的重要主体，具有平等参与学校改革的权利与能力。因此，高校教育管理工作要充分发挥其功能，突出学生的主体地位，在制度上确保学生参与的权利，扩大学生参与的范围，充分发挥学生的主观能动性，培养学生自我管理、自我教育、自我服务的精神，最大限度地让学生发挥其创新精神，为学校的改革和发展出谋划策。校领导与学生餐会项目是基于汕头大学的人才培养目标和践行党的群众路线所探索出的学生教育管理工作的新举措。

## 一、项目背景

汕头大学坚持发扬"改革创新，先行先试"的办学传统，秉持"建立自我，追求无我"的育人理念，以及着力培养"有志、有识、有恒、有为"的优秀人才，以优质管理推动学术发展。汕头大学一直致力于先进管理机制体制改革与建设，先后开展了完全学分制改革、英语提升计划、ISO 管理、混住制、住宿学院制等与学生利益息息相关的改革，探索建设适合我国国情又与国际先进理念接轨的高校育人机制体制，被李岚清同志称为"高校改革试验田"。汕头大学于 2006 年顺利通过教育部本科教育优秀评估，2015 年顺利通过教育部本科审核评估，并得到了以黄达人为组长的专家组的高度评价。

在汕头大学进行的与学生切身利益相关的一系列改革中，学生对改革支持与否、改革的成效如何、学生的利益诉求等方面是校领导关注的重点。以往，校领导一般通过设立"校长信箱"和"校领导接待日"两种途径倾听学生诉求与呼声，渠道是畅通的，但成效不明显，学生参与的积极性不高。为了更好地践行党的群众路线，深入了解学生的思想动态，关心学生的学习生活，关注学生的利益诉求，进一步改进工作作风，提升管理和服务水平，搭建校领导与广大学生沟通的桥梁，以进一步鼓励青年学生建言献策、参与学校建设，促进校领导与青年学生的交流，共建和谐校园。而学生作为大学的重要主体，具有平等参与学校改革的权利与能力，高校教育管理工作要充分发挥其功能，在制度上确保学生参与的权利，突出学生的主体地位，扩大学生参与的范围，充分发挥学生的主观能动性，培养学生自我管理、自我教育、自我服务的精神，最大限度地让学生发挥其创新精神，为学校改革和发展出谋划策。基于此，汕头大学经校领导会议讨论通过，自2013年6月起设立校领导与学生餐会制度。

校领导与学生餐会是汕头大学在广东教育厅出台校领导陪餐制度前就已经开始实行的项目，体现了汕头大学"改革创新，敢为人先"的办学传统，也是汕头大学以"优质管理推动学术发展"的创新举措。

## 二、项目理念

### （一）以学生为本

校领导与学生餐会是汕头大学践行"以学生为本"培养理念的交流互动项目，有利于进一步鼓励青年学生建言献策，增进校领导与学生的联系，实现校领导走进学生生活的初衷，共建和谐校园。该项目搭建校领导、学校各职能部门负责人与广大学生的沟通平台，通过校领导与学生面对面的交流，围绕学生在学习生活中、在面对校园管理方面存在的疑惑与问题展开讨论，校领导们为学生一一答疑，更高效、更清楚地解决学生的问题；并在餐会后及时跟踪事件，通过实际的措施来解决问题，为学生提供最大化的方便。该项目是开创师生交流的新机制，是实现学生直接对话校级领导的新举措，为解决学生实际问题、推进学校建设起到了积极作用。

### （二）自由开放

项目采用餐会的形式，为了让学生在轻松愉快的氛围下畅所欲言；校领导认真倾听，仔细记录，及时为学生答疑解惑，并在餐会后通过系列举措解决问题。在餐会上，校领导与学生通过平等地面对面的交流方式，一种比严肃的办公室会议更轻松的日常生活的方式，灵活地实现师生交流的目的，而达到的效果也远比会议形式更明显。采用餐会的形式，学生能够大胆地提出心中对校园管理建设的所思所想，表达对学习生活的真情实感。校领导们可以冷静清晰地分析学生提出的问题，同时也向学生传达亲切的问候和丰富的学习生活经验。项目自2013年实行以来，截至撰稿前，已定期举办餐会23期，参与学生共735人，约占全校人数的10%，得到学生的热烈反响。

### （三）以优质管理推动学校发展

项目以"教育—管理—服务—发展"学生为理念，构建了"参与式发展"的高校学生管理模式，以加强学生自我教育与管理为导向，引导学生全面思考问题；让学生在参与校园管理的同时促进对校园管理的反思，更好地调动学生的积极性，将其创新想法反馈于校园的管理建设中。由此可见，项目是新时期、新形势下大学生思想政治教育的新形式、新方法。

## 三、项目运作

### （一）项目主体

汕头大学全体师生。

### （二）项目对象

汕头大学全日制在校学生（含交换培养生，每人每年限参加一次）。正式参加餐会的学生为每期32名，按预约顺序，额满为止。参加餐会的学生要关心同学成长，关心学校建设；要起到桥梁的作用，实事求是地收集身边同学关注的问题，并在餐会上反馈给校领导及学校各职能部处负责人。

### （三）项目时空

从2013年6月起，每月举行一次。为避免学生因课程冲突无法预约参加，故逐次向后推延一天，具体时间将根据实际情况改动。项目实施地点为汕头大学食堂。

### （四）项目内容

**1. 学生与校领导交流**

成功预约的学生和与会领导、教师进行交流，对交流内容无限制，可以是自身学习、生活相关的内容，也可以是对学校管理的看法等。

**2. 与会领导回复学生所提问题**

校领导和各职能部处负责人认真倾听学生提出的问题，仔细记录，及时为学生答疑解惑，并在会后通过系列举措及时解决问题。

**3. 以点带面，成效扩大**

校学生会权益部在餐会现场记录学生的问题和领导的回复，餐会后进行整理，并在各部门核查无误后发布在校学生会网站上，以便让更多的同学了解学校的情况，进行思考，为共同建设和谐校园出谋划策。学生在自己的问题得到解决或者有了解释后，主动告知其他人，这些处理方法经学生口口相传，餐会效果会更加显著。

## （五）项目程序

学生处在餐会举办前一周于校内办公信息网发布活动通知，开放预约系统，接受学生报名。自愿参加的学生登录预约系统后，填写相关报名材料，并提交关于学习生活或学校管理的问题。学生处按照预约报名先后顺序，确定每期参加餐会的 32 名学生代表名单，并在校内办公信息网公布。报名期限内，若预约人数达到限定名额，预约系统将会自动关闭，学生不得再进行预约。

活动当天，校领导主持交流餐会，校领导、各职能部处负责人、教师代表与学生自由交流。活动后，校学生会权益部记录校领导、各职能部处负责人和学生交流的问题与答复，报学生处审核后，将问题与答复发布在校学生会网站上，方便其他同学了解学校相关情况。

## （六）项目支持

汕头大学校领导重视学生的需求和个性化发展，也希望面对面地聆听学生的心声。每期餐会邀请校领导、各职能部处负责人及教师代表 4～5 人与学生进行面对面的沟通和交流。

汕头大学召开校领导会议，以制度形式设立此项目，并提供项目的资金支持。资金主要用于餐会时校领导和学生在校内食堂用餐的费用，以节约为原则，避免铺张浪费。

学生处为项目的主要执行主体，负责项目的策划与实施，并不断进行总结、改进和创新。学校各部处根据学生提出的问题，进行解答并及时处理。

## （七）技术方法

校内办公信息网及时公布校领导与学生餐会有关信息，包括开放预约通知以及预约成功名单等（如图 1 所示）。

图 1　校内办公信息网发布通知

网络与信息中心提供网络技术支持，搭建网上预约系统、提供手动导出预约成功学生名单与问题等技术服务。

校学生会权益部记录学生提出的问题及各部处领导的答复，并发布在校学生会网站以及微信公众号上（如图2所示）。

图2　校领导与学生餐会问题反馈

## （八）项目特色

第一，贴近大学生思想、学习和生活实际。通过餐会，学校能及时了解学生的思想动态、学习和生活情况，方便教育和管理学生，适时依据学生需求作出适当的更改，有利于学校作出更恰当的决策。另外，通过餐会，学生提出的问题能及时得到解决方案，使学生树立共同建设美好校园的意识和责任，培育其社会责任感、实践能力和创新精神。

第二，餐会具有突出的主题以及明确的目的。学校与学生共同建设美好校园，增进学生对汕头大学的归属感；校领导了解学生的困惑与需求，及时寻求解决方案，具有针对性、实效性；学生大胆地提出对校园管理建设的所思所想，校领导对此积极地回应，有利于增强学生作为建设美好校园主人翁的意识。经过23期的餐会，本项目已经形成一套成熟的流程，制定每月1期的常规运作机制，并由具体单位负责。另外，餐会形式活泼，有别于以往"领导接见"的严肃模式，及时的后续跟踪报道和问题解决方案的反馈、公布也具有示范性。

第三，结合自由平等的社会主流意识以及汕头大学培养"有志、有识、有恒、有为"人才的目标,餐会体现了自由、平等、民主等社会主义价值观,深化了大学生中国特色社会主义和"中国梦"的宣传教育。项目培养大学生独立思考、实事求是等好品质,有利于提高学生的道德素质水平以及汕头大学的社会口碑。

第四,开拓业务与交流信息平台,提倡环保、高效服务理念。项目通知以办公信息的方式发布,学生直接登录预约系统进行活动预约,餐会反馈情况通过校学生会网站、微信等新媒体进行发布,贴近学生生活,高效及时地传达餐会信息,扩大餐会影响力。

第五,以餐会为交流互动平台,解决学生的各类问题,满足学生利益诉求。学生的问题包括学校发展、后勤管理、教学管理、基础资源、奖学助学、社团活动、对外交流、学科发展、书院建设、就业指导、生涯规划、对外交流、宿舍管理、研究生事务、社会化服务、招生宣传、党团事务等。收集问题后,学生处将各类问题分类、整理,反馈给各部门,并及时将答复回复每位与会学生,让学生们的困惑得到解决,需求也得到逐步满足。学生关于新书院入住的各种疑惑、双修学位、奖学金、公益课程改革、"五个一"工程以及外出交流的各种学习问题均得以解决;通过加强校内摩托车管理,加强对田径场和运动场管理,学校实现了进一步优化校内环境和学生的学习环境的目的。

## 四、项目效果

(一)搭建校长与学生恳谈的有效平台,体现学生的主人翁地位

校领导与学生餐会项目体现学生的主人翁意识,增强学生的参与积极性以及为发展学校作贡献的责任感,有别于以往"领导接见"的严肃模式,餐会形式更为灵活,具有持续性和高效性。同时,及时的后续跟踪报道和问题解决方案的反馈公布,更凸显了"以学生为本"的办学宗旨。餐会得到学生的赞誉:"在学校有很多机会与校领导共进晚餐,学校的领导都很平易近人,有这种交流平台真好!"截至第23期,各学院参加餐会的学生人数如表1所示。

表1 校领导与学生餐会的学生参与情况

| 学院名称 | 学生人数 |
| --- | --- |
| 文学院 | 62 |
| 理学院 | 96 |
| 工学院 | 196 |

续上表

| 学 院 名 称 | 学 生 人 数 |
|---|---|
| 法学院 | 88 |
| 商学院 | 124 |
| 长江新闻与传播学院 | 67 |
| 长江艺术与设计学院 | 32 |
| 医学院 | 18 |
| 高等教育研究所 | 46 |
| 总计 | 735 |

## （二）有效为学生答疑解惑

校领导与学生餐会项目的实施，使学校有效地发现了教育管理实际工作过程中长期潜在或现实存在的问题，为学校近期或长远规划的决策提供了宝贵的依据，提高了学校各部门的工作效率。23 期餐会中，领导共回复学生明确提出的问题 353 个，如表 2 所示。

表 2 校领导与学生餐会解决的问题

| 问 题 分 类 | 问 题 个 数 |
|---|---|
| 学校发展 | 11 |
| 后勤管理 | 150 |
| 教学管理 | 71 |
| 基础资源 | 51 |
| 网络与信息中心 | 21 |
| 就业指导 | 17 |
| 研究生事务 | 30 |
| 社会化服务 | 2 |
| 总计 | 353 |

校领导与学生餐会项目的实施，得到了校领导、各院（系）领导、各职能部门负责人和广大师生的肯定，并给予充分的支持和拥护。同时，学生也对项目怀有更高的期待；各部处等职能部门能够换位思考，简便学生寻求学习生活或校园管理的解决途径，并且提高工作效率，更好地服务广大师生；同学们

也希望通过项目更全面、更理性地思考问题，了解校内政策的合理性后，更好地去遵循学校的政策。校内各方面的支持，有利于落实、解决学生在校领导与学生餐会上所提出的问题，是目前校领导与学生餐会取得较好成果的原因，也是餐会持续下去的最大动力。

### （三）增进学校管理者和学生的感情

校领导与学生共进晚餐，增进了学校管理者和学生的感情，在校方和学生之间建立良好的互动关系，有利于学校和学生的发展。学生在倾听校领导和各职能部处负责人解答问题的过程中收获颇多，既加深了对学校的了解，也深刻领悟了如何更全面地考虑问题。另外，项目还会在特定的节日举办专场餐会，如校领导与学生餐会女生节专场、校领导与学生餐会新生专场，使得校领导与学生餐会更加灵活、更有个性、更能增进与学生的感情，体现了汕头大学"以学生为本"的宗旨以及校领导对学生的关爱。

### （四）形成长效工作机制

目前，校领导与学生餐会从发布通知到整理校领导答复等环节已经形成一整套成熟的工作流程，每月1期餐会的长效机制，能更好地为学生服务。作为学校制度，该项目会持续进行下去，并通过不断的实践，认真贯彻、落实广东省教育厅的"校领导陪餐制度"，并不断地汲取经验、完善自身，打造成为一个自由沟通、开放交流的校领导与学生沟通的平台，成为有利于学校发展、学生自我提高的品牌项目。

### （五）把小事做大，把好事做好

通过与学生餐会，校领导能够更全面地进行决策，学生能学会全面、独立思考问题。校领导与学生站在两个不同的角度看待学校的发展，有利于避免学校决策的片面性，从而使得学校持续健康地发展。虽然每月只有1期，但对学校的发展带来了巨大的益处。在历期餐会中，学校通过多方面的沟通、跟进，解决了学生反映的问题，督促了相关部门跟进、解决问题，例如，宿舍缺少空调，无线局域网覆盖范围不够广。通过有效的解决方案，目前宿舍已普及空调，校园也已被 WiFi 全面覆盖。学校致力于把校领导与学生餐会做好，使之成为具有较强影响力的品牌项目。

## 五、改进与提升

根据现代管理学 PDCA［计划（Plan）、执行（Do）、检查（Check）、处理（Action）］原则，经过 23 次的实践和探索，校领导与学生餐会项目的组织程序更加科学、有序，并不断完善餐会的相关流程，使其更具活力、更具先进性、更具影响力、更具服务性。今后，汕头大学将继续践行党的群众路线，坚持以学生为本的管理理念，促进学生发展，同时将事务管理与思想政治教育相结合，对项目进行整合和不断创新，提高工作效率，更好地服务学生。

主要负责人：喻洪、林世宏、蓝娜

单位：汕头大学

**参考文献**

［1］惠新宇．高校校长信箱的功能和价值——从中国人民大学校长信箱谈起［N］．学习时报，2011-12-26，B011．

［2］刘影．高校践行群众路线的有效载体——校领导接待日制度［J］．中国教育学刊，2015（S2）．

［3］陈欢．关于促进高校行政管理与学术管理良性互动的若干思考［J］．中国职工教育，2014（8）．

［4］艾楚君．"五位一体"大学生思想政治教育工作模式研究［D］．长沙：湖南大学，2010．

［5］覃春菀，王青宇，刘艳凯，刘伟，张振中．在高校院级单位教学管理工作中应用 PDCA 循环的探讨［J］．内蒙古中医药，2008（20）．

# 宿舍民主生活会

## 一、项目简介

随着惠州经济职业技术学院（以下简称"学院"）的发展，在校生人数超过万人，学生生源更加的多元化。宿舍是学生在校期间休息和生活的主要场所，学生之间的矛盾、危机事件越来越多来源于学生宿舍。为进一步增强学院的学生管理工作，创新学生管理育人模式，发挥学生党员的先锋模范作用和党支部的战斗堡垒作用，学院在2013年中开始探讨实施方案，并在2014年上半年以"皮建彬工作室"为依托，设立开展"宿舍民主生活会"项目研究，2014年9月在全院学生宿舍中推广。该制度借鉴党员民主生活会制度，将对象转换成宿舍的所有成员。

宿舍民主生活会以宿舍为单位、舍员为对象，分为"宿舍内民主生活会"和"宿舍间民主生活会"两种模式，地点以宿舍内为主，宿舍外相结合，定期开展。在熟悉的环境里，大家可以畅所欲言，以组织者（辅导员、学生党员、预备党员、学生干部）为主导，结合同学们的个性特点及心理需求，引导在场同学发挥朋辈影响作用，发表对共同问题的看法，逐步开展批评与自我批评。宿舍民主生活会以预防为主，倡导"文明自律，民主友爱，敢说善说"的寝室文明。

宿舍民主生活会明确了"1234"的总体目标，即一个目的（预防为主，从根源上减少学生的矛盾），两个管理（制度管理、自我管理），三个提高（提高学生党员、预备党员、学生干部的工作能力），四个学会（学会学习、学会做人、学会做事、学会相处）。

## 二、项目运行情况及实施过程

### （一）成立项目工作组

2014年3月在皮建彬工作室中成立了宿舍民主生活会项目组，由工作室副主持人刘智航担任组长，学生宿舍管理科副科长林小惠担任副组长，成员分别由学生宿舍管理科、各系现大一到大三的一线辅导员组成。学生党员和预备党员、辅导员助理、学生干部、院系学生会宿保部参与。宿舍民主生活会的组织结构如图1所示。

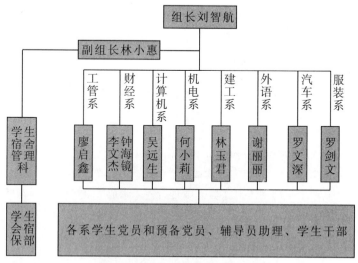

图1　宿舍民主生活会组织结构

（二）明确项目组工作计划

以学院学生主要在校住宿时间两年为一个周期，制订了长期的工作计划，形成项目开展方案，并在2014年9月全面推广，在周期内不断地评估、调整和完善，于2016年6月最终形成确定方案。项目旨在探索宿舍民主生活会的工作目标、工作思路、工作方法和制度，协同创新学生管理的模式及学生工作的品牌建设（见表1）。

表1　宿舍民主生活会工作计划

| 阶　段 | 主要工作 | 基本目标 | 时　间 |
| --- | --- | --- | --- |
| 起步阶段 | 1. 以学生座谈会、宿舍长会议、项目组研讨会、询问调查等多种方式，调查关于学生基本状况，并做分析，形成文字材料<br>2. 在全院辅导员中收集在宿舍中发生或因宿舍问题引起各种矛盾的案例 | 研究宿舍民主生活会试行的组织形式和方案 | 2014年3月 |

续上表

| 阶　段 | 主要工作 | 基本目标 | 时　间 |
|---|---|---|---|
| 试行阶段 | 1. 在各系选取部分宿舍实施宿舍民主生活会试行方案<br>2. 6月底结束试行，并对试行中存在的问题、碰到的难点，根据实际情况进行反馈、分析、评估，调整试行方案<br>3. 7月初或8月底向全院辅导员介绍宿舍民主生活会实验方案 | 形成推广的试行方案 | 2014年4—6月 |
| 全面推广实验阶段 | 在2013级和2014级新生中全面推广和实施宿舍民主生活会实验方案，并在两个学期期末对实验方案进行评估、调整 | 2015年6月底形成实验方案 | 2014年9月—2015年6月 |
| 确定阶段 | 1. 在2014级中继续推行初步方案，并跟踪宿舍民主生活会在学生到二年级时产生的效果，并作调查，形成报告<br>2. 在2015级中推行初步方案<br>3. 2016年6月底对初步方案进行评估 | 确定宿舍民主生活会方案 | 2015年9月—2016年6月 |

## （三）项目的前期调查分析

经统计，惠州经济职业技术学院2013—2014学年度学生宿舍发生的大小矛盾案例有272起，引发矛盾的因素分析如图2所示。向学院学生发放3600份关于宿舍生活的调查问卷，了解学生的宿舍生活情况。

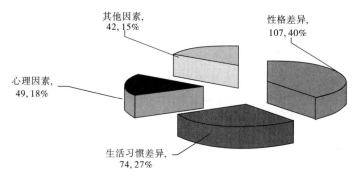

图 2　引起宿舍矛盾问题的因素统计

## （四）项目现阶段的开展模式、方法和方式

### 1. 开展的模式

宿舍民主生活会的开展模式主要有宿舍内民主生活会（The meeting inside the dormitory，简称 MID 模式）和宿舍间民主生活会（The meeting between the dormitories，简称 MBD 模式）。

MID 模式为常规模式，在学生宿舍内部开展民主生活会，以组织者为主导，有目的地引导学生发表对共同问题的看法，察觉矛盾点，逐步开展批评与自我批评，组织者在引导过程中要起带头作用，以鼓励为主。MID 模式的主要目的是预防学生宿舍矛盾的发生。其工作模式是以组织者（辅导员、学生党员、预备党员、学生干部）为主持人，进行圆桌会议，由班级日常事务聊起，聊到大家的日常生活，辅导员要把握好话题的范围，最后集中到宿舍问题上来（如图 3 所示）。

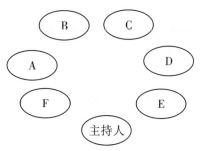

图 3　MID 模式示意

第一步：察觉宿舍矛盾。主持人有目的地聊起同学共同关心的宿舍问题，如宿舍作息时间问题，引导同学发表对该问题的看法，主持人要集中注意力，观察每个同学在谈论时的情绪变化，筛选出某些情感波动起伏大的关键问题，

找到宿舍内存在的主要矛盾。

第二步：开展批评与自我批评。借鉴党员的民主评议方式，在宿舍内开展批评与自我批评。一是批评，针对宿舍里的不良生活习惯和学习作风等问题进行批评，如晚上玩游戏过晚、在宿舍集体酗酒、在宿舍吵闹影响他人等行为；二是自我批评，每个舍友都对自己做得不好的地方进行自我批评，意在消除宿舍内部隐形矛盾。

第三步：总结鼓励。在宿舍开展批评和自我批评的过程中，主持人要做到慎言，尽量不打断同学的发言，而舍友之间因情绪化争吵时，要进行必要的控制和情绪的抚慰工作，适当给出自己对问题的看法和意见，在民主生活会结束时要做到公平的总结性发言，以鼓励为主。

当 MID 模式的开展发生困难时，MBD 模式应运而生。MBD 模式是在 MID 模式的基础上，当矛盾已经显现或者发生，已不适合继续开展 MID 模式时，将来自不同宿舍的学生进行有效的重组，重组而成的每一位人员开展批评与自我批评后，引导在场同学发挥朋辈影响作用，站在局外人的角度，对发生矛盾的学生给予开解与帮助（如图 4 所示）。MBD 模式的主要目的是解决学生宿舍矛盾问题。

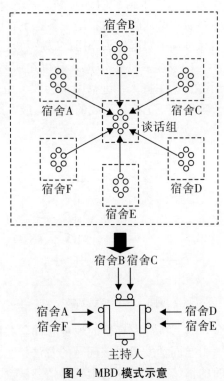

图 4　MBD 模式示意

对于组织者来说，MBD 模式的主持过程跟 MID 模式的主持过程是一致的，不同的有两点：一是开展这种模式之前要进行选择性的人员重组，选择有能力协助解决问题的同学；二是要引导在场同学，很好地发挥朋辈作用。

两个模式可交叉进行，2～3 次的 MID 模式或察觉矛盾后，再开展 MBD 模式。

2. **开展的方式**

开展对象：大一、大二全体在校学生。

开展时间：各宿舍每两周召开一次，常规时间为 21：00—22：30。

开展地点：MID 模式在宿舍内，MBD 模式在宿舍内或宿舍外。

宿舍民主生活会的召开时间和地点可根据各宿舍存在或发生的矛盾的实际情况灵活召开。

会议组织者：辅导员、学生党员、预备党员、学生干部。

记录方式：组织者填写《宿舍民主生活会记录表》，跟进解决学生在生活会中反映的实际问题和困难，并及时做好反馈。

3. **宿舍民主生活会的主要议题**

每次根据实际情况确定议题，但是主要议题应体现以下几种：①需要共同商议的议题，如建立宿舍常规、宿舍文化节等需要学生共同参与的活动；②共同感兴趣或需要面对的话题，如社团活动、专业知识学习、实习就业等；③开展批评与自我批评，宿舍成员互相指出优缺点，并对缺点提出建议，跟踪、反馈，相互监督，预防宿舍内部隐形矛盾；④解决宿舍内可能存在的矛盾及其他普遍性问题，这也是宿舍民主生活会的重要内容。

## 三、项目开展的初步成效

宿舍民主生活会项目作为学生管理项目化的一个重要内容，是惠州经济职业技术学院创新的学生管理育人模式，形成了现有的开展模式和方法，同时也存在着一定的难点。例如，在开展的过程中对组织者提出了更高的要求，需要组织者具备较高的语言沟通能力、观察力和引导能力；男女性别差异，不同系不同专业学生的心理需求存在差异性和动态性，这些因素都会影响宿舍民主生活会能否顺利进行。

虽然宿舍民主生活会在实际开展过程中存在着一定的难点，但是自 2013 年 6 月开始试行、2014 年 9 月全院开展以来，该项目在学生宿舍管理工作中的作用和成效已经初步显现出来，主要体现在以下几个方面。

一是学生因宿舍矛盾申请调换宿舍的情况有了较大的该善。在全院实施宿舍民主生活会制度以来，全院共出现 22 个宿舍因为矛盾问题进行了宿舍人员调整，较之前一年平均调换宿舍上百起有了大幅度的减少。

二是建立了沟通机制，为学生解决宿舍矛盾搭建了平台。宿舍民主生活会为学生提供了一个平等对话、用心沟通和交流的平台，倡导文明自律、民主友爱、互相尊重、敢说善说的寝室文明。在这个平台中，学生可以友好地提出自己的意见，同时接受他人的建议，敢于指出问题并共同商议解决问题，在和谐融洽的氛围中形成一致的意见，有效预防和解决宿舍中隐性或显性的矛盾，遏制矛盾的发生或进一步加深。同时，学生主动参与开展进来，也提升了自主解决问题和处理矛盾的能力。

三是使宿舍成为另一个重要的思想政治教育阵地。宿舍作为学生学习、生活和人际交往的主要场所，是大学生思想政治教育的基层单位，是除课堂以外的另一个重要思想政治教育阵地。辅导员、学生党员把这一阵地作为课堂教育和班级教育的补充，以宿舍民主生活会为平台，拓展了思想政治教育工作阵地。宿舍思想政治教育也成为加强学生思想政治教育的重要内容。

四是学生党员、学生干部队伍的工作能力得到锻炼和提高。学生党员、学生干部组织开展宿舍民主生活会，实行学生党员蹲点宿舍制度，有效地调动学生骨干的工作积极性和主动性，发挥了他们的朋辈作用、纽带和模范作用，同时锻炼了学生党员、干部的工作能力，使他们成为学院学生工作的重要帮手。

主要负责人：刘智航<br>
单位：惠州经济职业技术学院

# "农"情蜜意

《中共中央国务院关于进一步推进农垦改革发展的意见》指出,要大力弘扬"艰苦奋斗、勇于开拓"的农垦精神,推进农垦文化建设。广东农工商职业技术学院因农垦而生,也伴随着广东农垦事业的发展而兴。一代又一代的农工商人,在"艰苦奋斗、勇于开拓"农垦精神的激励下自力更生、艰苦奋斗,不断开辟学校事业发展的新局面,形成了"艰苦奋斗、自强不息"的农工商精神。

为了进一步传承和熔铸农垦精神,陶铸农工商精神,凸显学校以"农"为主体的发展定位,广东农工商职业技术学院自2012年起着手启动并实施"农"情蜜意项目。"农"情蜜意项目以传承农垦精神为核心,包含专业技能大赛、朋辈榜样示范、实习实践、全面卓越等系列子项目,经过近4年的不断探索与实践,"农"情蜜意项目取得了明显成效,农垦精神得到进一步传承,学生的综合素质得到提升,学校学农爱农、投身农业的氛围更加浓厚。

## 一、项目名称与思路

### (一)项目名称

"农"情蜜意。

### (二)项目思路

为了实现"熔铸农垦精神,锤炼意志品质,强化农业技能"的目标,形成了熔铸精神与深化知识技能相结合、集中展示与长期培养相结合、大众化普及和专业化培养相结合的思路。

#### 1. 知情合一:熔铸精神与深化知识技能相结合

"农"情蜜意项目在深化学生知识技能的过程中,建立了学生的专业自信、能力自信、就业自信,同时更加注重对学生品质和人格的塑造,内化"艰苦奋斗、勇于开拓"的农垦精神和"艰苦奋斗、自强不息"的农工商核心精神,陶冶农业热情和农业情怀,让学生从中锤炼艰苦奋斗的品格、砥砺自强不息的品质，树立"现代农业接班人"的责任感。

2. **循序渐进：集中展示与长期培养相结合**

"农"情蜜意项目各子项目科学规划，专业技能大赛作为"农"情蜜意项目的集中展示，与朋辈榜样示范、实习实践、全面卓越等系列子项目有机统一，做到将集中展示与长期培养相结合，寓德育、智育、体育、美育于一体，知情意行有机统一，符合育人规律。

3. **分层引导：大众化普及和专业化培养相结合**

"农"情蜜意项目面向全校师生，坚持大众化普及和专业化培养相结合，参与度广，在全校营造出浓厚的"学农、爱农、兴农"氛围。对于农业相关专业学生而言，强化了专业知识与技能，提升了品格与能力，增强了职业自信、能力自信和人生自信；对于非专业的学生而言，则通过形式多样、鲜活生动的活动，培养了农业热情，陶冶了农业情怀，掀起了学习农业、了解农业、热爱农业的热潮。

## 二、项目特色

"农"情蜜意项目在进一步加强校园文化建设、探索学生工作方式和途径的同时，践行了社会主义核心价值观，丰富了新时期农垦精神的时代意义，提升了学校内涵建设，凸显了广东农工商职业技术学院的办学优势和特色，并且探索了一条校园文化育人和专业人才培养相统一的道路。

（一）践行社会主义核心价值观，继承和丰富农垦精神的时代内涵

农垦精神是农垦人爱岗敬业、自强不息、开拓进取的内在动力与力量之源，也是农垦院校校园文化的精髓，符合社会主义核心价值观的内在要求。"农"情蜜意项目的实施，使农垦精神在全系学生中深植于心，并在其激励下，形成了艰苦奋斗、自强不息、追求卓越、感恩奋进的优良品质，积淀成为"艰苦奋斗、自强不息"农工商校园文化核心精神。

（二）提升学校内涵建设，凸显学校办学优势和特色

广东农工商职业技术学院依托农垦办学，确立了以"农"为主体的办学定位。"农"情蜜意项目已经成为学校"农"字特色的重要窗口和平台，得到了校党委的高度重视和全校师生的积极参与。"农"情蜜意项目已经成为学校"农垦精神育人工程"的重要活动载体。

### （三）探索一条校园文化育人和专业人才培养相统一的道路

以专业人才培养目标为终极导向，即以培养"有知识、有技能、有品格、有创新"的现代农业精英为目标导向，充分发挥校园文化育人作用，深入挖掘农垦精神的育人价值，构建具有农垦院校特色的校园文化。发挥专业人才培养和校园文化育人的合力，整合教学和校园文化资源，发挥育人价值最大化。

## 三、项目实施内容与过程

"农"情蜜意项目受到广东农工商职业技术学院校党委、学生工作处和系部领导班子的高度重视，全校各部门通力配合，协同育人，包含20多个子项目，每年参与学生达到10000多人次。

### （一）导之以情：农垦精神的传承与跨越

**1. 薪火相传：学校老前辈解读农垦精神**

邀请学校老领导讲述农垦故事，邀请老书记、老院长解读农垦精神和"农工商核心精神"。"艰苦奋斗、勇于开拓"是王震将军概括和亲身践行并推广的农垦精神。广东农工商职业技术学院在熔炼大学精神的过程中传承、挖掘和践行了农垦文化的核心价值。农工商精神是对农垦精神的继承和演绎，是农工商学子面对各种人生磨难的宝贵财富。

**2. 启迪引航：服务农垦优秀毕业生讲述"我和我的农垦梦"**

为了激励新一代农工商人传承和弘扬农垦精神，引导学子艰苦奋斗、自强不息、投身农业、服务农垦，广东农工商职业技术学院先后邀请了服务农垦优秀毕业生举办"卓越励志大学路，服务农垦筑人生""农垦精神砺卓越，笃实创新书壮志——90后农垦杰出青年分享农垦梦"等主题活动。

**3. 心灵触动：观看《突破北纬17度》《第一犁》**

为了让学生进一步了解中国的农垦事业，深刻领会农垦精神的历史内涵，广东农工商职业技术学院组织学生观看由农业部和中央电视台联合摄制的电视文献纪录片《第一犁》，集中学习农垦重要文献《突破北纬17度》。

**4. 身体力行："走进农垦，逐梦热作"暑期社会实践活动**

为了深入挖掘"农垦精神"的丰富内涵和时代意义，了解农垦从最初铸剑为犁的勇气到现在蓬勃发展的艰辛历程，弘扬学校"艰苦奋斗、自强不息"的核心精神，广东农工商职业技术学院每年暑期组织学生赴茂名、湛江垦区开展"走进农垦，逐梦热作"等社会实践活动。

## （二）励之以行：专业技能提升人生自信

**1. 拓宽视野：农业专家讲座汲取精华**

广东农工商职业技术学院依托农垦、服务农垦，邀请广东省农垦总局相关领导专家、农业学者为广大师生作专题讲座。专家解读国家农业政策，介绍广东农垦的概况，分析现代大农业的发展，让广大同学增强对我国现代农业的信心，增强专业自信，坚定农业理想。

**2. 搭建平台：专业技能大赛百花齐放**

广东农工商职业技术学院举办形式多样的专业技能大赛，包括农林类、食品类专业技能大赛、插花大赛、盆景大赛、茶艺技能大赛、蛋糕制作大赛、水果拼盘大赛、绿色食品制作大赛、园林景观设计大赛、动物技能大赛等。

**3. 求实笃行：社会主义新农村调研坚定道路**

为了激励青年学生热爱农业，投身农业，感受社会主义新农村建设的发展成果，领悟新农村建设的发展方向，亲身感受"人民共享发展成果"，广东农工商职业技术学院组织同学前往广州市美丽乡村建设试点村进行学习调研。

## （三）效之以范：朋辈榜样激励成长

**1. 励志追梦：服务农业优秀毕业生返校交流会**

为引导广大同学投身农业，在大学期间播种农业梦想，点燃农业梦想，广东农工商职业技术学院邀请服务农业的优秀毕业生返校交流，以启迪广大在校生发扬优秀毕业生身上吃苦耐劳、艰苦奋斗、持之以恒、不计得失的品质，这也正是农垦精神的时代品质。

**2. 模范先行：国家奖学金获得者交流会**

为发挥身边的模范榜样作用，激发广大同学全面锻炼自己、励志成才，广东农工商职业技术学院举办"国奖面对面，模范我先行"——国家奖学金获得者成长交流会，勉励学生继承和发扬"艰苦奋斗、勇于开拓"的农垦精神，千锤百炼，方能成钢。

**3. 传承"锋"尚：十大"锋"尚人物**

广东农工商职业技术学院广泛宣传发动，通过自荐和班级推荐，再到初评，最后到网络公开投票，评选年度十大"锋"尚人物。取名"'锋'尚人物"，意即传承雷锋精神，发挥党员先锋模范作用，全心全意为人民服务，在全校营造良好的志愿服务氛围。

**4. 爱"尚"劳动：美丽劳动者评选**

为弘扬农垦精神，弘扬中华民族的传统美德和广东农工商职业技术学院

"艰苦奋斗、自强不息"的核心精神，引导青年大学生树立辛勤劳动、诚实劳动、创造性劳动的理念，特开展"美丽劳动者"评选活动，让劳动最光荣、劳动最崇高、劳动最伟大、劳动最美丽蔚然成风。

（四）全面卓越：德智体美全面发展的现代农业精英

1. **农运会塑造阳光身心**

为培养健康、阳光、积极向上的现代农业从业者，塑造健全身心，广东农工商职业技术学院举办农业趣味运动会。农运会结合农业生产实践，由参赛的各个班级策划，农运会提高了班集体的凝聚力，增进班级同学之间的友谊，让学生在趣味中受教，在运动中成长。

2. **"形象大使"促内外兼修**

为引导学生树立正确的价值观和审美观，展现大学生积极向上、朝气蓬勃、阳光健康的面貌，以及展示现代农业从业者的新风貌，广东农工商职业技术学院举办"形象大使"比赛。形象大使大赛促进学生内外兼修，引导学生思考现代农业者应有的面貌。

3. **卓越人才计划助力全面卓越**

卓越素质培养计划旨在"塑造卓越品质，培养优秀骨干，打造热作精英，繁荣校园文化"，内容包括学生干部的演讲与口才培训、新闻写作培训、心理素质培训、礼仪培训、摄影基础、PPT制作等，每年培养学生骨干200多人次。

（五）至土至洋：热带农林学院学子走向海外

广东农工商职业技术学院认真贯彻习近平总书记"一带一路"倡议构想，紧跟广东农垦"走出去"发展战略，在广东省农垦总局、广东省广垦橡胶集团有限公司等的关怀和支持下，与广垦橡胶泰国（沙墩）公司、广垦橡胶柬埔寨农业科技公司等签订实习就业协议。学校每年选派优秀学生到东南亚实习就业。广东农工商职业技术学院学子给东南亚各国公司留下了深刻的印象，受到高度好评。

# 四、工作成效及取得的经验

（一）工作成效

"农"情蜜意项目在广东农工商职业技术学院领导和热带农林学院领导的高度重视下，随着项目设计和运行的不断完善，取得明显的育人效果。

**1. 学生创新创业意识增强，孵化了一批学生自主创业工作室**

经过"农"情蜜意项目的熏陶和培养，学生的专业技能得到提升，增强了专业自信和创新创业能力，孵化出果酒研发工作室、农产品加工工作室、旷驰发酵产品研发工作室、有机蔬菜种植工作室、食品加工工作室、食品检测工作室、艺术插花工作室、园林规划设计等农业创业工作室。学生校园内农业创业的事迹先后被《广州日报》《信息时报》等媒体报道，学校成功培育了一批农业创业学子。

**2. 学生参加农业类职业技能大赛取得丰硕成果**

近四年来，广东农工商职业技术学院学子在农业类职业技能大赛中获得国家级、省级奖项共计60余项，其中，获得国家级一等奖2项、二等奖2项、三等奖3项，获得省级一等奖8项。2015年代表广东省参加"2015中国—东盟职业教育联展暨论坛"，广东农工商职业技术学院学子自主研发的农产品获得2个一等奖、1个二等奖、1个三等奖；在韩国高阳世界压花大赛和韩国邱礼花卉展览会上，广东农工商职业技术学院学子斩获三等奖和优秀奖。

**3. 毕业生就业质量提高，服务农业、服务农垦的学生增多**

在"农"情蜜意项目的带动下，广东农工商职业技术学院农业相关专业毕业生的就业率近几年稳步上升。其中，2012年毕业生就业率为94.12%，2013年为95.06%，2014年为98.07%，2015年为98.34%。据调查统计，在校期间曾经积极参加"农"情蜜意各子项目并表现优异的同学，近年来都成为"求职绩优股"，全部实现高层次就业，平均薪酬高于普通毕业生，入职后的晋升机会也相对较多。

**4. 增强学校学农氛围，学校现代农业初见成效**

结合中央财政支持农产品质量检测实训基地、广东省农产品质量检测实训基地、广东省高职教育作物生产技术实训基地、广东省食品生物技术实训基地、广东省农产品质量检测实训基地等建设项目，广东农工商职业技术学院已经建立了棚膜蔬菜园、立体农业园、空中菜园、名优禽品养殖区等。

**5. "艰苦奋斗、勇于开拓"的农垦精神得以传承**

新时期，广东农工商职业技术学院学子传承"艰苦奋斗、勇于开拓"的农垦精神，增强了自律意识和自我管理意识，学校学风校风得到提升；在各项大学生技能竞赛以及求职晋升中披荆斩棘、顽强拼搏。积极实践、艰苦奋斗、追求卓越、自强不息、心怀感恩已经成为学校广大学子共同的价值追求。

## （二）工作经验

**1. 凸显特色，彰显学校办学优势和亮点**

广东农工商职业技术学院依托农垦办学，确立了以"农"为主体的办学定位。"农"情蜜意项目已经成为学校"农"字特色的重要窗口和平台，得到了校党委的高度重视和全校师生的积极参与。"农"情蜜意项目成为学校"农垦精神育人工程"的重要载体。

**2. 注重内涵，弘扬社会主义核心价值**

"农"情蜜意项目包含的众多实践子项目，让学生在亲身实践过程中内化外行农垦精神，培养艰苦奋斗、脚踏实地、开拓进取、自强不息的个人品格，树立"现代农业接班人"带来的责任感。项目既坚持了社会主义核心价值观，弘扬优秀传统文化，弘扬农垦精神，又符合国家对农垦事业改革和发展现代化大农业的现实需要。

**3. 内容鲜活，符合时代特点**

在宣传上，项目利用微博和微信公众号等新媒体，提高各项活动的知晓率与学生参与度；从活动落实情况和效果来看，各项活动都能结合相应的专业特色和学生特点，鼓励创新，主题突出，形式多样，广大师生喜闻乐见。项目融思想性、知识性、教育性、趣味性于一体，富于吸引力、感染力和渗透力。

# 五、加强和改进的计划

项目的实施丰富了校园文化的内涵，增强了校园文化育人的实效，提升了广东农工商职业技术学院学生工作的水平，但仍有需加强和改进的地方。为了确保项目的扎实有效推进，还需做好以下方面的工作。

## （一）突出南亚热带产业特色

广东农工商职业技术学院立足广东农垦，服务广东农垦，服务广东现代大农业，应进一步突出南亚热带产业特色，凸显地域特色和优势。

## （二）建立健全效果反馈机制

项目组在实施过程中应真实了解学生的动态，及时发现问题，跟踪项目效果，善于总结，以便更好地开展项目。

（三）加强项目理论研究

项目组应加强项目理论研究，总结项目实施方法和经验，推动项目运行科学化、制度化、规范化发展。

主要负责人：曾永红

单位：广东农工商职业技术学院

# "搭把手"工程学院党团志愿服务队

广东海洋大学"搭把手"工院党团志愿服务队（以下简称"党团志愿服务队"）成立于 2013 年 3 月，是在工程学院党委领导下，由学生党员、入党积极分子、班团干部组成的学生志愿服务组织，旨在构建学生党员贯彻落实党的群众路线，践行全心全意为人民服务宗旨的平台。"搭把手"工院党团志愿服务队通过党建带团建，发挥党员和团干部的先锋模范作用，创新党团干部的培养模式，成为学生"自我教育、自我管理、自我服务"的重要载体，成为广东海洋大学学生工作的得力助手和辅助力量。"搭把手"工院党团志愿服务队自成立以来，在带组织、带思想、带队伍、带作风中取得显著成效，"一对一"帮扶贫困学生 300 多名，举办志愿服务活动 30 多场次，志愿者累计 4000 多人；2015 年荣获广东省省运会志愿者工作突出贡献单位称号，所带团支部工管 1121 荣获 2015 年全国社会主义核心价值观示范团支部称号。

## 一、项目研究背景

高校党建是党建工作的一部分，如何做好党建带团建工作，发挥党员的先锋模范作用，建设学习型、服务型、创新型党组织是我们的目标。

在开展党建带团建项目品牌化工程之前，广东海洋大学基层党建带团建工作取得了一定的成绩，但是也存在一些问题：①团组织在党建工作中作用发挥不明显，团支部主动性不够强；②党员的"自我教育、自我管理、自我服务"的意识和能力不够，内动力不足；③党建带团建工作制度和长效机制还不完善，党建带团建活动多，却容易流于形式；④党支部、团支部的设置在系、班上的模式过于传统，由于现在的大学采用学分制、后勤服务社会化的潮流影响巨大，迫切需要创新基层党团组织设置模式；⑤党建带团建活动零散，缺乏系统性，缺乏品牌项目。

## 二、项目研究意义

从理论意义上，党团志愿服务队的党建带团建工作研究一是有利于深化高校党建工作理论研究，丰富和发展了高校党建和团建的理论内容；二是为高校党建带团建研究提供理论参考；三是为其他范畴的党建带团建的理论研究提供参照。

从实践意义上，党团志愿服务队为高校党建带团建的具体工作提供了操作性强的实践范本，为巩固党团组织的群众基础、促进高校和谐发展稳定、培养中国特色社会主义事业的合格建设者和可靠接班人提供了支持和保证。

## 三、项目实施过程

### （一）指导思想

以习近平新时代中国特色社会主义思想为指导，以提高党建带团建的能力和加强党员先进性为出发点，以推进党建、全面提高学生党员综合素质为工作目标，努力创新工作方式方法，扎实推进党团志愿服务队建设。

### （二）成立领导工作小组

为确保按期按质完成党建带团建品牌项目，工程学院党团志愿服务队成立了工作领导小组，负责项目的建设组织实施、统筹协调和督促检查等工作。组长为工程学院党委书记，副组长为工程学院副书记，具体指导老师为工程学院团委书记，成员为学生党支部书记。

### （三）广泛宣传、积极动员、营造氛围

积极动员各学生党支部，推荐党团志愿服务队的负责人，每个学生党支部推荐一名优秀的学生党员，团委学生会推荐一名优秀团干部，成为党团志愿服务队的管理人员。广泛宣传本项目，发动大一新生积极加入到志愿服务队中来。

### （四）制定队旗和志愿者工作服、服务证，做好志愿者归档工作

为志愿者统一制定了以蔚蓝色为主色调的志愿服务队专用马甲和帽子，定制了工程学院党团志愿服务队队旗，为每位志愿者发放了志愿者服务证，同

时，做好每一位志愿者的服务时长登记表。

### （五）制定志愿服务队的日常管理制度、激励措施等规章制度

制定了《工程学院党团志愿服务队日常管理制度》《工程学院党团志愿服务队管理人员工作职责》《工程学院党团志愿服务队志愿者档案登记管理措施》《工程学院党团志愿服务队优秀志愿者评选细则》。

### （六）设立党团志愿服务队办公室

为了进一步起到党建带团建的作用，把党团志愿服务队的办公场所挂靠在团委学生会办公室。

### （七）建立党团志愿服务队的交流平台

党团志愿服务队目前共有学生党员、发展对象、入党积极分子以及优秀团员共400多人，为了使党团志愿服务队的成员之间增进交流与沟通，专门建立了QQ群、微信群与工程学院党团志愿服务队的微信公众号。

### （八）逐步形成党建带团建长效机制

党团志愿服务队推行目标管理责任制，在上级党委的领导下，密切配合，齐抓共管，党团工作做到一同研究、一同规划、一同布置、一同检查、一同总结、一同考核。党团志愿服务队在制度上健全长效机制，做好党带团的保障。第一，例会制度，党员志愿者定期与团干部举行例会；第二，明确带建负责人，党团志愿服务队的8个管理人员就是负责人；第三，党建带团建检查制度，把党建带团建开展的情况作为党建工作考核的一项参照指标，主要包括党建带团建的工作目标、主要任务等的完成情况，特别是党建带团建的执行力度和实际效果等；第四，经费支持制度，工程学院党委和团委划拨经费，支持党团志愿服务队的各项志愿服务活动。

## 四、项目的绩效

党团志愿服务队项目建设推动了党建带团建、团建促党建的良性互动循环发展，增强了党员干部的先锋模范作用，搭建了党建带团建平台，弘扬党的优良作风，促进了工程学院的学风建设。

## (一) 带组织,搭建党建带团建平台

### 1. 设立党员接新服务站与团委学生会接新服务站

每年9月迎新期间,党团志愿服务队设立党员接新服务站与团委学生会接新服务站,两者配合做好迎新工作,团委学生会干部负责新生的报到材料审核、登记、学生宿舍安排等工作,党员主要负责协助教师做好"绿色通道"、学生申请材料的审核、发放一对一服务联系卡等工作。2013年有45位志愿者参加迎新服务站的工作,2014年有56名志愿者参加,2015年有58位党员和入党积极分子参加。

### 2. 军训期间设立学生干部、党员服务岗

党团志愿服务队在新生军训期间设立服务岗,由学生党员和团学骨干为新生提供后勤服务;为新生做新老生交流,积极引导新生尽快适应大学生活;拉近团员学生和党员学生之间的距离,发挥党员的先锋模范带头作用。

### 3. 选派优秀党员担任团日活动指导老师

为加强党员对团支部的指导,发挥党员的先锋模范作用,党团志愿服务队选派优秀党员一对一地指导新生班级的团日活动。2015年共选派30名志愿者到30个新生班级,参与到团支部活动的具体策划实施与后续总结的整个过程。该举措不仅提升了党员的素质能力,也使得工程学院的团日活动质量得到了提升,2014年与2015年,工程学院的团日活动获得了多项单项一等奖。

## (二) 带学风,学风建设成果显著

### 1. 一对一帮扶家庭经济困难学生与学业困难学生,营造良好学风

党团志愿服务队的一对一帮扶志愿服务组主要开展家庭经济困难新生和各年级学业后进学生的一对一帮扶活动。

为进一步推进和完善工程学院资助家庭经济困难新生工作的长效机制,工程学院党委自2013年开始实施学生党员与家庭经济困难新生的一对一帮扶活动。学生党员与家庭经济困难新生在生活上互相照顾、学习上互相提高、品德上互相砥砺、人生上互相促进,以达到共同促进成长进步、勇于社会承担的目的。帮扶活动取得了显著的效果。2013年,工程学院学生党员与家庭经济困难新生结对子58对,2014年65对,2016年85对。通过在思想、生活和心理上的帮扶,大部分家庭经济困难新生在学习和思想上有了好转。2015年,工程学院进行了一对一帮扶活动的调查与总结。调查结果显示,参加活动的家庭经济困难新生中,有90%获得了思想上的提升,超过40%获得了广东海洋大学的学年奖学金(奖励比例为全校学生的30%);大部分党员在收获了友谊的

同时，也促进了自身的学习进步。

在成功实施一对一帮扶家庭经济困难新生的基础上，为进一步帮扶学业后进学生树立信心，努力改变他们成绩落后的局面。从 2015 年开始，工程学院党委将帮扶对象扩大到学业后进的学生，主要对象为受到学业警告处理的学生，主要工作是指导他们的学业、监督他们的晚作息制度和开展思想开导作用。2015 年，共对 37 名受到学业警告的学生安排了一对一的帮扶工作。

**2. 开展晚检志愿服务活动，促进学风建设**

每周日至周四晚 11：30 的晚检志愿服务活动，主要由学生党员和学生会纪检部干部进行宿舍晚检，检查宿舍熄灯与玩电脑的情况，保证同学们有充足的睡眠休息，同时严肃了宿舍纪律，在工程学院形成了良好的生活风气。

**3. 开展优秀党员学生交流会**

为加强学生党员在学习上的示范带动作用，工程学院于 2015 年启动了学生党员博学论坛活动，先后举行了学生党员博学论坛暨"学长有约"经验学习报告会 11 场、学生党员博学论坛暨"让优秀成为习惯"优秀学生交流报告会 1 场，参与学生达 1200 多人。

**4. 学生党员签订创建优良学风承诺书**

为切实加强学生党员在创建优良学风建设过程中的带头作用，工程学院每年召开全体学生党员大会。全体学生党员签署以"党员树新风、学风我先行"为主题的创建优良学风个人承诺书，承诺书涉及党员必须做到的八个带头及十项要求。

（三）带作风，弘扬党的优良作风

党团志愿服务队坚持理论联系实际、实事求是、一切从实际出发的优良作风，结合学生的实际需求开展活动，包括每年 6 月的清理毕业生宿舍活动、9 月的党员与家庭经济困难新生一对一帮扶活动、12 月的校运会志愿服务活动。特别突出的是，2015 年广东省省运会中，工程学院共有 148 名学生担任了省运会的志愿者工作，其中，学生党员起到了积极的带头作用，工程学院获得了广东省运会志愿者工作突出单位荣誉称号。在 2015 年台风"彩虹"登陆后的救灾活动中，工程学院广大学生党员冲锋在前，以实际行动发挥党组织的战斗堡垒和党员的先锋模范作用，体现了共产党员的先进性，给广大学生树立了榜样，弘扬了党的优良作风。

(四)带校园文化活动和社会实践,促进第二课堂发展

**1. 开展党员品牌社会实践活动**

2015年有两支党员社会实践队伍:一支是机制专业学生党支部的黄南华同学到雷州进行留守儿童阅读习惯调查,工程学院首次与雷州市共青团合作,准备在雷州设置社会实践基地,每年进行寒暑假社会实践;另一支党员队伍在湛江市区进行湛江籍大学生对社会实践的看法和态度的调查。两支党员队伍都非常努力,社会实践工作完成得比较好,获得了广东省寒暑假"三下乡"社会实践先进个人荣誉一项。

**2. 党员科技创新团队**

工程学院通过设立学科竞赛小组,引导了大批学生党员、发展对象加入学科竞赛小组。在2015年的各项学科竞赛中,党员的获奖数量和质量相比以前有所上升。2013—2015年,工程学院的学生党员获得国家级学科竞赛奖项12项、省级奖项36项。

## 五、项目启示

(一)党团志愿服务理念需明确化

工程学院党团志愿服务队的理念是服务师生、服务社会、无私奉献。志愿服务是培育和弘扬社会主义核心价值观、树立价值观自信的有效载体和大规模道德实践平台,普及志愿服务精神、倡导志愿服务理念、开展志愿服务活动,都是培育、弘扬和践行社会主义核心价值观的具体体现。其中,倡导志愿服务理念尤为重要,这是加强思想意识的重要工作。

(二)党团志愿服务活动需常态化

在广东海洋大学开展以党团志愿服务为主的系列服务活动,逐渐形成了以党员志愿者为先锋、广大团员志愿者为中坚力量的志愿服务体系。

(三)党团志愿服务方式需多样化

党团志愿服务队在校园服务的基础上开展形式多样、贴近实际的主题志愿服务活动,发挥大学生的创新服务精神。在开展具体的志愿服务活动中,应该积极发挥党员的先锋模范作用,广泛带动大学生参与多种形式的志愿服务活动,例如,组织开展线上的网络志愿者服务活动,线下的校园志愿者服务活

动,校外的社会实践活动、公益活动,志愿服务组织之间的交流互动活动,等等。

(四) 党团志愿服务管理需制度化

广东海洋大学和工程学院需要建立健全志愿服务制度,做好志愿者的招募和注册工作,加强对志愿者的培训和管理,健全志愿服务考核激励机制,加大对志愿服务的保障和支持,推动志愿服务活动广泛开展,使之成为全校学生志愿服务的品牌。

(五) 党团志愿服务工作需网络化

网络信息传播的广泛性有利于扩大志愿者队伍,信息的交互性有利于志愿者个体之间、志愿者群体之间以及志愿者个体与群体之间的沟通和交流。因此,亟须运用微信公众平台和易班平台,使得广东海洋大学的志愿服务做到资源共享、经验交流互动、宣传及时快速实现。

主要负责人:何凤梅、黄浩威、欧卫军
单位:广东海洋大学

# 基层党校工作室微服务

## 一、项目理念

为贯彻落实习近平新时代中国特色社会主义思想，加强和改进高校学生思想政治教育工作，推进院系学生事务管理的科学化、专业化的进程，佛山职业技术学院电子信息系以协同创新为引领，提出"基层党校工作室微服务"的创新型管理方法，通过让在校学生参与校内、校外的各项服务活动，在提高学生服务意识和实践能力的同时，也将此方法贯穿于系部人才培养、科学研究和服务社会等过程中，并且通过志愿微服务，加强大学生课外创新和管理能力，制定管理机制，打造大学生微服务平台，同时让学生获得校内以及社会的认可，体现自我价值，提高大学生的综合素质，为组织、为社会提供更有活力的梯队人才。

## 二、项目运作

### （一）项目主体

佛山职业技术学院电子信息系在校大学生。

### （二）项目对象

以佛山职业技术学院电子信息系为案例，来自艺术设计专业、工业设计专业、物联网技术应用、计算机技术应用、光伏技术应用、电子信息技术等专业的在校大学生。

### （三）项目概况

2008年电子信息系建系以来，党建工作中的党员培养一直是系部主抓的工作重点，特别是2011年合并校区搬迁新校区后，原来两个校区的资源进行整合后，整个学校及系部架构逐渐完整，党建工作更系统化。2012年成立了电子信息系学生工作党支部,党员的培养更细化。为配合系部党校的需要,党校工作室也应需而生,党校工作室微服务工作就是工作的重中之重。该项目自2012年实施以来,取得了一定的成绩和效果。

(四)项目内容

众所周知,高校学生党员培养和先锋模范作用的发挥是高校基层党建工作的重点,如何发挥学生党员的作用对于学生工作者来说具有一定的挑战。一般而言,发挥党员的校内先锋模范作用比较容易,但是面比较狭窄,思想与专业上的教育比较单一。如何把学生党员的作用发展到校外,也让学生党员接受更多方位的思想与专业教育,是高校基层党支部的一个重要管理方向。

自2011年9月开始,佛山职业技术学院电子信息系学生工作党支部根据该系学生专业特点和各项实践能力训练的需要,由支部书记牵头,重视党员学生积极参与校内、社区、工业园区的各种社会服务,通过党员学生参与服务,从被动学习转变为主动学习,从而对党员学生开展了有效的培养管理,并已取得了丰硕成果。项目主要分以下五个层面进行管理和培养。

1. 加强服务主体引导,营造服务氛围

为了有效开展学生党校工作室微服务,营造服务氛围,该项目首先分析各年级学生的心态和思维特征,进行分段分析和针对性教育管理。针对大一新生,在入学教育中就会体现加入党组织服务工作的重要性,并在党校培训课程当中作为重点内容讲述,同时,邀请总支部书记、思想政治专业教师举办专业专题讲座,旨在向新生讲授党的理论知识,并通过共同学习时事热点,结合毕业生党员就业情况、学生党员在校的先锋模范作用、学生党员服务带来的积极意义,以及这些服务实践活动在今后就业中的帮助,等等,使新生尽早树立正确的服务意识。

此外,为使新生对加入党组织和党员服务有更直观的认识,在入学教育阶段,还专门组织新生加入党组织的主题班会,重点介绍如何写入党申请书、党员的发展过程等。

二、三年级是进行党员服务的主力军,通过政、校、企联动平台,邀请校内外的党建工作负责人进行讲座培训,使学生进一步了解学校、社区、工业园区的党建服务工作开展情况,加深对党员微服务的理解。同时,重点引导新生积极参加电子信息系党校工作室、电子信息系团总支学生会、"志愿者协会"等加强组织管理,加强专业与实践结合,并依托学院组织人事处和系党总支、党支部各级平台,以项目团队参与各项党员微服务活动,同时积极参与省、市、区、院各级的各种社会服务活动。

### 2. 加强服务团队组建，培养服务创新思维

根据服务对象的个体差异性，有针对性地组建微服务创新团队，确定团队服务方向，协助联系相关服务基地，提供固定服务地点。引导党员有较强的自我服务时间，积极参与校内校外的各项党员服务项目，形成了多样化的学生党员微服务团队，培养服务创新思维。

（1）社区服务。以"丰富党校课程，提高服务意识"为宗旨，根据社区服务项目，如乐平敬老院、源潭小学、山溪小学等服务点，党员工作室组织学生党员、发展对象和积极分子，定期或不定期地到敬老院、小学送温暖、送爱心，陪老人家聊天，修理小家电，给老人、小孩表演文艺节目，也请老人家讲述过去的故事，让学生更能直观地感受新中国的发展历程。学生既能走出校园，开拓视野，又能将在校园所学的理论知识与第二课堂相结合，提高思想认识，健全人格。

（2）校内服务。服务学校、服务同学、服务群众是校内"三服务"的宗旨。结合校园文化建设，党员工作室带领党员学生和学生志愿者开展系列定期或不定期的服务活动，如三月雷锋伴我行、四月饭堂"光盘"引导活动、五月"五四"新青年、六月师兄师姐等等我、七月校园清理、九月校园迎新、十月一起跟党走、十一月义务维修、十二月师长有话说、一月诚信赴考等。这些活动打破了年级、学科和专业的界限，充分发挥了党员的先锋模范作用，广泛开展了大量的微服务创新活动，有效提高了大学生的服务意识、服务能力和服务精神。

（3）企业服务。学生在专业教师带领下到三水工业园区的合作企业进行志愿服务，进行多方位的政治宣传，与工业园区党支部共同学习思想政治知识和各项讲话精神，针对学习的内容进行交流和探讨，并为企业员工提供家电维修服务，开展心理咨询活动，给企业带去活力。

### 3. 发挥学生党员模范作用，培养组织管理队伍

充分发挥学生党员在基层党校工作室微服务活动中的模范带头作用，不但有利于服务活动的顺利开展，而且能提高学生的自我管理能力。

学生党员的模范带头作用主要体现为两方面。一是组织协调。发挥学生党员的主观能动性和组织协调能力，做好相关活动的通知、宣传和联络等工作，扩大党员工作室微服务在校园中的知名度和影响力，调动广大同学参与微服务的积极性，提高参加活动的人数和比例，营造浓厚的风气和氛围。二是"传—帮—带"。学生党员通过分享和传授参与微服务活动的心得和经验、与低年级学生共同探讨并解决有关专业和实践活动上的各种难题，指导和带领低年级学生参与组织各类微服务活动，等等。通过挑选各方面表现出众的学生党员作

为基层党校工作室的负责人,以此塑造典型的学生党员形象,为广大学生树立学习楷模,并感染、激励、号召和带动广大学生共同进步。

**4. 制定微服务管理机制,培养创新服务精神**

为了调动广大师生党员参与微服务的积极性及主动性,培养更多的优秀学生,引导更多的在校大学生投身到服务队伍中,2011年以来,由支部书记牵头,以学生科为主,多次召开教师座谈会、学生座谈会、学生管理团队会议,集思广益,以人为本地制定了志愿服务实施细则,在实施细则中明确规定每项志愿服务的指导思想、运行模式等。在每次志愿服务前制订活动策划书交至党支部,支部给予大力支持,做到有组织、有制度、有保障。在此基础上,培育有潜力的学生干部,整合资源,做好学生党员和学生干部的梯队建设。另外,选送表现突出的团队参加各级别的志愿服务团队评比。基层党校工作室微服务经过近几年的探索管理,电子信息系学生参与党员微服务人数逐渐增加,主动性和积极性明显提高,学生的学习热情也得到了大幅提升,学风明显好转,教师的教风日益优良,学生的学习兴趣愈加浓厚,出勤率保持在较高水准,体现了党员工作室微服务带到的良好效应。

**5. 搭建服务平台,培养学生综合能力**

电子信息系党支部紧紧围绕培养基层党校工作室微服务这一宗旨,努力提高学生综合素质,持续多年组织、参与各项校内外实践活动,构建了"社区—工业园区—学校"十分钟微服务圈,为党校学员提供了一个充实自己、沟通合作、能力培养的舞台,着重培养学生的服务意识、团队协作精神,促进专业学习,充分发挥电子信息系党校的教育和管理作用,丰富了学生党员培养内容。

电子信息系党校工作室微服务志愿服务团队主要包括:电子信息系党校工作室、电子信息系团总支学生会、电子信息系学生党员服务队、电子信息系发展对象服务队、电子信息系积极分子服务队、电子信息系"三下乡"志愿服务队、电子信息系社会实践服务队等。服务团队通过服务调研,使学生将平时所学的思想理论知识在学习、生活、工作中体现,在服务过程中运用自己的专业知识,在服务中反思自己的专业学习、人生规划等,培养学生的自学能力、观察能力、动手能力、研究和分析问题能力、团队协助能力以及交际能力,达到培养学生综合素质和能力的目的。

(五) 项目程序

项目程序分五步:第一步,营造氛围、提高学生的参与积极性、引领思想、组织专业讲座、宣传引导;第二步,培养微服务思维,组建微服务指导团队;第三步,完善志愿服务体系,发挥党性,组织管理;第四步,加强实践与理论相结合的指导，制定文件，"三风"建设；第五步，培养服务精神，完成专业服务平台、"党员工作室微服务、微心愿"长效机制。

（六）项目支持及佐证材料

项目获得电子信息系党校工作室和电子信息系团总支学生会的支持，签订了《政校企合作协议书》《志愿服务基地协议书》《党员志愿服务体系》《志愿服务企业工作站协议书》《老师、学生获奖证书》。

（七）技术方法

1. 组织管理流程

电子信息系党总支书记（顾问）—电子信息系学生工作党支部书记（指导）—教师（指导工作）—党校工作室、团总支学生会（宣传、组织）—学生党员（组织安排）—各志愿服务队（实践服务）。

2. 十分钟服务定期志愿服务（以乐平敬老院活动为例）

沟通—决定日期与内容—实地勘查—组队（分工分组）—物资准备—服务。

## 三、项目效果

（一）电子信息系参与志愿服务的氛围越来越浓厚

该项目自2008年大力推行以来，学生党员志愿服务逐渐走上正轨，在校大学生参与服务人数逐年增加，管理也日趋完善，已形成了良好的服务氛围，系部学风也明显好转，2013—2015年的党员发展人数分别为23人、20人、23人。

（二）取得了一定的成绩和效果

2012—2015年，本支部参加种各类志愿服务260多人次，服务时长约1500多小时。获广东省优秀服务个人1人次，获广东省优秀团队1次，获佛山市"五四"红旗团总支1次，获佛山三水区"五四"红旗团总支1次，获佛山职业技术学院"五四"红旗团总支1次，获佛山市优秀服务个人1人次，获三水区优秀服务3人次，获校级社会实践服务团队或集体4次，获校级社会实践先进服务个人40余人次，获校级优秀调研报告2次。因工作突出、特点鲜明，电子信息系学生工作党支部于2015年10月被学院上报为"共产党员创优岗"。

## （三）携手附近社区、工业园联手打造政校企党员微服务平台

党员工作室微服务活动培养了在校大学生的志愿意识和服务能力，多方位培养人才；加强了政校企之间的联系，打造了学校良好品牌，加大了学校的影响力，与工业园区内的众多企业形成了良好的合作关系，输送了大量的优秀毕业生。

## 四、项目特色

（一）将工作贯穿到周边社区、三水工业园区

项目将党建思想政治教育与党校工作室微服务实践相结合起来，既能将乏味的说教寓于具体的实践活动当中，也能充分体现党员的创先争优和服务精神，并在基层群众当中宣扬党的各项政策、做好知识的传递工作，以微服务达到组织与群众之间的纽带作用。

（二）通过党校工作室微服务，丰富党校学员培训内容

项目通过引导学生参加周边社区、三水工业园区的微服务活动，既拓宽了学生的视野，又丰富了党课培训的内容，还能将自己的专业知识应用到实践上。

（三）实现了政、校、企联动的三赢效果

项目以乐平镇政府、周边村支部、三水工业园区的合作企业相配合，通过政校企联合模式，加强大学生开展志愿微服务指引，培养大学生的志愿服务意识，也为政校企联动提供良好的实践平台。

（四）打造一体式微服务平台

政、校、企的微服务志愿团队联系人建立 QQ 群、微信群，建立微服务平台，收集各服务对象的"微心愿"，通过微服务平台进行沟通交流，常态化启动实施了"党员微服务"。

主要负责人：付国臣、王志锋、梁耀明等
单位：佛山职业技术学院

**参考文献**

［1］陈金星.试论党员志愿者服务在新时期高校学生党建工作中的功能和意义［J］.中共太原市委党校学报，2012（4）.

［2］刘宇.开展微教育积聚大能量形成正效应——"党员微教育"的理论思考与实践预期［J］.天水行政学院学报，2015（5）.

［3］金艳红，郭芹."微时代"背景下党员干部教育工作的思考［J］.科教导刊，2015（2）.

［4］郭凯峰，刘尚洪.微视域下高校服务型学生党支部建设路径探析［J］.新西部，2016（2）.

# 仲恺时光网络文化工作室

党的十八大以来，习近平总书记多次就网络安全和信息化建设发表重要讲话、作出重要批示，深刻阐述了网络安全和信息化工作的重大意义、战略目标和重要举措。2016年4月19日，习近平总书记在网信工作座谈会上更是确立新网络舆论观。近年来，我国高校大都利用网站、QQ、论坛、微博、博客、微信等新媒体搭建了网络思想政治教育平台，加强校园网络建设与管理，推动网络育人工作。鉴于此，仲恺农业工程学院学生工作部（处）结合国情、网情和校情，组建了仲恺时光网络文化工作室，积极占领高校思想政治教育新阵地。

仲恺时光网络文化工作室的运营方式是鼓励学生在老师的指导下参与校园网络文化作品的创作，激发、调动学生参与校园网络文化建设的积极性和主动性，推进校园网络文化健康有序发展。

仲恺时光网络文化工作室自2013年3月正式组建以来，以"服务仲恺农业工程学院学生，引领学生成长成才"为宗旨，经过不断的开拓创新，其成果"仲恺农业工程学院学生处"官方微信公众平台、"仲恺农业工程学院辅导员"官方新浪微博已经渐渐被同学们认可与熟知，仲恺易班网络社区的建设也在不断推进中。在指导老师带领下，工作室的同学们共同学习、一起成长，已经成为校园网络文件建设不可或缺的新兴力量。

## 一、项目理念

工作室取名为仲恺时光，希望在大学校园里共同度过的时光伴你我成长。

## 二、项目运作

（一）育人为本，注重队伍建设

1. 组建管理干部团队，增强专业指导

统筹一批专业化、年轻化、高层次的管理干部人员，组成一支懂技术、会管理、善经营的队伍来担任技术指导、艺术指导、内容指导等。

　　**2. 建设网络思想政治理论课教师队伍，拓展思想政治教育主渠道**

　　思想政治理论课是大学德育的主渠道。学校应提高思想政治理论课教师的网络思想政治教育水平，促进网络思想政治教育工作与思想政治理论课教育的有机结合。同时，思想政治理论课教师应积极主动发挥自身的理论优势，增强在网上的辐射力量，正面引导和规范学生的思想行为。

　　**3. 鼓励学生骨干队伍主动参与，实现自我教育与管理**

　　仲恺时光网络文化工作室面向全校招募对网络技术和校园网络文化有兴趣的学生，鼓励学生骨干积极参与校园网络文化的网页设计、栏目创设、内容更新等工作，发掘学生中孕育着的无穷热情和创造力，使学生主动参与思想政治教育网络平台的建设和管理，充分调动了学生的主观能动性和创造积极性，实现学生在网络上的自我教育与自我管理。

　　仲恺时光网络文化工作室的管理主体是学生工作部（处），由学生工作部（处）专人负责指导，成立校级学生组织开展工作。

　　仲恺时光网络文化工作室学生团队架构如图1所示。

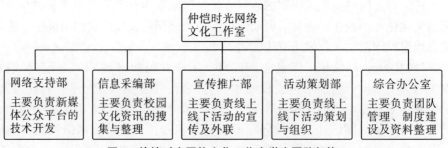

**图1　仲恺时光网络文化工作室学生团队架构**

## （二）思想引领，加强内容建设

### 1. 社会主义核心价值观教育

　　仲恺时光网络文化工作室积极贯彻习近平总书记系列重要讲话精神，加强大学生社会主义核心价值观教育，在爱国主义教育类、新媒体创意类等各项子活动的前期准备中，充分利用微博、微信、飞信、QQ等宣传平台对活动进行宣传，在主题教育活动的后期总结中，利用网络新媒体宣传"中国梦"主题教育活动成果。

### 2. 网络文化素养教育

　　工作室积极认真地通过网络推文引导大学生规范个人网络行为，组织学习《全国青少年网络文明公约》《文明上网自律公约》等网络管理法规，指出当前大学生普遍存在的网络不良与违法行为的具体表现，引导学生学习辨别媒介信息的真伪，理性参与网络信息的生产和传播。

3. 学风建设成果展示教育

工作室积极探索将学风建设成果专题化、网络化的创新方式，开辟"仲园星光""学霸来袭""小编有访"等栏目，对近年来学风建设创新活动和特色活动、学风建设中有代表性的先进事迹和人物、先进班集体成效、学生对学风建设的看法以及相关活动照片等，以通讯稿、简报（简讯）、专题纪录、视频报道等形式进行网络展示。

4. 心理健康教育

工作室注重从学生成才与学习、交往与情感、人格与意志品格、恋爱与性、自我觉知与心灵成长等角度寻找素材与宣传方向，对学生进行正确的网络引导，指导学生进行有效的自我身心调适，从而完善人格。

5. 创新创业教育

在多媒体平台上，通过介绍就业、创业方面的先进典型，树立学习榜样，加强就业引导，提供各方面的就业信息，为学生的未来就业创业提供指导，开展的"创业先锋"创业人物访谈活动深受好评。

6. 国防安全意识教育

学习"广东国防"微信公众号内容，以展现国家强大的国防建设为主，着力培养学生的国防意识和国家安全意识，进行捍卫祖国独立、维护国家主权和领土完整的教育，增强学生的爱国主义精神和国家安全意识。例如，2015级新生军训期间，"仲恺农业工程学院学生处"微信公众号分批报道了学生军训中如徒步行军、定向越野等重大新闻，选取20个"军训队列标兵连"开展微信投票活动，网络投票产生了3个"军训最团结连队"，成效显著，影响深远，使全校师生都参与到国防安全意识教育中来。

7. 廖仲恺精神教育

建立网上廖仲恺何香凝纪念馆、校史馆，宣传学校独特的大学精神、办学理念、历史渊源和环境制度，挖掘和选树现实典型，以廖仲恺何香凝故事及其内涵为落脚点，培养学生爱校荣校情怀。例如，通过"仲恺农业工程学院学生处"等微信公众平台宣传"廖仲恺班""承志党支部"、仲恺"百名优秀学子"，既加强校情校史教育，又形成"学先进，树榜样"的舆论氛围；开设校庆栏目，让学生更好地回顾学校历史，体现办学成就，展望美好的未来，扩大学校知名度。

8. 学习及生活服务

工作室通过进一步开发新媒体平台的功能，积极为学生提供学习及服务类查询，如课表查询、大学英语四六级成绩查询、校医服务时间查询等功能；开通"壹学者"学术资源查询、"来把伞"雨伞互借系统等功能；开设话题互动栏目，对校园的关注焦点问题展开互动讨论，积极引导学生为学校的建设与发展建言献策，营造正能量的舆论氛围。

#### 9. 新闻与通知

利用新媒体传播的便捷性与及时性，及时发布学校新闻和动态，分享身边的新鲜事物或者关注焦点，并抒发自我情感以及对学校、社会事件的看法。

### （三）运营规范，完善制度建设

明确仲恺时光网络文化工作室工作职责，对工作进行逐一梳理和分析，制订科学详细的建设推广方案；建立配套奖励机制，对在工作室建设、网络文化建设中作出重要贡献的师生予以表彰奖励；依托参评网络媒体展示、网络文化建设相关竞赛活动等形成校内"以评促建"的网络文化建设与评价机制；及时做好工作室建设成果的总结应用、转化推广，把相关成果融入学校的学生思想政治教育、网络素养教育、创业就业教育等人才培养环节，应用到网络思想文化阵地建设等网络建设管理工作中。

## 三、项目成效

仲恺时光网络文化工作室的相关成果受到了学生的积极关注。工作站自组建以来，主要负责"仲恺农业工程学院学生处"官方微信公众号、"仲恺农业工程学院辅导员"官方新浪微博、易班网络社区共建。

### （一）"仲恺农业工程学院学生处"官方微信公众平台

"仲恺农业工程学院学生处"官方微信公众号于2014年4月申请并完成认证，以"服务仲恺农业工程学院学生，引领学生成长成才"为宗旨。"仲恺农业工程学院学生处"微信公众号发表的推文内容切实贴近用户，深入师生的校园日常生活、学习、娱乐等各方面，为师生提供有价值的信息，涵盖思想政治教育、学生事务管理、就业指导、心理健康教育、奖助贷勤、"文明宿舍"创建等方面，旨在引导学生、服务学生。截至撰稿前，此平台已经拥有关注人数11527人，发出推文600余篇，原创作品100余篇，互动信息万余条，基本做到了每天有推文，每周有精品，每篇有点赞，问题有回复，学生爱分享。

## （二）"仲恺农业工程学院辅导员"官方新浪微博

"仲恺农业工程学院辅导员"官方新浪微博于 2013 年 3 月申请并完成认证，由学校辅导员与工作站学生骨干共同运营，主要定位为师生间的沟通平台，利用微博的及时性和互动性为学生提供思想引导和服务，解决学生的疑难问题，力争做到"校园倾听者、资讯发布者、成长关注者"。截至撰稿前，拥有粉丝量 4799 人，共发出博文 901 篇。学生有问题都喜欢上微博向辅导员询问与求助。

## （三）易班网络社区共建

仲恺农业工程学院于 2016 年 2 月正式成为广东省首批试点单位之一，学校高度重视易班建设工作，初步拟定《仲恺农业工程学院易班建设方案（草案）》，成立易班建设领导小组，设立学校易班发展中心，指定专人负责依托网络文化工作室建立易班学生工作站，利用易班整合学校各种资源，融合各类社会资源，加强教育教学改革，完善实践育人机制，开展丰富多彩的文化娱乐活动，拓展网络时代校园文化建设的新途径。

在仲恺时光网络文化工作室的基础上选拔优秀学生骨干组成易班学生工作站，在学校易班发展中心的领导和指导老师的指导下，负责易班工作室的建设、维护、策划、推广、管理等日常工作，充分发挥学生建设主体作用。

易班学生工作站分为学校易班工作站和二级学院易班分站。其中，学校易班工作站下设网络支持部、信息采编部、活动策划部、宣传推广部和综合办公室等 5 个部，每个部设正副部长各 1 名、干事 8 名左右。每个部门聘请至少 1 名老师担任指导老师。二级学院易班分站的机构设置确保与学校易班工作站在工作职能上有效对接，同时鼓励本学院学生利用易班分站开展校园文化和创新实践活动。

易班学生工作站建设工作开展以来，已有不少老师和学生加入了易班网络社区，学校也在积极利用易班开展线上线下的活动，开发易班轻应用，灵活运用易班的发帖、网盘和相册等功能进行信息发布，开发易班网络课程资源进行教学辅助活动。

# 四、项目特色

仲恺时光网络文化工作室是仲恺农业工程学院学生工作部（处）于 2013 年 3 月正式实施，涵盖大学生网络思想政治教育的学生事务管理工作项目。项目以学生团队为抓手，以"服务仲恺农业工程学院学生，引领学生成长成才"为宗旨，紧扣学校网络思想政治教育"三入五化"的特点来开展工作，即网络思想政治教育内容"入眼、入耳、入心"，网络思想政治教育方式"机制化、生活化、全员化、特色化、常规化"。工作室通过其成果"仲恺农业工程学院学生处"官方微信平台、"仲恺农业工程学院辅导员"官方微博、易班网络社区等多媒体平台，对外展现仲恺农业工程学院的形象，对内服务师生。项目运行过程中努力加强工作队伍建设与网络管理规章制度建设，创新网络思想政治教育的体制机制，搭建科学的网络工作平台与网络思想政治教育平台，开发并整合网络思想政治教育资源，加强校园网络舆情监测与引导，扣紧时代脉搏和国情校情，以学生善于、便于、喜于接受的教育方式，以学生易于、乐于接受的教育内容，实现学生的自我教育、自我管理与自我服务，提升网络思想政治教育的有效性和科学性。

## 五、项目计划

仲恺时光网络文化工作室通过不断发掘学生的热情和创造力，充分调动了学生的主观能动性和创造积极性，实现学生在网络上的自我教育与自我管理。工作室在队伍建设、内容建设、机制建设等方面所做的一些尝试与努力都取得了一定的效果。但工作室的发展时间尚短，也存在不足。展望未来，仲恺时光网络文化工作室的发展在于：①进一步加大工作室学生骨干的培训制度，新媒体是一个新兴的事物，太多的理论知识需要学习和补充；②进一步丰富工作室的内容建设，能用互联网的思维去传递社会主义核心价值观，使思想政治教育"润物细无声"；③充分发掘学生的创造力，网络是一个互动社区，需要调动学生的积极性，实现全员参与，最终达到全员教育，让每一个学生都能够具有网络文化建设的主人翁意识。

主要负责人：李玲、李增添、郭肖明

单位：仲恺农业工程学院

**参考文献**

[1] 叶定剑，张逸阳. 大学生网络文化工作室培育建设策略探析 [J]. 思想教育研究，2016（2）.

[2] 彭易菲. 发挥网络育人功能 全新打造校园网络文化工作室 [J]. 当代教育实践与教学研究，2016（1）.

# "十大教育之星"评选

学生事务管理方面的研究在我国已有20多年的历史，虽然这一思想借鉴于欧美高校，但相关研究较为丰富，此概念当下已被广大高校教育工作者所熟识。艺术类高校的独特性源于艺术类学生的思维习惯、行为特点较普通高校学生确有不同。在艺术类高校，如何设计一个项目，将学术特色与学生活动较好地结合起来，进一步激发艺术类学生的竞争、上进意识，正是艺术类院校研究、实践的目标。2009年，广州美术学院美术教育学院学生工作部以榜样激励为切入点，采用一系列新媒体宣传手段，精心打造了"十大教育之星"评选活动。该活动主题鲜明，凸显艺术类院校的特色，学生参与热情高涨，凝聚了青年人的力量，提升了学风院风，在学生中产生了良好的反响。

"十大教育之星"评选活动是广州美术学院近几年来的重要学生活动之一。该项目通过树立学生身边典型，具体包括学习典范、学生骨干、实践能手、自强之星、文体标兵，通过对先进学生事迹的展示和评选，激励广大学生向榜样看齐，传递正能量。评选结束后，获奖学生将有幸在学校新松园展厅展示自己的艺术作品，与参观者分享艺术创作的心得，进一步激发广大学生的学习热情。"十大教育之星"评选在激励先进学生、营造学风氛围、引领青年文化、关注学生成长等方面起到了积极的作用。

## 一、项目理念

"优良的示范是最好的说服"，榜样教育是大学生思想政治教育工作的重要抓手。艺术类院校学生思维活跃、个性明显、自我意识强，同时，文化基础普遍偏弱，依赖新媒体，价值观易受误导。"十大教育之星"评选以学生先进事迹为核心，充分采用新媒体进行宣传，贴近学生生活，宣传先进人物，通过生动形象的教育方式引领学生思想、促进学风建设、推动校园文化发展。

（一）项目理念

该项目的开展旨在搭建一个示范平台，激发广州美术学院学生刻苦学习、努力工作、积极进取、开拓创新的精神，营造树先进、学先进、赶先进的良好氛围，通过树立典型，使学生学有方向、赶有目标，在全院师生中展示学生的风采，促进良好学风班风的形成。

（二）项目可行性分析

第一，符合教育发展趋势。如今社会对人才需求的变化和高等教育的改革推进，教育对象的主题化、教育内容的社会化、教育手段的现代化已经成为大学生思想文化素质教育的发展趋势。

第二，发掘"德、智、体、美、劳"各方面的榜样之星，具有代表性。本着充分展现大学生精神风貌这一思想，我们积极创新，借此项目挖掘出身边的新星，并且把先进楷模良好的精神风貌和优秀的综合素质展现给大家，希望学生可以从中受益。

第三，动员各年级各班级参与，具有全面覆盖性。该项目在各年级各班级中选拔人才，能调动学生的积极性和参与的热情，让学生有较深刻的体会。

第四，设置个人材料综合考察、现场公开投票等环节，保证项目的透明性和真实性。项目开展中会把竞选"十大教育之星"候选人的优秀事迹广泛展现出来，这不仅是对他们成绩的肯定，更是鼓励。同时，设立线上线下投票环节，广泛发动学生对心目中的"教育之星"进行投票，保证投票结果的真实性和说服力。

第五，积极运用团总支学生会学生干部的力量，保证学生实施项目的自主性。由学生干部负责具体项目的筹划和实施，充分利用了学生干部自身的影响力，使得活动更具有广泛性和参与性。

## 二、项目运作

（一）项目目的

2009年，广州美术学院美术教育学院学工办开始组织开展"十大教育之星"评选活动，活动设计吸收了艺术类学院特色和优势，全力将该活动打造成校学生活动和校园文化建设的精品项目，提升思想教育的实效性。

（二）项目主体

广州美术学院美术教育学院学工办。

### （三）项目对象

美术教育学院大二至大四在读本科生。

### （四）项目内容

项目内容包括前期的广泛宣传、个人自荐及各团支部推荐、接收申报材料和综合评定，筛选出 15 位候选人，在活动现场通过巨幅海报展示候选人的基本资料，向全院师生发放选票并进行收集、统计，选拔出新一届的"教育之星"。先进典型将作为学习榜样进行宣传，并在新松园举行"十大教育之星"优秀作品展览，各团支部将组织同学参观学习。

**1. 基本评选条件**

（1）思想品德端正，遵纪守法，尊敬师长，诚实守信，崇尚科学，具有诚挚的爱国情怀和社会责任感。

（2）学习目的明确，勤奋刻苦，努力学习文化知识和专业技能，具有较好的文化素养和实践创新能力，学习成绩优秀，年度综合测评在本班排名前三名（确有突出事迹者，学习成绩可适当放宽）。

（3）热爱集体，乐于助人，人际关系和谐，在同学中享有较高的威信，积极主动从事学校和社会工作，工作成绩突出。

（4）身心健康，积极参加校园文化活动，作风正派，无不良习惯和嗜好。

**2. 具体评选条件**

在以上基本条件的基础上，至少要具备以下条件之一：

（1）学习典范。学习成绩优异，年度平均绩点要在本年级本专业的前 10% 之内，在院级以上的学术活动或其他学习竞赛中获三等奖以上奖项。在重大比赛中获奖，为学院争得荣誉者优先考虑。

（2）学生骨干。全心全意为同学服务，具有较强的领导能力和组织特长，担任学院、本院或班集体的主要的学生干部，被公认为学生团队中杰出的带头人。其中，被评为省级"优秀学生干部"或两次被评为校级"优秀学生干部"，所在班级被评为省级先进集体或连续两次被评为校级先进集体，为学生工作作出突出贡献者优先考虑。

（3）实践能手。实践能力突出，积极参加学院组织的社会实践活动。其中，调查报告获校级以上奖励，或被校级以上单位表彰为社会实践先进个人，或积极组织和参加其他社会活动并获得显著的社会效益，为学校学生社会实践工作作出贡献者优先考虑。

（4）自强之星。家境贫寒但性格坚强、不言放弃，通过勤工俭学等方式筹集学费、生活费，生活艰苦朴素，并在学业、社会工作等方面取得突出成绩的学生。

（5）文体标兵。具有文艺特长，多次参加大型文艺活动。其中，在校级文艺比赛中获二等奖以上奖励，或在省级以上文艺比赛中获三等奖以上奖励，为学校的文艺工作作出突出贡献的学生；具有体育特长，在校运动会中多次获得优异成绩，或连续两年在校各类球赛中取得优异成绩的主力队员，或在省以上大学生运动会上取得较好名次，为学校体育工作作出贡献者优先考虑。

（6）具有其他方面特长，在相关领域取得突出成绩，为学校作出贡献者。

3. 评选办法

（1）"十大教育之星"的评选坚持公开、公平、公正的原则，候选人原则上在班级民主推荐、院团总支学生会推荐、自荐的基础上，由各班召开班会、学生会集体商量，综合考虑择优推荐产生；广泛发动同学积极参与，在"十大教育之星"的评选过程中对学生进行思想教育。

（2）"十大教育之星"候选人要根据"十大教育之星"评选条件，认真撰写个人事迹材料，并填写《广州美术学院美术教育学院"十大教育之星"报名表》。

4. 具体评选步骤

（1）活动宣传。通过海报、传单、QQ和微信平台进行活动通知宣传，并制作宣传视频提高活动吸引力。

（2）学生自荐或班级推荐。符合条件的学生，可以通过自荐或由所在班级推荐参评（班级推荐名额每班1名），推荐人员需要准备的相关材料包括评选推荐表、每人1000字左右的事迹材料和荣誉证书等证明文件。

（3）院系评选推荐。三个年级（一年级不参评）按照评选条件、分配名额，由学院学工办全体政工择优确定15名候选人员。

（4）现场投票。通过校园网、宣传栏、QQ和微信平台等对"十大教育之星"候选人的基本情况和先进事迹进行公布，发挥艺术类学生宣传优势设计摊位布置方案，并在投票现场派发创意手工作品。

（5）名单公示及确定。"十大教育之星"名单由广州美术学院根据事迹材料、投票结果、学生评议等情况综合拟定，公示三天无异议后予以最后确认，并张贴"光荣榜"海报。

5. 表彰奖励

（1）根据评定结果，授予10名学生"十大教育之星"称号，授予荣誉称号，颁发荣誉证书，其先进事迹记入个人档案。

（2）广州美术学院组织对"十大教育之星"的事迹予以大力宣传，激励全体学生以他们为榜样，树立崇高理想，勤奋学习、刻苦钻研、积极实践、勇于创新，进一步营造良好的校园文化氛围，扎实推进学风、院风建设。

（3）广州美术学院将收集年度"十大教育之星"等人的艺术作品，策划、布置、宣传新松园展厅的作品展。

### （五）项目支持

"十大教育之星"评估活动得到美术教育学院团总支学生会和共青团广州美术学院团委的支持。广州美术学院特地制定了组织管理制度，并提供活动专项经费。

### （六）项目方法

**1. 典型示范法**

该项目明确提出先进和优秀的标准，培养、挖掘学生身边的优秀人物、先进事迹，提供真实、鲜活、可模仿的范例，吸引广大学生自觉加入赶超先进的行列，为大学生成长、奋进提供动力和方向。

**2. 新媒体宣传法**

随着数字化时代网络技术的蓬勃发展，学生的学习和生活方式发生了变化，学生工作的渠道顺应潮流也在发展中。活动通过QQ、微信分享候选人的事迹、图片，让广大学生直观地、近距离地走近优秀人物，激发赶超热情。

## 三、项目效果

### （一）明确提出标准，促进学风建设

该项目明确提出优秀典型的显性标准，公开先进事迹，帮助学生在激发赶超热情的同时认真思考，找到差距和发力点。作为榜样的学生会感到自己的努力得到认可，同时也感到了继续前进的压力和动力，从而不断超越自己，迎难而上。广州美术学院学风建设水平在该活动的助推下得到很大的提高，参与校园文化活动、文体竞赛、参加学术比赛的学生数量明显提高了。

### （二）贴近学生群体，教育价值认同

**1. 学生参与度高**

该项目通过多种渠道的广泛宣传，尤其是搭载时尚的网络平台散播，报名参加评选的学生很多。学生在阅读评选条件、梳理个人成绩的同时，也找到了今后应努力提升的方向。评选投票现场年年火爆，单日接收选票逾千张（全

校本科生约 5000 人）。候选人资料现场展示，其真实性接受广大同学的监督。

2. **党员形象凸显**

此项活动充分发挥党员、团员的示范带动作用，他们以实际行动践行争先创优的价值追求，带动广大青年参与，努力形成学先进、比先进、争先进、创先进的热潮，同时，为优秀的学子提供了一个展示个人才华的舞台。通过统计几年来的脱颖而出者，我们发现80%以上的"教育之星"是中共党员（含预备党员），他们几乎都有学生干部的工作经历。

（三）富有美院特色、重视精神鼓励

在评选的基础上，为激励全体学生以"教育之星"为榜样，树立崇高理想，刻苦钻研、积极实践，进一步营造良好的校园文化氛围，"十大教育之星"优秀作品展于评选一个月内在新松园展厅开幕。展品由获奖者提供，种类包括国画、水彩、油画、综合材料、素描、雕塑、摄影等，形式多样、内容丰富，且普遍具有较高的学术价值。每一件作品都记录了这些同学不断突破自我的成长历程。广州美术学院领导和团委领导亲临开幕式现场，与"教育之星"们亲切交谈，并鼓励他们继续勤奋学习、勇于创新，对其多年的努力给予充分肯定。

（四）从身边看榜样、传递正能量

"十大教育之星"评选活动在学校中具有很高人气的重要原因之一是榜样就在身边，人人都可一展风采。这一方面拉近了典型与普通学生的关系，另一方面也容易让学生找到差距。该项目的设计符合大学生的成长发展规律，有效地激发和传递了正能量。

（五）创新育人模式、推进校园建设

"十大教育之星"评选活动顺利开展，影响力日益提升，美术教育学院学生越来越认同该活动，越来越多的学生以在校期间获此荣誉为目标，自觉改变学习态度和生活方式，从懒散的生活状态中、从宿舍的电脑前走出来，参加校园文化活动。

## 四、项目特色

"十大教育之星"评选凸显了广州美术学院的专业特色，与时代精神相呼应，具有积极正面的广泛影响。在实施中，现场投票增加了影响力、提高了透明度，随后的优秀作品展览使活动内容更丰富，有很好的延续性。

（一）紧扣主流价值，立足美院特色

当前，高校学生工作面临新的形势，高校学生工作者要充分结合本校特点，用学生喜闻乐见的方式办活动，利用朋辈教育去吸引、引领青年学子，让他们自觉内化社会主义核心价值观。

（二）贴近学生生活，活动形式多样

"十大教育之星"评选针对目前艺术类学生成长成才过程中遇到的问题，如社会责任感缺失、学习动力不足、文化基础较差、身体素质下降等提出了明确的标准，多方面选拔优秀学生。活动呈现形式多样，既有现场投票又有学术展览，期间设有趣味性活动、礼品派发和颁奖等活动，深受学生的欢迎。

（三）学生认可度高，活动效果显著

"十大教育之星"评选影响面广，内容鲜活，学生参与度高，投票现场收集有效选票逾千张，参加展览开幕式及参观学习的学生有上百人；学生参与各类学术活动、文体竞技的积极性和学习态度都明显趋好，在学院内已经初步形成了赶、超、比、追的良好学风。

（四）树立优秀典型，掀起学习热潮

美术教育学院公平、公正、透明的方式评选出年度"十大教育之星"，这些"教育之星"不乏学习成绩优异的典范，也不乏优秀学生干部，或者是实践能力突出的能手，或是不言放弃的自强之星，不少人还具有文艺或体育方面的特长。通过对"教育之星"事迹与作品的展示，同学们认识到了自己的不足与差距，并努力向先进模范靠拢。

主要负责人：苏云升、王东娜、邱燕等

单位：广州美术学院

# 临床医学八年制医学生暑期人文技能实践

近年来,我国医患矛盾纠纷日益加剧。人们一方面从社会转型的大背景出发,分析问题频发的深层次原因;另一方面开始将视角转至医疗服务的相关方面,积极探索导致纠纷的现实因素。造成医患关系紧张的原因有很多,而医师的人文素养不尽如人意、缺乏对患者的人文关怀,是影响医患关系的直接因素之一。2006年,韩启德院士致函首届医德建设与构建和谐医患关系论坛,指出现代医学发展到了必须充分重视医学人文的时刻,医患关系的现状决定了我们必须加强医学人文教育。我国医疗卫生事业改革与和谐社会的建设决定了我们必须加强医学人文建设。

医学的研究对象和服务对象是人,其目的是给患者以健康和幸福,医学是自然科学和人文科学高度结合的科学体系。高素质的医学人才既要具备较高的医学科学素质,又应具备较高的人文素质。但医学人文教育在我国高等医学教育体系中明显不足,主要表现为:医学教育中普遍存在重专业知识和技能传授、轻人文知识和技能培养,人文教育内容与医疗实践严重脱节,等等。医学人文教育的滞后,导致医生在医疗实践中,以疾病为中心而不是以患者为中心;重仪器检验结果,轻患者身心感受;重医疗技术处理,轻沟通技巧的应用。这不仅体现了加强医学生人文医学技能培养的重要性和迫切性,也给医学高等教育提出了新的教育要求。

## 一、项目目的和意义

按照南方医科大学八年制医学教育(医学博士学位)培养方案的要求,临床医学八年制学生的培养是参照全球医学教育的标准和要求,结合我国医学教育的实际和特点,在职业道德、态度、行为和伦理、医学科学基础知识、临床技能、创新思维、科研能力、沟通技能、信息获取、利用等能力和素质方面与国际先进医学教育标准接轨,达到临床医学博士水平(M.D)的高级临床医学人才的目标来培养的。

具体培养过程中,临床医学八年制医学生的培养注重科学精神和人文精神培养的统一，把素质教育的思想贯穿于教学全过程。前两年由长沙国防科技大学进行通识教育，主要是进行理工科学习；第三年返回学校，进行为期五年的系统的医科教育。因此，临床医学八年制医学生不仅有一般长学制医学生的人文技能方面的普遍要求，还有从理工科学习顺利过渡到医科学习的特殊要求。

项目目的是通过为期两周的医院志愿者服务实践活动，让学生在实践中更好地践行医学人文精神的理念，领悟与患者良好沟通的艺术。这一举措一方面能够有效帮助临床医学八年制医学生从理工科学习向医科学习的顺利过渡；另一方面旨在加强学生医学人文素质和职业精神培养，促进学生的全面发展，培养高素质医学人才。

项目意义是为了加强医学生医学人文教育，提高医学人文技能，把专业教育与人文教育相融合，培养医学生良好的人文素质、人文修养和人文精神，提升其人文关怀的意识、能力和水平，形成良好的人文精神风貌。这在促进良好医患关系形成、和谐医疗环境构建方面具有重要的理论和现实意义。

## 二、项目主题与思路

南方医科大学临床医学八年制医学生的培养在立足于专业知识培养基础之上，注重学生的医学人文技能实践，力求培养高素质高技能型的医学人才。人文素养培育包括在理念层面培养医学生的人文精神和在实践层面培养其人文技能。

南方医科大学从2009级临床医学八年制医学生开始，开展了暑期医学人文技能实践活动。具体思路是坚持"两条腿走路"：一是在理念层面培养医学人文精神，把"以人为本，生命至上"的学院精神培养融入教书育人的全过程，同时在项目初始阶段做好岗前培训工作，引导学生尊重人、关心人、爱护人；二是在实践层面培养人文医学技能，其意义在于在医疗服务过程中能给病人更好的人文关怀。学生被分配到南方医院门诊部、临床支持中心、体检中心三个部门进行为期两周的志愿者服务，参与简单的医疗辅助工作，如指引、导检、送标本、推送病人等志愿者工作。

## 三、实施方法与过程

医学人文的特性在于它的践履性，医学人文教育的目标是于医学实践中实践人文精神，将抽象的医学人文技能形象化、具体化、操作化和实用化。该志愿者实践项目主要分为三个阶段进行。

（一）宣传筹备阶段

一方面，由带队老师联系相关实践部门，确定各部门可容纳实践人数、具体实践时间及实践内容等；另一方面，在预实践年级进行宣讲动员、岗前培训、人员分组、轮转计划等工作，主要包括实践活动意义的宣讲和实践动员、人文医学技能培训、各实践部门的工作内容和人员分配等。

（二）具体实施阶段

学生被分配到南方医院门诊部、临床支持中心和体检中心三个部门进行为期两周的体验式学习，全程参与简单的医疗辅助工作，与病人、医护人员近距离接触，亲身体验医疗实践活动。在实践过程中，学生以准医生身份对患者施予人文关怀，更好地践行医学人文精神。具体流程为：①学生被随机分为三组，分配到南方医院门诊部、临床支持中心、体检中心三个部门。②每个部门由所在部门选拔配备一名经验丰富的医护人员作为小组导师，负责小组日常业务培训、业务指导等工作；建立考核评价表，由导师对组内学生表现进行综合评价。③为使学生更全面地了解医院的工作环境，志愿者服务期间共需在任意两个部门轮转完成实践活动，每个部门服务时间为一周，具体轮转由学院统一安排。

（三）总结升华阶段

实践项目结束后，学院将组织总结和交流活动。

总结环节，一是组织学生撰写实践心得体会，心得体会撰写完毕后，由带队老师统一收齐并组织学生汇编成册；二是学生自由组合，以3～5人为一组拍摄微电影，记录自己两周实践经历中的难忘画面，后期的电影处理等工作全部由学生完成，并刻录成光盘。纪念册与光盘在实践结束后作为纪念资料发给学生，使学生时时提醒、告诫自己莫忘初心。

交流环节，学院以交流会的形式，组织学生就实践过程中的心得体会、经验收获等方面进行分享，并综合考核评价表、学生作品及学生实践期间表现，评选出优秀的实践总结及具有代表性的微电影作品予以表彰，以达到激励、共勉的效果。

## 四、主要成效及经验

临床医学八年制医学生人文技能实践项目运行多年，各方面运作已比较成熟，也取得不少显著成效，主要体现在以下几个方面。

### （一）学生从理工科学习向医科学习过渡的适应期明显缩短

绝大部分临床医学八年制医学生经过为期两周的医学人文技能实践体验后，都能更快适应医学专业课程的学习，顺利完成过渡，且对知识的掌握也更加牢固，知识的迁移应用能力显著提高。

### （二）学生对自己未来职业的使命感和责任感更加强烈

越来越多的临床医学八年制医学生开始注重从各方面提高自己的综合素质，尤其是人文素质，如成立了八年制青年医师协会。该协会成立于2012年，由临床医学八年制医学生自发筹划，参考了其他学校八年制社团的运行模式，在准确定位协会自身特色的基础上成功创办，并推出了一系列有利于医学生综合素质养成的活动。目前，协会在校内具有较大影响力。

### （三）增加了自我对他人的关爱程度

学生在实践中亲身体会到疾病给患者及其家属带来的身心痛苦，切身了解患者除医疗技术之外的人文需求，体验和感悟了医学人文服务的内涵。参加过人文技能实践的学生进入临床实习阶段及随后走上工作岗位、步入社会，普遍秉持"生命至上，以人为本"这一信条，注重与患者间建立和谐的医患关系，在与患者、患者家属沟通时都更能设身处地地为他们着想，在日常的医疗服务过程中更多地彰显着人文精神，体现着人文关怀，他们的工作也经常获得导师、上级领导、病人以及家属的肯定。

## 五、项目拓展方向

项目各方面运作虽已比较成熟，也取得不少显著成效，但仍然存在诸多不足，需要进一步完善。这也是该项目下一步加强和改进的方向。

### （一）完善岗前培训中人文医学技能的培训内容，扩大学生的人文视野

该项目中的岗前培训主要是通过开展讲座，以分主题的形式来进行，尚未作为正规的人文技能实践教学来实施，培训内容及培训方式方法还有待开发和完善。下一步，该项目拟对每一位进入实践体验的医学生开展人文医学技能的培训，以教学培训的形式展开，主要包括：医患沟通概要、和谐医患沟通模

式、与病人建立关系的技能等；强化学生的职业道德、职业伦理、职业态度；加强学生的医患沟通技巧；增强风险意识，防范医疗纠纷，确保医疗服务安全；等等。国外医学院校也主张开设多元化、多样化的人文课程，例如，美国医学院协会曾要求美国医学院校扩大人文选修课程，形成了涵盖哲学、文学、艺术、法律、伦理、宗教等方面的学科群。

(二) 将医学人文技能实践活动贯穿于医学教育全过程

这也是下一步加强及改进本项目的重点方向。文献显示，哈佛医学院的患者/医生课程，即医患关系课程，跨度三年，从基础医学教育阶段一直延续到临床实习阶段，课程的第一、二学年主要是对病史采集和体格检查进行指导，第三学年在临床实践的基础上从经济、社会以及伦理学角度审视患者的治疗与照顾，融入医学与人文交叉的知识，包括医学史、医学伦理学、医学社会学、医学法学等。美国的实习科目除了设置内科学、外科学、儿科学等基本科目外，还设置了社会医学等国内很少安排的实习科目。因此，相比较之下，仅一次且为期仅两周的医学人文技能实践时间明显有待延长，且考虑到南方医科大学八年制医学教育的特殊性，前两年理工科的学习更导致医学人文教育的不足。对此，下一步工作中，在整个理论学习阶段，要充分利用医院的资源，将医学人文技能实践活动的志愿者服务贯穿全程，让学生在持续的志愿者服务中，不断强化医学人文素养，更好地践行医学人文精神。

诺贝尔生理学或医学奖获得者 S. E. Larisa 指出："医学在本质上具有二重性，它既是一门科学，又是一门人学，需要人文滋养。"在患者心目中，"好医生"不但要具备精湛的医疗技术，而且要富有同情心，认真负责，始终将患者的利益放在首位，满足患者对人性化医疗的需求。结合基础教育阶段以讲授理论为主的医学人文教育，开展体验式的医学人文技能实践活动，能将学生带进真实情境的医学人文实践过程。如果说基础教育阶段的医学人文教育更多的是医学人文知识的传授，那么医学人文技能实践更多的则是医学人文精神的体验。这对于处在从理工科学习向医科学习过渡期的临床医学八年制学生而言，有着传统理论医学人文教育所不能替代的地位与作用。

主要负责人：兰峻、庄丹、翁婷婷等

单位：南方医科大学

**参考文献**

[1] 边林, 方新林. 对话：医学人文教育通往医学的起点、桥梁与路径 [J]. 医学与

哲学，2010（12）.

［2］周万春，于淑秀. 关于医学人文教育改革整体设计的思考［J］. 医学与哲学，2014（6）.

［3］赖永洪，黄庆晖，李莲娜，黎毅敏. 医师人文医学技能培训的实践［J］. 医学与哲学，2009（6）.

［4］李晶晶，李继红，吴秀明，向志钢. 医学人文技能与实践教学模式创新［J］. 经济与社会发展，2013（4）.

［5］李贞玉，刘文超，孔祥金. 医学生对医学人文教学认知的调查分析［J］. 医学与哲学，2014（7）.

［6］孙鹏. 医学生人文素质教育体系构建研究［D］. 重庆：第三军医大学，2012.

［7］邓凤，欧阳运薇，王忠，姚强. 医学生的医患沟通技能教育现状调查［J］. 重庆医学，2015（3）.

［8］连晓洁. 人文关怀视角下医学生职业精神培养的研究［D］. 锦州：辽宁医学院，2014.

［9］王瑛. 当代中国医学生人文素质教育研究［D］. 济南：山东师范大学，2007.

［10］于德华，白莉华，梅竹，吴萍，吴晶心，左瑛. 医学生人文医学实践性教育浅论［J］. 中国高等医学教育，2009（7）.

# "五室一站"实践育人项目

学生社区是学生课外学习、娱乐休息和思想交流的重要场所。当前，大力加强学生公寓大学生文体活动和党团活动阵地的建设，加强学生辅导员进公寓、学生党团组织进公寓、校园文化进公寓，既是提高新形势下思想政治教育工作针对性、实效性的需要，也是不断丰富大学生业余文化生活、促进学生身心健康成长的需要，具有重要的现实意义。为贯彻落实习近平新时代中国特色社会主义思想，拓展"三全"育人空间，按照广东省委组织部、教育工委和广州市委组织部的部署，广州大学在执行落实党建创新"书记项目""拓展'三全'育人，培育高素质人才"的基础上，于2013年4月起全面实施"构建'五室一站'学生社区实践育人体系"，在学生社区逐步推进"五室一站"建设。经过多年来的实践探索，该项目取得了阶段性成效。

## 一、项目实施基本情况

广州大学学生社区"五室一站"指以学生公寓楼栋为单位，在每栋公寓楼建设党团活动室、综合阅览室、学习辅导室、互助学习室、休闲康体室和心情驿站等功能室，按照功能定位配置物资和组建运行团队，定时向学生开放。党团活动室主要是为学生在社区提供党团活动的场所，也是学生党建工作办和社区服务办团队的工作场所；综合阅览室为学生在社区提供图书和刊物资料阅览的场所，与学校图书馆共建，报刊和书籍由图书馆提供，实现通借通还；学习辅导室主要是为学生在社区提供小型讲座、学术沙龙、辅导答疑等活动的场所，结合广州大学专任教师值班制度，值班的专任教师可以在学习辅导室为学生答疑解难；互助学习室主要是为学生在社区提供自习和学习交流讨论的场所；休闲康体室主要是为学生在社区提供休闲康体活动的场所，在男生公寓楼栋建设成健身房，在女生公寓楼建设成瑜伽室；心情驿站主要是为学生在社区提供缓解心理压力、开展心理疏导活动的场所。

"五室一站"项目首先于2013年在其中一栋学生公寓进行了一年的试点探索，受到学生的欢迎和好评，进而在全校学生公寓推广实施。2013—2016

年，学校通过积极争取广州市财政局专项支持等各方面努力，先后共投入300多万元资金支持"五室一站"的建设，按照"突出功能、统一规划、统一配置、节俭实用"的原则，分期分批完成大学城校区学生公寓楼栋"五室一站"的建设工作。作为一项具有探索性、试验性的工作项目，广州大学大胆尝试、积极探索，一手抓硬件建设，一手抓运行服务，从环境布置、运行模式、制度建设、队伍建设、活动开展、宣传工作等方面下功夫，以"五室一站"为载体，开展多领域的服务活动、多元化的文化活动，突出互助协作、资源共享，达到多专业融合交流的素质培养目的，逐步实现了"五室一站"运行的日常化、常态化。

## 二、项目运行体系

为了充分发挥"五室一站"的育人功能，广州大学成立了学生社区党建工作指导委员会，由学校领导担任顾问、主任、副主任，各有关职能部门负责人和学院分管学生工作的领导作为成员组成。在每栋公寓中设立一个党建工作办公室，由学院分管学生工作的领导担任每栋公寓党建办主任，党建办成员由辅导员和该栋公寓的学生党员骨干组成。党建办按照学生公寓党建工作指导委员会的总体要求开展该栋公寓的党建工作。每栋学生公寓中还设立了一个社区服务办公室，由该栋公寓的党建办定点负责指导，成员由该栋公寓内各学院的学生干部包括该公寓楼长层长、党团干部及学生组织干部组成。其通过调动和发挥学生"自我教育、自我管理、自我服务"的作用，发动本栋公寓全体学生积极参与"五室一站"建设、公寓文明创建、公寓综合治理和服务学生成长的工作。此外，还为每栋学生公寓配备一名"五室一站"兼职辅导员，专门负责该楼栋的"五室一站"运行管理和思想教育进公寓工作。

广州大学建立了学生公寓党建和管理服务联席会议、学生公寓党建和管理定期公布情况的工作机制，还建立了考评激励机制，对学生在公寓中"德、智、体、美、劳"的表现进行综合记录考评。将个人考评结果作为学生学年综合测评、学生党员教育管理、入党积极分子推优入党、评先评优和奖助学金评审的重要依据；将公寓考评结果作为学生"优良学风班集体创建"重要考评内容；同时，将公寓考评结果纳入定点负责该公寓的学院学生党建与学生思想政治教育工作考评体系。

## 三、项目育人机制

"五室一站"项目的实施,主要改革了广州大学大学城校区学生社区管理体系体制,理顺各种关系,并较好地形成实践育人的合力,努力构建学生社区党建育人、文化育人、制度育人、行为培养和品格培育机制,形成了广州大学学生社区实践育人体系,进一步拓展全员、全程、全方位育人格局,建立与完善学生社区实践育人体系的引导机制、内化机制和保障机制,基本实现了将广州大学大学城校区 24 栋学生公寓打造成实践育人机制比较完善的学生社区的建设目标。主要体现为以下五个机制所发挥的作用。

### (一) 党建育人机制作用

创设学生社区基层学生党组织,在学校学生宿舍党建指导委员会的指导下,着力推进党建和思想政治工作进公寓,以学生社区文明创建为突破口,建立健全学生党员社区教育管理和入学积极分子社区考察培养的制度与措施;健全每栋宿舍大楼舍区党建办公室机构;建立各栋宿舍大楼社区党员与入党积极分子数据库;建立充分发挥学生党员在学生社区的先锋模范作用的制度,以党建育人机制促进学生全面成长。

### (二) 文化育人机制作用

以社会主义核心价值观为引领,以学生宿舍的整体布局、室内外设施与环境、规章制度、道德水平、文化知识、审美情趣、价值取向等为主要内容,进一步加强社区环境建设、管理软件建设和文化氛围建设;推进学校领导干部联系学生班级进宿舍与专任教师值班工作进学习辅导室;加大综合阅览室与学校图书馆批量借阅书籍的流转量与速度;着力建设"宿舍文化节"品牌项目,开展"趣居·乐享"雅室评比大赛、"身安全·心健康"宿舍心理安全讲座、宿舍"舍友伴我行"朋辈互助成长计划活动、"以书寄情,余墨留香"分享书阁活动、"我们这一家"图画设计大赛、"不同的梦想,共同的旅途"DIY 大赛、"情催红棉,乐满校园"成果展暨游园活动等宿舍文化系列活动,以文化育人机制引导学生树立正确的思想道德价值观念和创新精神。

### (三) 制度育人机制作用

在学生社区创建发挥学生"自我教育、自我管理、自我服务"功能的制度与措施,建立健全每栋宿舍大楼的舍区服务办公室机构;发动本宿舍楼全体学生积极参与"五室一站"建设、社区文明创建、社区综合治理和服务学生成长的工作;完善学生宿舍文明创建的标准和奖惩措施;对学生在宿舍中"德、智、体、美、劳"的表现进行综合记实考评,包括卫生情况、学习情况、违纪情况、文明创建参与情况等,并将个人考评结果作为学生个人综合测评、入党推优的重要依据;将宿舍考评结果作为学生"优良学风班集体创建"的重要考评内容;将宿舍大楼考评结果纳入定点负责该宿舍大楼的学院学生党建与学生思想政治教育工作考评体系。以健全与完善考评奖惩制度促进学生的全面发展。

(四)行为培养机制作用

在学生社区创建引导学生开展志愿服务、公益活动,以及改善人际关系、行为方式、卫生状况、习惯养成等的行动方案与实施途径,促进大学生关心国家、关注社会、关爱他人的社会责任感的培养和良好行为习惯的养成。引导广州大学的青年志愿者活动,使其既辐射社会,又覆盖学生社区各项文明创建活动范围;完善受资助学生公益积分活动的措施,大力开展爱心传递公益活动;加强宿舍三级卫生检查与文明宿舍评比活动;抓好树立学生社区文明典型和开展典型教育工作;以行为培养机制引领引导学生文明行为与良好习惯的养成。

(五)品格培育机制作用

挖掘与开拓学生社区环境育人的功能,探索在学生社区设立与完善帮助大学生解决学习成才、择业交友、健康生活等具体问题的工作体系与工作平台;进一步加强爱国主义、集体主义教育,加强"优良学风班"创建活动和班集体建设;辅导员、班主任工作要深入学生思想实际,着力解决学生的实际问题;完善"大学生心理健康教育"课程教改项目的实践教学环节,注重每栋宿舍"心情驿站"心理成长计划和每个宿舍"舍友伴我行"朋辈互助成长小组活动的设计指导和组织实施工作;健全学校心理咨询中心、学院心理卫生协会和班级宿舍保健员三级心理保健网络,做好心理知识普及工作,以品格培育机制培育学生良好的心理品质和自尊、自爱、自律、自强的优良品格。

## 四、项目实施成效

广州大学通过"以评促建"充分调动学生工作队伍以及"五室一站"团队学生干部积极性,以"五室一站"为平台,开展"十八届五中全会精神大家谈""党团知识竞赛""曼陀罗心理减压""粤语大学堂""礼仪课堂""英语角""瑜伽培训""考研和求职辅导会""环保分享会""辅导员游历交流分享会""读书交流会""专业教师辅导会"等主题鲜明、内容丰富、形式灵活、喜闻乐见的活动，深受学生欢迎。

通过构建学生社区党建育人、文化育人、制度育人、行为培养和品格培育机制，初步形成了广州大学学生社区实践育人体系，学生社区正在往"设施功能齐全、环境清新优雅、生活丰富多彩、人际关系良好、宿舍安全文明"的目标方向建设发展，为学生陶冶情操、修炼品行、健全人格营造了良好的育人环境。广州大学学生社区"五室一站"建设初步实现了创新学生社区育人模式，创新学生思想政治教育及人才培养新途径，推进思想政治教育和学风建设、社区育人相结合，构建全新生活社区育人工作体系，提升校园文化育人效能的目标。育人成效主要体现在以下四个方面。

### （一）"五室一站"逐渐成为学生党建工作的新阵地

广州大学紧紧围绕立德树人根本任务，以把"五室一站"党团活动室建设成为学生党建工作的新阵地，充分发挥学生党员的先锋模范作用，带动其他学生共同进步；充分发挥党员宿舍的示范引领作用，带动其他宿舍共建文明和谐公寓，积极开展贴近学生、贴近生活、贴近实际的主题教育活动。

### （二）"五室一站"逐渐成为学生思想教育的新平台

广州大学"五室一站"集学习、教育、管理、服务一体，尤其突出学生思想教育的职能，以培育和践行社会主义核心价值观为着力点，组建科学合理的工作团队，形成党员骨干、入党积极分子和学生骨干广泛参与的工作格局，调动广大学生的积极性，在"五室一站"把学生党员和骨干培养成党的路线、方针和政策的"宣传员"、了解学生思想动态的"信息员"、协助宿管人员管理宿舍的"助理员"、与学生沟通感情的"联络员"。及时了解学生思想动态、第一手信息，并在第一时间反馈给相关部门，便于学校快捷掌握学生思想动态和舆情，及时进行分析研判，因势利导，有针对性地开展教育引导与化解矛盾工作，将不稳定因素解决在萌芽阶段，提高学生工作的科学性、针对性和时效性。

### （三）"五室一站"逐渐成为学风建设的新抓手

学生公寓是学生交流最活跃的地方，也是科技创新灵感容易迸发的湿地。"五室一站"充分发挥综合阅览室、学习辅导室、互助学习室的功能，把专任教师值班延伸到"五室一站"，邀请校内外专家举办学术讲座，鼓励同学们以

"五室一站"功能室为基地，开展学术交流研讨、读书活动、"挑战杯"学生课外学术科技研究、创新创业等活动，激发学生参与科技创新的热情，为学生开展科技创新活动搭建有效平台。培养学生热爱科学、尊重科学、追求真理精神，营造传播科学知识、宣传科学思想的浓郁氛围。

（四）"五室一站"逐渐成为服务同学成长成才的"学生之家"

"五室一站"建设牢固树立"以生为本"理念，将服务同学们成长成才，为同学们学习生活排忧解难作为工作的出发点和立足点，把"五室一站"打造成"学生之家"，工作团队的领导和老师当"家长"，深入学生宿舍，及时了解学生的实际困难，努力为家庭经济困难的学生寻求爱心资助、争取助学贷款，为因感情困惑、思想异常的学生提供宣泄途径和心理疏导，为学习困难的学生安排专门人员帮助、提供课程辅导等，分群体做好各方面的服务工作，促进学生知识、智慧与心灵的共同发展。

广州大学通过全面实施学生社区"五室一站"项目，发动全体师生员工全员、全程、全方位参与，发挥学生自我教育、自我管理和自我服务作用，在学生社区党建机制、环境与文化建设、奖惩制度、强化学生树立正确思想道德价值观念的引领引导、文明行为与习惯的养成教育等方面做了许多理论与实践的探索工作，为构建学生社区实践育人体系打下了良好基础，提供了强有力的政策保障。

"五室一站"项目得到了上级有关部门的大力支持和充分肯定。广州大学"五室一站"项目获得广州党建学会 2013 年度"广州基层服务型党组织的阵地建设研究"重点调研课题成果二等奖。2015 年，广州大学"构建'五室一站'学生社区实践育人体系"项目被广东省教育厅确定为广东省高校思想政治教育工作创新项目。

主要负责人：郑美玲
单位：广州大学

# 创新引领，艺术育人

## ——"艺术与社会"双实践的学生事务管理项目

《国家中长期教育改革和发展规划纲要（2010—2020年）》指出：全面实施素质教育，必须重视培养大学生的创新精神和实践能力。实践育人是创新人才培养的重要途径，对于创新人才培养发挥着重要作用。教育部、中宣部、财政部等部门在2012年出台了《关于进一步加强高校实践育人工作的若干意见》，把"实践育人"提升至国家教育的战略高度，明确了"实践育人"对我国当前高等教育的重要性和必要性。实践教育是一种独特的育人途径和方式，其在人才培养方面的功能与作用是其他任何教育都替代不了的。

佛山科学技术学院工业设计与陶瓷艺术学院的前身为佛山大学艺术设计系，办学历史可追溯到1987年。1995年，佛山大学更名为佛山科学技术学院，2011年在原艺术设计系的基础上成立陶瓷（珠宝）艺术设计学院，2015年更名为工业设计与陶瓷艺术学院（以下简称"学院"）。

学院自成立以来，一直注重培养学生的创新意识、审美意识、技法表现能力和实践创造能力；在特色鲜明的专业教学的基础上，确立培养具有创新思维能力、艺术创造能力的高素质艺术设计人才为目标的人才培养方案。领导高度重视学生开展艺术实践和社会实践活动，在专业技能竞赛、理论拓展、校外实践基地建设等方面都有新的举措，以此激发学生丰富的想象力，打牢知识根基，拓宽学术视野，推动科技创新，注重增强学生的实践能力，培育工匠精神，践行知行合一。同时，为学生实践活动提供全面、充分的各种保障，使学生在艺术和社会大舞台的实践中提高综合素养，体味艺术人生，提升艺术品质。学生参与社会实践、艺术实践的热情和主动性大大提高，专业实践能力水平也得到不断提升。

## 一、指导思想与目标

为贯彻落实《国家中长期教育改革和发展规划纲要（2010—2020年）》和《关于进一步加强高校实践育人工作的若干意见》，佛山科学技术学院工业设计与陶瓷艺术学院对艺术专业学生如何构建实践育人体系进行了探索与研究，以期建立一个以培养具有创新思维能力、艺术创造能力的高素质艺术设计人才为目标，以"艺术和社会"双实践为载体，根据培养应用型艺术设计人才基本要求和个性特长健康发展相结合的原则，制定科学合理、便于实施应用的运作模式，深化实践育人功能，全面促进学生成长成才。

## 二、项目实施情况

（一）项目主体

佛山科学技术学院工业设计与陶瓷艺术学院。

（二）项目对象与时间

佛山科学技术学院工业设计与陶瓷艺术学院全日制在校本科生。项目自2011年9月起实施。

（三）项目内容

**1. 学以致用，大力开展艺术实践活动**

学院多层次、全方位地形成以学生专业技能培养为核心的艺术实践育人工作思路，将实践活动贯穿到本科阶段的始末。

（1）拓宽学术视野，夯实理论基础。学院经常性地组织学生参观各类展览，定期举办学生作品展，让学生在感受美、欣赏美、创造美的过程中，激发对美好事物的热爱，从而以审美的态度面对生活、面对人生，形成健全的人格。学生的作品先后参加了首届广东省高校美术作品学院奖双年展、中美陶艺家作品展、中国工艺美术学会民间工艺美术专业委员会第30届年会、第20届秋季广州国际艺术博览会等活动。

（2）精心培育"艺术大讲堂"品牌活动。学院聘请原清华大学副校长王明旨等教授担任名誉教授、客座教授，14位佛山籍中国工艺美术大师担任兼职教授，定期为学生授课，使学生与大师亲密接触，近距离感受大师高尚人格和艺术作品的魅力。从2013年起，学院举办"艺术大讲堂"学术讲座系列活动，由学院具有高级职称的教师和客座教授、兼职教师主讲，着重介绍艺术与设计领域的最新发展动态、最前沿的研究成果，作为第一课堂的延伸，拓展学生专业技能。截至撰稿前已经举办31期，参与学生达6000多人次，在学校和社会产生了广泛的影响。

（3）与境外知名大学联合办学，培养学生国际化视野和设计理念。学院强化与国外、境外知名高校的交流合作，探索创新实践教育，提升学生的专业知识和技能，除了与澳大利亚、加拿大等院校的合作外，学院在 2015 年开拓了与中国台湾远东科技大学的交流项目。同年 9 月，学院共推荐 8 名学习成绩、品德优良的学生赴中国台湾地区参加交流。2016 年，此项目将再增加一所合作高校——中国台湾朝阳科技大学。

（4）以赛促学，培养学生创新精神。第一，积极组织学生参加各级政府部门或行业协会举办的竞赛。学生历年来参加的项目包括：第七届国际大学生雪雕大赛、中国当代大学生艺术作品年鉴、广东省高等学校工业设计大赛、十三届"挑战杯"广东大学生课外学术科技作品竞赛、"生命的故事"广东省大学生艺术涂鸦大赛、佛山市第八届校园文化节之在校学子"互联网+"创业大赛、佛山市职业技能大赛暨禅城区陶瓷工艺技能大赛、第一届"刘传杯"陶塑大赛、"我的导师我的创业合伙人"创业大赛等。每年 5 月，在全院学生中启动"绿苗杯"美术与设计优秀学习成果奖评选活动。这一活动分年级、分专业选拔优秀作品，由每一专任教师从参与海选作品中指导、推荐三项作品参加终评，共评出 40 项优秀作品。此活动发动全院所有专业学生参加，是师生参与面最广的活动项目。

第二，加强与企业合作，主办或参与各类大赛。加强院企合作，充分利用社会资源，与企业共同培养具有创新精神和实践应用能力的艺术设计人才。学院每年与企业联合举办一项创作竞赛活动。2013—2015 年，学院已成功举办"金创杯"陈设艺术设计大赛、"派的杯"工业设计大赛、"蒙娜丽莎杯"瓷板画创作大赛。2015 年，学院还选拔学生参加了"创客南海"照明设计大赛、Helloween 原创表情设计大赛、"滨海杯"工业设计大赛等多项竞赛。

第三，积极在校内主办或参与各类比赛。学院充分发挥艺术学院的专业特长，组织各类艺术活动与比赛，在校园营造积极向上的文化艺术氛围，在校园文化建设中发挥引领作用。以 2015 年为例，学院组织、承办、参与多项校园艺术文化活动。例如，"弘扬社会主义核心价值观"平面广告设计大赛，共收到融合岭南特色、展现佛山本土文化的作品 32 件；举办"绿苗杯"美术与设计优秀学习成果奖评选活动，共收到 254 件作品，评出各组别奖项 40 项；"校园文化衫涂鸦大赛"，以"守纪、好学、诚信、成才"为活动主题，运用多种艺术表现形式进行文化衫涂鸦创作，共收到 50 件作品；组织开展"5·25 用心传承文明，用行成就未来"艺术作品创作大赛系列活动，共收到 42 件心理漫画作品；主办"小镰刀"logo 设计大赛，共收到作品 88 件。

**2. 锤拓素质，大力开展社会实践活动**

大学生社会实践活动是促进大学生素质全面提升的重要平台，是引导学生健康成长和早日成才的重要举措，是学生接触社会、了解社会、服务社会，培养创新精神、协作精神和社会交往能力的重要途径。

（1）校外社会实践基地是稳定开展社会实践的基础。近年来，学院致力于打造、建设四个校外实践基地，与第二课堂、专业学习、就业创业相结合，着力提高学生的动手实践能力和实际应用能力。一是为弘扬中华优秀传统文化，精心打造第二课堂精品课程——古陶瓷鉴赏。依托佛山市知隐陶瓷博物馆及石湾陶瓷研究基地，聘请著名收藏家苏永善先生授课。二是从2014年底开始，与格蓝特不锈钢设备制品有限公司合办校企人才储备班，结合企业需求，开设56个课时的软件课程，由企业技术人员与学校老师共同授课。三是在2015年5月，学院与罗村新光源产业基地合作，正式成立佛山科学技术学院创业学院新光源创客空间，通过此平台引导学生思维创新，提高实践能力与综合素质，同时孕育创业团队、孵化创业项目。四是在2015年12月，与新开普电子股份有限公司建立合作，对应届毕业生开设48个课时的UI设计实操课，由企业知名设计师授课。

学生还先后与尊智科技有限公司、佛山市铂利欧照明有限公司、佛山宇森医疗器械有限公司、广东雅洁五金有限公司等企业完成项目合作。在校外实践基地的建设、运行的过程中，培育出一批优秀的作品，在各项专业竞赛中取得不俗的成绩。

（2）开展与地方产业紧密相连的调研考察。与地方产业发展相结合的调研考察活动，不仅能够增强学生的动手能力、创新能力和就业能力，而且能够培养出适应地方产业发展要求的合格人才。例如，组织学生参观卢浮宫家具博览城、佛山陶瓷总部基地、陶瓷博览城、美居装饰材料基地等多个佛山本土大型企业。

（3）项目化管理，打造优秀学生团队。学院在全面发动学生积极参与各类艺术创作活动的同时，也注重精英培育，由高年级与低年级的学生组成有梯度的合作团队，确立课题展开研究。这些团队围绕各自研究的领域，积极申报学生学术基金、大学生创新创业训练计划项目、广东大学生科技创新培育资金等项目，得到经费资助；研究成果推荐参加"省长杯"工业设计大赛、"挑战杯"全国大学生课外学术科技作品竞赛、"挑战杯"中国大学生创业计划竞赛等一系列竞赛。通过此模式不断打磨团队及项目，为学生团队从设计团队到科研团队再到创业团队的转型积累实战经验。目前培养出以李崇平和陈伟搏为代表的两支比较成功的团队，他们分别通过广东大学生科技创新培育专项资金、省级大学生创新创业训练计划项目的立项，获得"挑战杯"广东大学生课外学术科技作品竞赛三等奖、广东省高校工业设计大赛一等奖、佛山市"我的导师我的创业合伙人"PK赛第三名的好成绩。为了带动更多的学生科技创新团队开展具有前沿性、开创性的科技创新实践研究，学院专门设立了院级大学生科技创新培育项目，2015年有12个项目立项。

（4）重视成果转化，倡导实用的创作理念。强化学生专业技能，理论与实际相结合，全面提升学生的实践创作能力，使学生的作品更贴近社会需求，更有利于成果转化。一是参加"挑战杯"系列竞赛等综合性比赛。鼓励学生把艺术创作作品进行加工和深入钻研学术理论，把研究成果撰写成文或产品设计，积极参加"挑战杯"全国大学生课外学术科技作品竞赛和中国大学生创业计划竞赛等综合性比赛。二是将竞赛的优秀作品汇编成册。学院每两年就把学生参加各项竞赛获奖的作品汇编成画册，以作展示和交流。2014年已印制一本《学生优秀作品集》，收录了学生在国家、省、市、学院各项竞赛中的获奖作品114件，包括陶瓷艺术、广告设计、工艺美术、工业产品设计、服装设计、国画、雕塑等作品。三是与企业合作，转化成果。学院积极联系企业、公司，把学生创作的作品转化为可以生产销售的产品，投入市场；或者促进学生与企业、设计师合作，直接参与企业的实际设计项目。四是协助学生申报专利。学生在比赛中具有创新性设计的作品，学院将协助其申报外观设计专利、科技发明专利等。五是利用专业知识，服务社会。学院组织学生积极参加各项公益社会活动，定期举办社区义教、创意集市、爱心义卖等志愿服务活动，把设计制作的手工艺品赠送给有需要的人。在此过程中，学生可以利用专业知识，充分发挥艺术特长，服务社会，培养奉献精神。

## 三、项目绩效

（一）学风和班风持续好转，学习氛围逐渐浓厚

近两年来，学生旷课率、迟到率明显下降。2015届毕业生中，毕业前补考仅有5人次，明显减少。2015年，2011级陶瓷艺术班获得学校十佳优良班风奖，因该班表现突出，作为代表在全校表彰会上发言。学生第一党支部获学校先进基层党组织荣誉称号。2015年，获得学校优秀党员、三好学生、优秀学生干部以及各类学业优胜奖的学生数达到715人次，远远超过学院总人数（547人）。

（二）学生参加学术活动的积极性与参与度越来越高

从2013年起，学院举办了"艺术大讲堂"学术讲座系列活动，截稿前已经举办31期，参与学生超过6000人次。学院曾邀请美籍华人雕塑家吴信坤、中国陶艺大师黄松坚、日本著名艺术家和田良子等名家进校主讲，在学校和社

会产生了广泛的影响。学生参加学术竞赛活动的频率也有大幅提高。仅 2015 年，学生参加市级以上艺术设计比赛达到 13 项之多，参加人数超过学院总人数的 30%。针对各种企业、行业比赛和校内比赛，学院要求学生至少参加其中一项，覆盖率可达 100%。

学生申报项目与老师指导的积极性有明显提高。2015 年，学院学生学术基金申报 17 项，立项 9 项，比 2014 年有大幅增加。大学生创新创业训练计划项目省级课题立项 9 项，国家级课题 1 项。2015 年，广东大学生科技创新培育专项资金（"攀登计划"）省级立项 2 项，2016 年省级立项 1 项。

2011 级艺术设计班学生李崇平的独轮自行车与 2011 级陶瓷艺术设计班学生劳健庆的二维码标签被国家知识产权局授予实用新型专利，李崇平的滑踏轮申请发明专利已进入实质审查阶段。陈伟搏等学生公开发表论文 1 篇。

### （三）学生获奖率与档次逐年提高

近三年来，学生学术竞赛获得国家级奖 8 项，省级奖 22 项，市级奖 18 项。其中，获得国际大学生雪雕大赛一等奖 1 项，在广东省级"挑战杯"中国大学生创业计划竞赛中获 2 银 2 铜，在广东省级"挑战杯"全国大学生课外学术科技作品竞赛中获三等奖 2 项，获得广东省高校工业设计大赛一等奖 1 项。

### （四）学生就业率与就业质量稳步提升

2015 年，学院毕业生初次就业率为 95.68%，最终就业率为 100%，专业对口率达 91.37%，平均薪酬达 3209 元/月，达到历史新高。此外，2015 年毕业生中有 6 人自主创业，创业率超过 4%。其中，广州赋彩文化发展有限公司、佛山市柠檬网络科技有限公司已正式注册落地，CrystalBEN 卡通形象设计工作室于创意产业园内正式运营。

## 四、项目特色

### （一）实施"双导师制"，建立大师工作室

学院聘请多位艺术大师、企业家作为客座教授、兼职教师为学生授课、培训，作为第一课堂的延伸，在课外拓展学生专业技能，包括 14 位中国工艺美术大师和美籍华人雕塑家吴信坤等艺术家，金创投资管理有限公司赵戎董事长、知隐博物馆馆长、知名收藏家苏永善等为兼职教师，等等，还长期聘请国家陶艺大师钟汝荣承担"传统陶塑人物技法"专业课的教学工作。这些导师

在第一课堂和第二课堂中，以授课、参观、实践等多种形式带领学生了解艺术与设计领域相关行业所需的专业技能与现实状况；在学科竞赛、毕业设计等活动中，校外导师与校内教师一起共同指导学生，理论与实际相结合，使学生创作的作品更贴近社会需求。其中，陶瓷艺术方向的学生在高年级时就开始进入大师工作室，跟随陶艺大师学习技艺和创作实践。几年来，学生在大师工作室的实践成效显著。2015年，学生黄炜的陶艺作品《我》荣获第一届"刘传杯"陶塑大赛最佳创意奖，并远赴美国参加国际陶瓷交流活动。

（二）建立校企协同培养机制

学院以产学研合作为推手，为培养和造就应用型创新人才进行了有益的探索，构筑起社会、学校和学生三方协同合作，共同推进实践育人长效机制。学院聘请职业设计师定期来校讲学，让学生零距离接触社会知名设计师、企业家。近三年来，日本著名艺术家、纺织工程师和田良子，佛山知名设计师何国辉、周敬雄，知名企业家赵戎、邱广安等都应邀来校授课。学院与企业共建人才储备班，使毕业生可以与企业岗位无缝衔接，学院先后与格蓝特不锈钢设备制品有限公司、新开普电子股份有限公司建立合作关系，由校内教师与企业设计师为学生共同授课。学院还与罗村新光源产业基地合作，在产业园区内成立佛山科学技术院创业学院新光源创客空间。校企建立起互利共赢、平等对待的伙伴合作关系，园区为学生提供设计课程所需的设备和场所，学生课程内容设置则与园区内企业需求挂钩。学院坚持每年与企业联合举办一项专业创作竞赛，目前已举办四届。实践证明，校企联合培养是深化教育体制改革、培养应用型人才的重要模式，是促进教育与应用有机结合、提高学生自主创新能力的得力举措，是充分发挥高等学校和社会企业的资源优势、实现强强联合的有效机制。

（三）课题组式的实践团队培育精英人才

课题组式的实践团队是以培养技艺精湛、思维多元、具有突出个性特征的，能够保持持续创造性的多维度人才为目标。团队由不同年级、不同专业的学生组成，在教师的引导下，通过参加特定题目的拓展性学习和专业竞赛，增强学生的实践能力，同时整合专业设置的知识链，锻炼学生的协作能力和单独设计能力。例如，2013级陶瓷产品设计班学生陈伟搏小组，从一年级开始以"石湾陶瓷灯具"为题展开研究，三年来分别获得广东大学生科技创新培育专项资金和广东省大学生创新创业训练计划项目立项，获得广东省级"挑战杯"全国大学生课外学术科技作品竞赛三等奖、佛山市"我的导师我的创业合伙人"PK赛第三名的好成绩,发表学术论文一篇。目前,该小组的创业计划书《瓷度多功能薄胎陶瓷灯具有限公司》正代表学校参加广东省级"挑战杯"中国大学生创业计划竞赛。

主要负责人:陈昭华、邹娟、樊谨超<br>单位:佛山科学技术学院

**参考文献**

[1] 梁颖,苏一丹,丁宇. 构建有利于创新人才培养的实践育人体系[J]. 中国高等教育,2012(20).

[2] 宋珺. 论实践育人理念在高等教育中的实施[J]. 思想教育研究,2012(7).

[3] 李彩丽,王宪玲,叶树江. 工科院校艺术设计专业实践育人模式分析[J]. 美术教育,2015(3).

[4] 刘宁,盛洁. 到实践中锻炼,在实践中成长,从实践中育人,努力构建艺术类学生实践育人工作新格局[J]. 大众文艺,2010(17).

[5] 刘红健,何天龙. 高校艺术类专业应用型人才培养中的校企协同育人模式[J]. 当代教研论丛. 2015(1).

# 学 长 导 航

## ——江门职业技术学院教育与教育技术系学长计划项目简介

"导航学长"计划是江门职业技术学院教育与教育技术系（以下简称"系部"）从 2009 年开始实施的学生事务教育管理项目，系部一方面向一年级学生开展大学学习生活的帮助和指引工作，另一方面也针对其他年级学生不同时期的需求进行引导和经验传授，从而实现学生在校期间成长成才不迷茫、无困途。

"导航学长"计划主要从学长通过心理关爱、朋辈教育、事务管理三个方面全方位导航，从而实现学生成长成才的目标。系部于每年 4 月底开始为下一学年新生筹备选拔"导航学长"的工作，结合新形势分批分点进行集中培训，经考核合格之后正式成为"神级"导航学长。

## 一、项目理念

在新形势下，"导航学长"是配合传统的"书记—辅导员—班主任"学生管理模式，适应教育与教育技术系复杂多样的学生群体特征启动的项目，以 PEM - G 的功能定位，并结合《教育与教育技术系学长计划实施管理办法（试行）》开拓的新形势下学生思想政治教育的新途径。这为院系培养学生勤于学习、善于创造、甘于奉献、专于技能，成为有理想、有道德、有文化、有纪律的社会主义新人给予积极有效的作用。

### （一）项目背景

在新形势下，传统的"书记—辅导员—班主任"学生管理模式已经不能很好地适应教育与教育技术系学生人数增加、学制多样的新特点，复杂的学生群体特征需要增加新的教育沟通平台。而且，信息爆炸时代的到来，传统思想政治教育的阵地面临新媒体的挑战，学生更多地倾向于与辈分相近的人进行"人网交流"获得信息，而疏于和教师进行"面对面交流"，新时期高校人才培养需要一个能够有机结合高校学生管理教育与实践的新途径。

教育与教育技术系启动的"导航学长"计划，以充分调动大学生的积极性和主动性，引导他们自我教育、自我管理、自我服务的教育为原则，并参考国内外学长制的经验，发挥党团组织在大学生思想政治教育中的重要作用，开拓新形势下学生思想政治教育的新途径。

（二）PEM–G 功能定位

根据教育与教育技术系学生管理和教育工作的需求，定位"导航学长"项目需要实现的功能是 PEM–G，就是通过心理关爱（Psychology）、朋辈教育（Education）、事务管理（Management），从而最终实现学生成长成才（Grown）的目标。这是一个双向作用的功能：学生在学校成长成才过程中得到来自学长的 PEM 而减少困惑，学长自身作为项目的实践者也获得自身成长成才所需的 PEM。

（三）领导组织框架

"导航学长"计划实施具有完善的组织框架，成立了以系党政领导为组长的学长计划实施工作领导小组，下设若干工作小组，包括执行工作小组、选拔培训小组、管理考核小组。由辅导员担任具体负责老师，依托系学生党支部和学生三会相关部门，具体实施项目（见图1）。

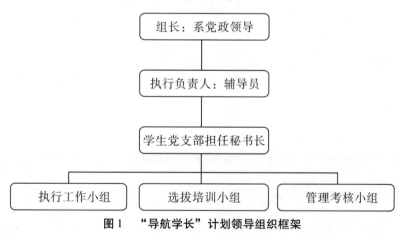

图1 "导航学长"计划领导组织框架

（四）执行制度支撑

教育与教育技术系根据《江门职业技术学院学长计划实施办法》，结合系部培养目标和系部特色，制定《教育与教育技术系学长计划实施管理办法（试行）》《江门职业技术学院教育与教育技术系新生班主任助理管理考核办法》《江门职业技术学院教育与教育技术系五年一贯制班主任助理工作职责及管理办法》，进一步从项目的具体运作、操作实施落到实处。

## 二、运作模式

全方位"导航学长"和精细化"导航学长"两大导航角色配合完成"导航学长"的整个运作，全方位"导航学长"为全部新生班级进行学习生活方方面面的导航，实行普遍导航，而精细化"导航学长"专注于学习生活某一方面给予学弟学妹更深入、更精细的导航，实行精细导航，两者互相配合作用（如图2所示）。

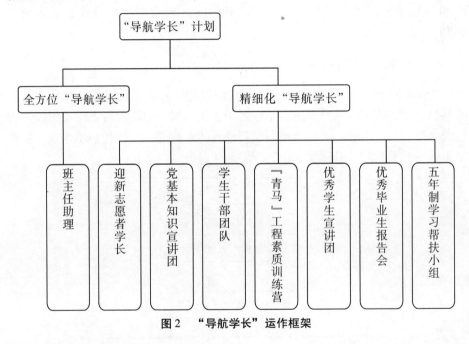

图2 "导航学长"运作框架

### （一）全方位"导航学长"

全方位"导航学长"，也称为班主任助理（以下简称"班助"），采用聘用制的形式，从二年级和三年级选拔优秀学生担任。其中，三年级的为学生党员，且兼任为学生党员联系班级联系员，贯穿新生学年一整年，为全部新生班级进行全方位导航——从入学前联系对接到入学后服务指引、入学教育助教、纪律考勤、班级建设以及活动组织等进行导航，前半年主要务实，后半年主要务虚。

根据《江门职业技术学院教育与教育技术系新生班主任助理管理考核办

法》《江门职业技术学院教育与教育技术系五年一贯制班主任助理工作职责及管理办法》开展的工作有以下几个方面。

1. 打造流程

全方位"导航学长"的打造流程序如表1所示。

表1 全方位"导航学长"打造流程

| 时 间 | 任 务 | 主 要 内 容 |
|---|---|---|
| 4月 | 制订方案 | （1）根据各专业招生计划，估计所需班助人数<br>（2）调查一年级学生对本班班助的意见和建议<br>（3）组织一年级班助进行工作总结<br>（4）结合以上制定新一轮的班助选拔时间、人数、条件、形式等；初定培训内容、时间、形式等 |
| 5月 | 动员报名、选拔 | （1）上旬：一年级优秀班助评选活动，动员报名<br>（2）中旬：正式接受报名，二年级初选<br>（3）下旬：一年级选拔、公示并确定最终班助团队<br>（4）确定最终培训方案 |
| 6月 | 分班、培训 | （1）根据初定招生计划进行分班，对接班主任<br>（2）组建三大沟通网络（QQ群、微信群、飞信群）<br>（3）班助工作基本知识培训<br>（4）新旧班助沟通交流 |
| 7月 | 远程沟通培训 | （1）编写制作本班专属定制"新生入学须知"<br>（2）组建新生咨询群，进行咨询解答培训<br>（3）加强沟通、增强工作默契度 |
| 8月 | 接触新生 | （1）接触新生（电话、QQ群），接受入学前咨询<br>（2）新生入学前培训考核<br>（3）五年一贯制班助迎接新生 |
| 9月至学年结束 | 新生全方位导航 | （1）三年制、三二分段迎接新生<br>（2）军训、入学教育期间关爱新生、纪律考勤、入学教育助教等<br>（3）服务指引、班级建设以及活动组织等其他方面导航 |

按照打造流程，4—8月主要为培训选拔期，8月至学年结束为全方位导航期，严格根据流程表进行班助的打造，力求打造出态度佳（Attitude）、能力强（Ability）、实干好（Action）的3A班助，作为现代学生队伍的重要补充力量，

是班主任的得力助手，是辅导员的贴心帮手，更是师生的良师益友。

### 2. 工作职责

为了更好落实班助全方位"导航学生"的职能，《江门职业技术学院教育与教育技术系新生班主任助理管理考核办法》对班助的主要工作职责进行了规定，归纳如表2所示。

表2 全方位导航学长的主要工作职责

| | |
|---|---|
| 主要工作职责 | ①新生关爱：积极开展谈心交流，及时做好个别"三困生"的成长帮扶工作<br>②服务指引：新生入学前后各方面内容的咨询服务指引，传达学院、系部工作指示<br>③入学教育助教：协助制订新生入学教育方案，安排学生到场学习，现场助教助学<br>④班级建设：参与班级干部的选拔和培养，指导学生建立好班、团组织<br>⑤活动组织：主动指导班级开展教育和社会实践活动<br>⑥学风建设：倡导良好的校风学风，积极配合学院开展校风学风建设<br>⑦定期汇报：定期与辅导员和班主任联系，汇报班级的工作情况 |

在主要工作职责的基础上，还根据学生的特点，三年制、三二分段班助和五年一贯制班助的工作职责有所不同，工作职责对比如表3所示。

表3 三年制、三二分段班助和五年一贯制班助的工作职责对比

| 三年制、三二分段 | 五年一贯制 |
|---|---|
| ①学生党建发展：指导党员新生转移党籍关系、新生入党申请等<br>②奖勤助贷指引：指引有需要新生进行奖学金、助学金、勤工助学、困难补助的申请工作<br>③纪律考勤：军训期间及班委组建完成前负责新生纪律考勤工作 | ①学生入团指引：指导未入团新生申请入团<br>②安全管理工作：落实班级的各项值班工作、协助做好重点未成年人安全问题的预防工作<br>③纪律考勤：新生入学第一学期定期下班级、下宿舍进行纪律考勤 |

因为五年一贯制学生在学习的前三年基本为未成年人，所以学生管理工作的重点集中在安全和守纪方面。而且，为了更好地落实纪律考勤工作，保障学生在校期间的安全问题，班助第一学期都要定期到班级、宿舍进行纪律考勤，与其他班助只需军训期间及班委组建完成前负责新生纪律考勤工作相区别，同

时制定《江门职业技术学院教育与教育技术系五年一贯制班主任助理工作职责及管理办法》并落实执行。

### 3. 考核管理

新生班主任助理的考核每半年或一年进行一次，具体时间由教育与教育技术系辅导员和学生党支部根据具体情况安排，考核内容主要包括思想素质、工作能力、工作效果、工作责任心。考核评价包括：班主任评价（30%）、辅导员评价（30%）、学生评价（40%），考核结果分为优秀、合格、不合格三个档次，并且评选优秀班主任助理（名额不超过班主任助理总数的20%）。

## （二）精细化"导航学长"

精细化"导航学长"由二年级和三年级学生担任，区别于全方位"导航学长"，其专注于学习生活某一方面给予学弟学妹更深入、更精细的导航——入学报到、"我爱我家"文化传承、党建工作、干部培养、专业技能训练、就业规划指导、学习方法过渡等以多样化、项目化的实施形式进行更精细化的导航，实现从入学到毕业前的全过程保驾护航。

### 1. 入学报到精细化导航：迎新志愿者学长

教育与教育技术系迎新志愿者主要负责迎新当天的接待、引领、服务工作。迎新前移工作小组的志愿者按2∶1左右的比例配备，即一名新生配备2名志愿者，主要由系辅导员根据实际工作需要来安排。经过培训后，迎新志愿者按新生班级的情况进行分组开展工作，使新生入学报到当天最方便、快捷地完成报到流程，同时帮助新生解答疑惑，给新生带来院（系）师生的关怀，让新生感受到温暖。

### 2. 党建工作精细化导航：党基本知识宣讲团

主要针对三年制、三二分段新生入学进行"知党·懂党·入党"的党基本培训，每年的4—6月组织学生党员、入党积极分子自行组队进行"党课说课比赛"，从中选拔优秀的队伍参与新生党基本知识入学教育工作。选拔出来的优秀队伍还会继续培训，保证党基本知识宣讲的质量。

新生通过党基本培训，激发入党的积极性，以及向党组织靠拢、向优秀党员学习的主动性，使系部学生党建工作做到"五早"，即早发现、早引导、早培养、早发展、早发挥作用。

### 3. "我爱我家"精细化导航：学生干部团队

由系学生三会承办的"相亲相爱一家人"迎新晚会，是教育与教育技术系学长计划当中的特色项目。每年6月开始，系学生会文娱部及相关部门就开始筹备迎新晚会，从各专业挑选优秀、特色节目进入迎新晚会表演。新生入学后，帮助新生排练迎新晚会新生节目。同时，由系部统一安排相关的老师参加迎新晚会的当天表演，形成了师生同台、新老同欢的相亲相爱一家人的迎新晚会。

通过由学生三会领头的"我爱我家"精细化导航，在新生中营造了良好的集体荣誉感，提高了新生以系为荣、以学长为骄傲的感情，帮助新生尽快适应大学的生活，了解院（系）的文化传承，从而增强新生对教育与教育技术系的认同感、归属感。

**4. 干部培养精细化导航："青马"工程素质训练营**

"青马"工程素质训练营主要包括业务知识讲座和团队训练游戏，通过沙龙、分享会等形式，让新生与学长有充分的沟通与交流，主要培训新生的相关业务知识、提高新生干部的业务工作水平、提高新生干部的沟通能力、提高新生干部的团队协作能力、提升新生干部的思想认识和树立大学社团干部的工作理念等。让新生更加快速地适应大学的社团干部工作，帮助新生适应大学，帮助新生班级快速形成良好的班风学风。

**5. 专业技能精细化导航：优秀学生宣讲团**

每年6月，教育与教育技术系开始从各专业、各方面选拔各类优秀学生组成优秀学生宣讲团，分别从奖学金的获得者、各专业的优秀代表、文体活动积极分子等优秀群体中选拔，并对优秀学生宣讲团的成员进行系列培训，包括礼仪培训、演讲与口才训练等。

9月，在新生入学教育期间，按新生班级的实际情况，将优秀学生宣讲团分成若干小组，每小组4～6人，分别到各班进行"让优秀成为一种习惯"经验交流分享会，与新生分享经验、帮助新生树立优秀习惯的意识，同时引导和鼓励新生及低年级学生申报各类专业技能竞赛、学生学习与发展创新项目等各种有利于学生学习与发展的项目，带领低年级学生进入各种专业的、高素质的平台，同时提高自身的学习和发展能力。

**6. 就业规划精细化导航：优秀毕业生报告会**

每年上半年，教育与教育技术系借助校园技术节的平台，组织优秀毕业生回校与一、二年级的学生进行经验交流、分享，开展以"成长·成才"为主题的优秀毕业生报告会。为学生未来就业明确方向，倡导职业规划的意识，为学生创业提供帮助。

**7. "初中—大学"过渡精细化导航：五年一贯制学习帮扶小组**

根据教育与教育技术系五年一贯制学生目前学习情况的具体实际，在系部的指导下，系团总支青协从相关专业中招募各类优秀学生组成五年一贯制学习帮扶小组。利用学习小组促进学生的学习，培养学生良好的学习习惯和学习进取心，扎实有力地为学生创造更多地参与学习的机会，使他们在学习中变被动为主动、变消极为积极，从而激发学生的学习兴趣。

## 三、"导航学长"运作特色及成效

凭借全员参与、全方位覆盖、全过程贯穿的"三全"神级导航的运作特色，使教育与教育技术系学生在校期间均参与"导航学长"的工作、享受"导航学长"的服务，在完美传承相亲相爱一家人系部文化之余，从入学适应，到融入院（系）优良学风建设工作成为勤于学习的学生，再到在各项素质训练活动中发挥善于创造、甘于奉献、专于技能的精神，最终以100%的就业率投入社会为社会作奉献、追逐理想，达到启动"导航学长"项目的目标和成效——江职成长成才无囧途。

（一）运作特色："三全"神级导航

"导航学长"项目运作具有"三全"神级导航的特色，全员参与有院级最高配备的迎新学长、全方位覆盖深入学生在校生活的方方面面、全过程贯穿打破"只有新生享受学长服务"的传统格局，优秀毕业生也参与到保驾护航的工作中。

**1. 全员参与"相亲相爱一家人"系部文化完美传承**

无论是全方位"导航学长"还是精细化"导航学长"，教育与教育技术系学长计划涵盖全系学生。其中涵盖率最高为迎新志愿者学长，以2∶1的院级最高配备为迎接新生做好最充足准备，在"相亲相爱一家人"系部文化的底蕴下，教育与教育技术系学生积极争当迎新志愿者学长，为这一配备提供了充足的人员保障。还有由各专业学长自发组织的专业迎新，以及"相亲相爱一家人"系部迎新晚会形成的师生同台、新老学生同欢的和谐氛围，使"相亲相爱一家人"系部文化得以完美传承。

**2. 全方位覆盖，结合系部专业特色有所侧重的深入导航**

一般学长计划只是覆盖新生入学教育，辅导新生尽快熟悉新的校园环境，帮助新生尽快适应大学生活，教育与教育技术系的"导航学长"以 PEM – G 为功能定位，设定两大"导航学长"角色，既覆盖新生入学适应方面，更覆盖到适应后在校过程中的心理关爱、服务指引、班级建设、学风建设等多方面。更结合系部专业特色引导和鼓励新生及低年级学生申报各类专业技能竞赛、学生学习与发展创新项目等各种有利于学生学习与发展的项目。例如，教育与教育技术系的文秘职业技能大赛和数学建模大赛，就是以高年级团队带低年级以"传—帮—带"的形式一年一年传承下去的;院级的多个学生科研课题,也是由高年级学生作为主要负责人,带领低年级学生共同组队申报的。

3. 全过程贯穿,从入学到毕业学长全程保驾护航

传统学长计划的贯穿时长仅限于新生时期,也就是说,当新生不再是新生时,将会失去指引,但是任一时期的学生都会有该时期的疑惑和迷惘,因此,"导航学长"打破这一局限,精细化"导航学长"主要在后期发力,比如二年级学生会有三年级的各专业优秀代表、文体活动积极分子带领参加各项各类的院级、市级、省级等技能大赛,三年级党员学生干部也会与二年级表现优良的入党积极分子进行沟通和培养;而三年级的学生会有毕业的优秀学长回校就毕业、就业、进修等话题进行经验交流。以此,"导航学长"可以保证到学生从入学到毕业都有学长全程的保驾护航。

(二)运作成效:江职成长成才无囧途

"导航学长"计划培养的成长成才的最终目标是,培养学生勤于学习、善于创造、甘于奉献、专于技能,成为有理想、有道德、有文化、有纪律的社会主义新人。

1. 报到入学适应无囧途

班主任助理在迎新工作前移、迎接新生、新生入学教育、新生军训、新生宿舍内务整理、新生适应大学学习及生活、协助班主任选拔班干部及建立班委等方面发挥了重要作用。在新生报到工作中,教育与教育技术系共组织600多名迎新志愿者参加迎新工作,系学生三会全体学生干部全面投入迎新的各项工作当中。通过与新生的联系沟通,坚定了新生在教育与教育技术系学习的决心,拉近了老师、学长与新生的距离,使新生很好地适应大学的学习、生活和工作。

2. 优良学风建设无囧途

在班助还有其他优秀学长的积极带动下,2014年统计各班级达到"七高三低"(早操出勤率高、早读出勤率高、晚修出勤率高、上课出勤率高、技能技术证书考取率高、党员率高、毕业生就业率高,学生重修率低、考试违纪率低、旷课迟到早退率低)的目标,教育与教育技术系学生上课出勤率高达99%,早操平均出勤率高达97%,早读平均出勤率高达97%,晚修平均出勤率高达96%。

3. 素质训练提升无囧途

在素质训练方面,教育与教育技术系学生在学长们的鼓励、引导和带动下积极参加学院技术节、艺术节、校园会,参加义工活动,而且也积极参加各种

4. 毕业就业无囧途

教育与教育技术系老师以及学长们利用网络平台，如 QQ、飞信、邮件等，把大学生就业政策、就业招聘信息、毕业审核等相关信息发送到准毕业生手上，让广大准毕业生对就业政策、就业技巧、就业信息等有知情权，并做好学生毕业实习的动员工作。2014 届毕业生初次就业率达 99.02%，最终就业率（截至 2014 年 12 月 10 日）高达 100%，实现毕业就业无囧途。

## 四、"导航学长"发展前景

### （一）"导航学长"计划纳入学生工作体系并成为其重要一环

学生工作处要加强统筹力度，对各系的学长计划进行指导。各系之间要进行有效的沟通，相互联系和支持，促进全院学长计划的发展。

### （二）"导航学长"计划的选拔、培训、实施和考核制度不断完善和健全

学长计划要与职业素质训练学分挂钩，在学生自愿报名的前提下，建立选拔、培训、实施和考核的三级（学院—系部—专业）体系，各级体系应各有侧重和分工。学院应出台学长计划的总则，系部和专业应出台学长计划的实施办法和细则，对表现突出的学长应给予大力的表彰和奖励，并通过学院媒体大力宣传优秀学长的事迹。

### （三）把"导航学长"计划打造成学生实现"三自"的重要手段和载体

首先，在学院的指导下，各系部应该鼓励广大学生参与学长计划。在学长计划实施的全过程中，充分发挥学长的主动性和积极性，作为新生"三自"（自我教育、自我服务、自我管理）的重要手段和载体，同时通过学长计划让新生达到自立、自信、自强的目的。学生通过"三自"这个平台，应把握好学长计划的度，学长计划是帮助和引导新生树立积极向上的大学生活、学习、工作态度，不能代替学生的"三自"作用。

## （四）将"导航学长"计划与职业技能大赛、学生创新训练项目相结合

精细化"导航学长"增设与职业技能大赛、学生创新训练项目相关的专门团队或项目，利用优秀学长对新生的引导和指导，全面协助教育与教育技术系在各类职业技能大赛、学生创新训练项目长效稳定、可持续发展，让低年级学生快速地了解和融入相关活动，全面促进学生创新训练项目的有效开展。

主要负责人：谢进伟、林楚雯等

单位：江门职业技术学院

**参考文献**

[1] 左凯旋，单亚. 高校德育教育中的大学生朋辈教育［J］. 浙江传媒学院学报，2011（3）.

[2] 张洁. 关于构建创新型朋辈教育体系的若干思考——以钱江学院理学分院"壹元教师"育英计划为例［J］. 出国与就业：就业版，2012（5）.

[3] 孙新见. 朋辈教育制度的适用领域及实施［J］. 华章，2011（11）.

# 创客启梦空间

"创客启梦空间"项目旨在结合惠州学院计算机科学系学生的专业背景知识,以培养大学生的实践能力和创新精神为己任,群策群力,打造属于学生自我教育、自我提升的实践平台。该项目以尊重学生的思想自由为基础,结合所学专业知识技术,面向生活和市场需求,有意识地激发学生的创新思维,提高其专业自学能力和实际操作能力,达到学以致用的目的。

"创客启梦空间"项目系列活动由计算机科学系团总支委员会、学生会、自律会和创新实验团队共同组织,以各项竞赛项目为依托,提升学生的学习热情,促进教学相长,形成良好的学风和教风,实现以比赛促学习、促创业和促就业的目的。

## 一、项目理念

项目理念为"创新、创业、提升",即:①结合专业学习,树立以探究式学习为核心的参与者知识观,提高实践操作能力;②培养学生的创新意识,提高学生的综合素质;③建设创业文化,成就时代商才。

## 二、项目特色

### (一) 创新性

创新是"创客"的共同特质之一。"创客启梦空间"把有共同专业兴趣爱好的人聚到一起,以用户创新为核心理念,尝试构建以用户和市场为中心,从创意、设计开始,面向应用的融合,为用户创新环境,从而激发"创客们"巨大的创新活力。

### (二) 实践性

实践是"创客"的另一特质。在拥有创意的同时,需要甄别创意和点子,再用果断的执行力去落实,尝试设计开发出相关的产品。

## （三）客观性

"创客"中"客"的核心是理性思维，兼含客人、做客之意，要求参与者具备开放与包容的精神、乐于分享和传播的行动，展现出人与人之间的良性互动。

## （四）专业性

参与者只有具备扎实的专业基础知识、较强的自学能力和解决问题的能力，才有可能将一切创意和点子转化为详细、可执行的图纸或计划，成为"创客启梦空间"中的精灵和魔法师。

## （五）自主性

"创客启梦空间"的参与者是一群出于兴趣与爱好，喜欢或者享受创新，自觉追求自身创意的实现，努力把各种创意转变为现实的人。

# 三、项目内容概况

"创客启梦空间"项目从2012年开始，在系领导班子高度重视、亲自主抓的前提下开展的，经过几年的实践，项目内容逐步完善，效果明显。

## （一）以创新中心为重点平台

协同创新中心和创新实验室主要由以下几部分构成：行政中心（行政组）、培训中心，旭惠创新中心（移动开发组、网页开发组、常宏开发组、加盟商开发组），新一代IT协同创新中心（C空间APP、考勤管理系统、和诚综合管理系统、数据库自动化管理系统），信息安全协同创新中心（GIS组、Java组、安卓、信息安全组），金迈思协同创新中心。

## （二）以校企合作为契机

在学校大力发展产学研相结合的思想引领下，计算机专业的产学研工作得到了各级领导的高度重视，与多家企业达成了相关的合作协议：广东立沃信息科技有限公司、真维斯服饰（中国）有限公司、广东金迈思信息科技有限公司、惠州华阳通用电子有限公司、和诚信息科技有限公司、惠州市广工大研究院、TCL集团股份有限公司等各大公司和企业等。

（三）以项目培训为途径，培养创业思维

培训项目结合学生参与意愿和所学专业，通过微课堂教学和导生制团队引导，用专业的创业创新知识和商业精英的思维模式激发大学生创新创业的思维，实现灵感与灵感的碰撞。

（四）与企业对接实习，检验学生的实践能力

在合作的企业为学生提供的实习岗位和就业岗位中检验学生的实践能力，协助惠州学院完成人才的培养和输送。

## 四、项目实施

（一）创新中心项目学习

1. **项目活动宣传**

项目活动宣传主要以线上和线下相结合的形式开展宣传。线下宣传是召开协调工作会议，制作宣传单、宣传横幅、宣传海报等；线上宣传主要以QQ、微信、微博等形式开展。

2. **项目参与流程**

项目参与流程主要分为招聘面试、进入流程、进入中心、退出流程几个环节。

3. **制度建设**

制度建设主要由行政管理制度、签订保密协议、进退出机制等构成。

（二）进入机制

"创客启梦空间"项目规定，学生进入项目的任何一个小团队，都需要严格按照相关流程进行报名、赛选、入职（签订保密协议）和培训。相关流程如图1所示。

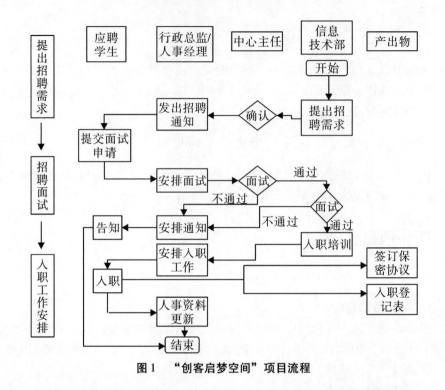

图1 "创客启梦空间"项目流程

### (三)学科竞赛(科技夏令营)

"创客启梦空间"项目各团队的参与者,在暑假期间参加了以下几个比赛:第十一届"博创杯"全国大学生嵌入式设计大赛,第五届"赛佰特杯"全国大学生物联网创新设计应用大赛,第六届"蓝桥杯"全国软件和信息技术专业人才大赛全国总决赛,第三届中国大学生软件服务外包决赛,第十一届"博创杯"全国大学生嵌入式设计大赛(华南赛区),第十三届广东省大学生程序设计竞赛,第六届"蓝桥杯"全国软件和信息技术专业人才大赛,2015甲骨文杯Java程序设计大赛华南赛区复赛,广东省第二届高校大学生原创心理漫画大赛,第四届中国创新创业大赛(广东惠州赛区)决赛,第二届"恺炬杯"惠州创新创业大赛暨首届仲恺高新区APP设计大赛,等等。

## 五、项目成效

### (一)拓展学生综合能力

第一,激发学生的兴趣和想象力。在创客启梦中心,学生们通过结合专业知识和市场的需要，实现思想与思想的无边界交流、灵感与灵感的自由碰撞，设计出一个又一个实践项目，并在多项比赛中取得好成绩。

第二，强化了学生敏锐的洞察力、果断的执行力和克服困难的毅力。行动是思想的支撑，在创客启梦中心，学生除了创意和点子，还需要较强的实践操作能力。在无数次调试过程中，因为从未放弃，才迎来了一次又一次的喜讯。

第三，锻炼了学生的协调管理与团队合作能力。任何一个作品、项目从最初的构思到最终的完美实现，都是一个需要大家合作的过程，学生协调管理能力在其中得到了锻炼和提升。

第四，引导学生拥有终身学习的思维和能力。

第五，奉献与责任意识并存。创客中心的参与者一年一度的支教活动和义务维修活动从未间断。他们通过支教活动，运用自己的专业知识技术服务大家、奉献爱心、树立榜样，用自己的一技之长解他人之忧，不断传递正能量。

## （二）改进人才培养模式

在参与者日渐增长的情况下，结合有限的师资力量有限，创客启梦中心采用了导生制。项目负责老师选拔参加过比赛、有实践活动经验的学生担任导生，再对其开展培训，以老带新，让每个新加入"创客启梦空间"的学生都可以得到有针对性的指导。

## （三）开展微课堂——广搭平台，分享经验

创客启梦中心通过邀请企业、校友到校开展讲座，以微课堂的形式分享经验，加强对外沟通，抓住学生关注的热点，如人工智能的软硬件开源热潮、机器学习技术的不断发展等，拓展学生视野，面向社会市场，贯彻落实"请进来，走出去"的培养和发展策略。

## （四）创新创业典型

### 1. 创建公司（案例）

2014年10月24日，由计算机科学系2011级学生李昌根统筹的"惠州青年俱乐部"团队参加了"汇融杯"惠州市首届青年电商创业大赛，并荣获冠军。2014年8月，李昌根与同学陈文哲、陈文超等共同创办的"短工帮"团队，研发了兼职软件"短工帮APP"，之后成立了广州领聘信息科技有限公司。2016年1月22日，在惠州市仲恺高新区举办的"恺旋人才计划"第四届创新创业新锐成果发布会上，惠州学院学生团队凭"短工邦APP"获30万元的创业奖励。今日惠州网对此事予以报道（如图2所示）。

图 2　今日惠州网报道惠州学院学生创业案例

2. "Flowever Studio" 移动互联网软件工作室

2011 年 11 月，计算机科学系毕业生谭天天、赖晓华成立了 "Flowever Studio" 移动互联网软件工作室。该工作室以 iOS 精品手机应用研发运营为主要业务，多款产品下载量超过百万。

（五）项目比赛获奖

从零开始的努力，硕果累累。2012—2015 年间，参与创业创新实践活动的学生人数达到 160 人。其中，2012 年度实际参与人数 17 人，获奖人次比例为 50%；2013 年度实际参与人数 19 人，获奖人次比例为 84.2%；2014 年度实际参与人数 40 人，获奖人次比例为 100%；2015 年度实际参与人数 84 人，获奖人次比例为 100%。计算机科学系学生获奖覆盖率从 2012 年的 1.8%，提升到 2015 年的 16%。惠州学院计算机科学系学生 2012—2015 年竞赛获奖情况如表 1 所示，2014—2015 年申请专利情况如表 2 所示。

表 1　惠州学院计算机科学系学生 2012—2015 年竞赛获奖情况

| 年　份 | 校级（项） | 市级（项） | 省级（项） | 国家级（项） |
|---|---|---|---|---|
| 2012 | — | — | 3 | — |
| 2013 | — | — | 7 | 1 |
| 2014 | — | — | 10 | 6 |
| 2015 | 15 | 11 | 36 | 9 |
| 小计 | 15 | 11 | 56 | 16 |
| 总计 | 98 | | | |

表 2　惠州学院计算机科学系学生 2014—2015 年申请专利情况

| 年份 | 专利项目数 | 专利产品及专利号 | 专利申请人 |
|---|---|---|---|
| 2014 | 2 | 一种电脑看书架，专利号：ZL2014 20542322 | 陈镇圳 |
| | | 一种载客车，分类号：G 08B21/02（2006.01），授权公告号：CN 203812366 U | 赖昱泉 |
| 2015 | 5 | 一种适用于交换机的 RJ45 接口电路，分类号：H04L12/935（2013.01）I，授权公告号：CN 204291039 U | 陈志芳 |
| | | 一种放大装置，分类号：G 02B25/00（2006.01）I，授权公告号：CN 204405945 U | 赖昱泉 |
| | | 一种放大装置，分类号：G 02B25/00（2006.01）I，授权公告号：CN 104597594 U | 赖昱泉 |
| | | 一种用于交换机的降压电路，分类号：G05F1/46（2006.01）I，授权公告号：CN204462918U | 蔡彬滔 |
| | | 纸巾放卷驱动带，证书号第 4569467 号，ZL 2015 2 0311827.4 | 张文举 |

此外，2015 年，惠州学院计算机科学系学生发表的论文包括《国标与欧标关于纺织品中偶氮化合物检测对比》《数据挖掘算法在服装行业的挖掘应用》《大学教室智能照明系统的设计》《基于 J2EE 的 HZU 社区系统设计与实现》《中国专利信息自动采集器的设计与实现》"A Study of Relationship between RSA Public Key Cryptosystem and Goldbach's Conjecture Properties"《分类算法在服装行业的挖掘应用》。

## 六、项目计划

第一,继续深化校企合作,拓展合作层次和范围,为广大在校学生提供线上线下的锻炼机会,以及获得更多的专业实习和就业岗位。

第二,在知识习得方面,重点培养和树立学生探究式学习的参与者知识观。大力提倡学生积极参与各项竞赛和活动,继续办好有专业特色的"科技夏令营"活动。以竞赛为试金石,检验学习的成果,让"以赛促学,以赛促学风建设,以赛促就业"的模式常态化。充分提高学生的参与积极性,在参赛人数和比赛项目数量上升的同时,重点提高参赛作品和项目的品质,严把质量关。

第三,在精专提升专业知识和技能的同时,树立责任意识,弘扬吃苦耐劳的勤学苦练精神。在学习的同时承担属于自己的社会责任,用己所能服务社会,秉持"穷则独善其身,达则兼济天下"的学习信条,开创和实践自己的梦想,也帮助他人实现梦想。

主要负责人:罗霞、颜志强、杨阳

单位:惠州学院

# 工学结合，学以致用；校企合作，协同育人

## ——汕头职业技术学院"助学—实训—就业'一站式'"项目

"工学结合、校企合作"人才培养模式，是一种充分利用学校和企业不同的教育资源和教育环境，发挥学校和企业在人才培养方面的优势，将以课堂间接传授知识为主的学校教育与企业直接获取实际经验和能力为主的生产现场教育进行有机结合，满足企业需要，实现学生职业能力与企业岗位要求之间无缝对接的应用型人才培养模式。

作为当前我国高职教育发展的一面大旗，"工学结合、校企合作"人才培养模式是新时期高技能人才培养最适宜的模式。汕头职业技术学院（以下简称"学院"）学生就业指导中心自 2007 年开始，联合相关企业开展"助学—实训—就业'一站式'"项目，旨在通过项目的开展，真正实现"工学结合，学以致用；校企合作，协同育人"的目标。

作为一所地方性高等职业院校，汕头职业技术学院自成立之日起，就将以本地产业为依托，以服务于地方经济建设为己任，工学结合，努力将学生培养成为高技术、高技能的社会应用型人才。为更好地实现工学相衔接的格局，学院根据国务院、人社部、教育部、发改委等有关文件精神，结合汕头经济的发展情况，于 2007 年开始，由学生就业指导中心牵头，联合汕头经济发展支柱产业（玩具产业）会长单位，联合开展"助学—实训—就业'一站式'"项目（以下简称"一站式"项目）。

## 一、共工同学：项目理念与特色

（一）项目理念

"一站式"项目贯彻"共工同学"的宗旨，引导学生通过参与项目，"共工作，同学习，在学中做，从做中学"，真正做到"工学结合，学以致用"。与此同时，"一站式"项目合作企业为地方经济支柱产业领头单位，双方充分利用企业和学校两种教育资源和教育环境，发挥企业和学校两方面的人才培养优势，共同作用于学生，实现"校企合作，协同育人"。

## （二）项目特色

从育人模式和项目影响范围来看,"一站式"项目有别于一般学生事务工作,其主要体现在:

首先,从育人模式来看,"一站式"项目有别于传统项目的理论性教学或单维度的思想政治教育,采用"工学结合、校企合作"的模式,通过理论联系实际,将以课堂间接传授知识为主的学校、教育与直接获取实际经验和能力为主的生产现场教育有机结合,实现学生职业能力与企业岗位要求之间的无缝对接。这种"协同育人"的人才培养模式,有利于更好地提升学生的就业核心竞争力,让学生能更便捷、充分地参与就业。

其次,从项目影响范围来看,"一站式"项目覆盖的维度更大,影响范围更广。于学生层面,既提高了学生的社会实践能力和动手能力,又通过参与项目获得报酬,解决了相对高学费、生活费给当今大学生家庭所带来的经济上的压力;于学校层面,既拓宽了高职学生在校期间的实习、实训渠道,又增加了家庭经济困难学生在校期间勤工助学的机会;于用人单位层面,既解决了单位因人力不足所造成的阶段性人力短缺现象,又可以缩短招聘毕业生所需要的就业培训期,实现毕业生直接就业的目标。

## 二、知行合一：项目实施方法与过程

### （一）项目实施思路

#### 1. 第一阶段：计划（P）

学生就业指导中心拟定"一站式"项目合作方案,在中心建立的用人单位信息库中选择相应企业（侧重于地方经济发展支柱产业）,投递合作方案。学生就业指导中心根据有合作意愿企业规模、性质、经营范围,与学校开设专业相切合程度等模块,组织对应职能部门对企业进行考察评估。评估通过后,经学校领导批准,与企业签订"一站式"项目合作协议,制定细化合作内容。

#### 2. 第二阶段：执行（D）

企业根据分阶段用人需求制订招聘计划,提前到学校进行人员招募。符合条件的学生进行报名,通过面试,利用寒暑假、黄金周等节假日到企业工作。依据教育部相关文件,企业本着"精准助学"原则,结合学生工作时间,支付给学生相应报酬,并对参加"一站式"项目的学生从工作上、经济上给予适当的倾斜和照顾。学校根据相关专业课的课程安排拟定实习实训计划,提前反馈给企业,在不影响企业生产的前提下,定期组织相应专业学生到企业进行实习、实训，企业根据自身工作安排给予充分考虑，并安排专业技术人员在学生实习、实训过程中予以指导。经过一段时间的合作后，根据双向选择原则，结合企业自身用人需求，在企业和毕业生达成就业意向的前提下，企业可在参加"一站式"项目的学生中挑选人才到企业就业。

3. **第三阶段：检查（C）**

在"一站式"项目开展一定时限（一般为一年）后，学校、企业分别组织相关人员对项目开展过程中存在的问题进行检查，确认是否达到项目预期效果，并对检查结果进行记录。

4. **第四阶段：处理（A）**

围绕"一站式"项目开展工作会议，根据检查结果，采取相应的措施。将能纳入标准的成功经验进行标准化；指出存在的问题，提出计划和改进方案，并在下一周期的"一站式"项目中执行，达到"协同育人"的目的。

（二）项目实施过程

"一站式"项目自2007年实施以来，共经历了初步磨合、中期发展、深度合作三个阶段，各阶段的主要做法如图1所示。

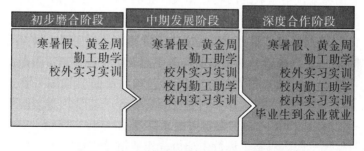

图1 "一站式"项目各阶段的主要做法

1. **初步磨合阶段**

（1）时间：2007—2009年（时间跨度为3年）。

（2）参与人数：297人。

（3）主要做法：企业根据当年度阶段性人才需求，制订招聘计划，于每年5月、11月将相应需求简章发送至学校。学校通过网站、微博、海报、广播等多种形式对项目进行宣传，组织符合条件的学生报名，且优先考虑学业成绩合格及家庭经济困难学生。报名结束后，企业组织招聘人员到学校进行面试，择优挑选学生参与当年度的"一站式"项目。通过面试的学生，于当年寒暑假、黄金周等假期到企业进行为期一周至两个月不等的工作（食宿均安排在企业内）。在工作过程中，学校及企业秉承"知行合一"的育人理念，学校指派学生就业指导中心专职教师定期到企业与学生进行思想交流，了解学生的工作动态；企业指派专业技术人员对学生进行作业指导，切实提升学生动手能力。工作结束后，企业本着助学原则，结合学生工作时间，支付给学生相应的报酬。与此同时，在生产进程不被打断的前提下，企业接受学校相关专业学生到企业进行实习、实训，并安排专业技术人员在实习、实训过程中对学生进行指导。

2. 中期发展阶段

（1）时间：2010—2012 年（时间跨度为 3 年）。

（2）参与人数：2092 人。

（3）主要做法：项目在运行三年后，基本步入正轨。学校与企业根据项目已有基础，结合学校新实训楼建成的契机，深挖"工学结合、校企合作"人才培养模式内涵。经过多方多次考察论证，在保留原有合作项目的基础上，于 2010 年在校内共建生产性实训基地——"'一站式'项目进校园"（企业提供设备及技术，学校提供场地）。生产性实训基地建成后，较好发挥了"一站式"项目对"工学结合、校企合作"人才培养模式的铺垫作用。一是解决了学校实习实训场地设备紧缺的问题。相关专业的学生在上课时间可在生产性实训基地进行实训操作，提升知识储备和实际动手能力。二是推进了在校学生对"一站式"项目的参与力度。学生根据自身课程安排挑选没课的时间登记报名，企业根据学生登记工作时间及工作排期，挑选学生参与"'一站式'项目进校园"。在工作过程中，学校及企业秉承"知行合一"的育人理念，学校指派学生就业指导中心专职教师定期到企业与学生进行思想交流，了解学生的工作动态。企业高管每月两次定期到实训基地与学生进行工作交流和业务培训；企业指派专业技术团队对学生进行生产流程作业指导，较大程度地提升学生的团队配合能力及动手能力。"'一站式'项目进校园"开展前三年时间，共有 2092 名学生参与其中，平均每年参与"'一站式'项目进校园"的学生占当年度在校生人数的 10% 左右。

3. 深度合作阶段

（1）时间：2013—2015 年。

（2）参与人数：1645 人。

（3）主要做法：近几年来，由于企业所在行业发展较之前衰退，致使企业所需人才出现一定幅度的缩减，故 2013—2015 年，"一站式"项目参与人数出现较大幅度的减少。但"一站式"项目在前两个阶段的成功运营，依然得到了企业、企业所在行业协会、参与学生及社会的一致认可。"一站式"项目培养出的学生业务上手速度快、动手能力强,也得到了企业的青睐。自 2010 年开始,企业逐步在"一站式"项目的参与学生中招募人员到企业就业,从事生产领班及外贸业务工作。2013 年起,由合作企业牵头所在行业协会相关单位,到学校举办毕业生供需见面会。三年时间,"一站式"项目共为企业输送人才近百名,其中,本企业录用就业 18 人,输送到兄弟企业、行业协会就业 80 余人。

## 三、德技双馨:项目成效与经验

### (一)主要成效

#### 1. 覆盖面广,实现多方共赢的局面

"一站式"项目从 2007 年实施以来(截至 2015 年),先后有来自四个校区的学生 4034 人次参与到项目中来(相当于平均每年有接近 10% 的在校学生参与该项目)。其中,"一站式"假期项目截至 2015 年开展了 9 年,累计参与学生 761 人次,企业为学生发放助学基金 35 万元、工资 277.1 万元;"一站式"进校园项目截至 2015 年开展 6 年(每年开展 8 个月),累计参与学生 3273 人次,企业为学生发放助学基金 20 万元、工资 223 万元(见表 1)。

表 1 "一站式"项目历年参与人数与发放工资情况一览(截至 2015 年)

| "一站式"假期项目 | | | "一站式"进校园项目 | | |
| --- | --- | --- | --- | --- | --- |
| 年份 | 参与人数(人) | 发放工资(万元) | 年份 | 参与人数(人) | 发放工资(万元) |
| 2007 | 77 | 19.2 | 2007 | / | / |
| 2008 | 127 | 34.2 | 2008 | / | / |
| 2009 | 93 | 26 | 2009 | / | / |
| 2010 | 79 | 31.6 | 2010 | 495 | 36.3 |
| 2011 | 127 | 53.3 | 2011 | 653 | 43.7 |
| 2012 | 72 | 29 | 2012 | 666 | 45 |
| 2013 | 46 | 20.7 | 2013 | 487 | 37.6 |
| 2014 | 95 | 42.8 | 2014 | 506 | 31.1 |
| 2015 | 45 | 20.3 | 2015 | 466 | 29.3 |
| 合计 | 761 | 277.1 | 合计 | 3273 | 223 |

参与"一站式"项目的学生，60%实现了当年度校内生活费自理，8%实现了学费、生活费自理。学生在参与项目后的反馈心得中，23.2%选择了"职业道德修养得到更好的养成"，25.2%选择了"自主学习能力得到提高"。这也从侧面反映出，通过"一站式"项目，学生更好迈向了"德技双馨"的目标，如表2所示。

表2 学生参加"一站式"项目收获情况统计

| 参与"一站式"项目的收获 | 人数（人） | 占第一选择百分比（%） |
| --- | --- | --- |
| 社交能力得到提高 | 377 | 29 |
| 自主学习能力得到提高 | 328 | 25.2 |
| 职业道德修养得到更好的养成 | 302 | 23.2 |
| 专业技能更加深厚 | 294 | 22.6 |
| 总计 | 1301 | 100 |

"一站式"项目的实施，一是缓解了相对高学费、生活费给学生的家庭带来经济上的压力；二是解决了企业因人力不足所造成的阶段性人力短缺问题，缩短招聘人才所需要的培训周期；三是拓宽了高职学生在校期间的实习、实训渠道。该项目对提升学生就业核心竞争力、拓展毕业生就业平台以及校企合作协同育人等方面起到了积极的推动作用，开创了学生、学校、企业多方共赢的良好局面。

2. 影响深远，获得了较好的社会效应

"一站式"项目采用"工学结合、校企合作"的人才培养模式，得到了社会各界的广泛关注，广东省教育厅领导、汕头市委市政府领导曾多次莅临在校内的生产性实训基地指导工作，汕头电视台《汕头新闻》栏目以专题形式对"一站式"项目进行报道。"一站式"项目新颖的开展形式还得到兄弟院校的借鉴与学习，此外，学生就业指导中心领导下的学生创业实践协会作为"一站式"项目的协助社团组织，获得了校园优秀社团、市级优秀学生社团、广东省优秀学生社团等荣誉称号。

（二）基本经验

**1. 坚持宗旨，紧抓地方经济发展支柱产业**

作为一所地方性高职院校，汕头职业技术学院自成立之日起，就以服务于地方经济建设为己任。因此，学生就业指导中心在策划"一站式"项目时，就将合作对象定位为地方经济发展支柱产业的领头企业。在项目实施时，结合区域发展和企业需要，实行"工学结合、校企合作"的人才培养模式，强化企业对教学计划、课程实施、顶岗实习的责任，提高人才培养质量，协同育人，打造"招生、培养、就业"三位一体的新模式，最终实现在校学习与企业实践、技能提升与就业适应、人才培养与市场接轨"三赢"模式，切实提升毕业生的就业质量和就业竞争力，创新就业渠道。

2. 以生为本，贴近学生生活实际之所需

高校学生事务的服务对象是广大学生，受众也是广大学生。因此，任何学生事务工作要发挥其带动作用，均须做到以生为本，贴近学生生活实际之所需。"一站式"项目在实施以来，努力达到以生为本：鉴于学校地处郊区，学生较难寻找到合适的勤工助学机会，学生就业指导中心与企业经过多方努力，在校内开设了生产性实训基地，为学生提供良好的校内勤工助学平台；鉴于学生只能在课余时间参与工作，学生就业指导中心与企业又创新工作方式，设立多时段的"工班"制度，让更多有意愿的学生参与到"一站式"项目中来，实现"精准助学"。正是坚持从学生的生活实际出发，以生为本，自2010年"'一站式'项目进校园"开展以来，同学们的参与热情逐年高涨，项目成效日益显著。

3. 固本拓新，打造校园精品文化项目

高校学生事务项目要打造成校园精品文化项目，既需巩固原有基础，着力打造品牌，又需勇于创新。"一站式"项目实施以来，学生就业指导中心成员便不断思考如何深化项目的品牌。在保障"一站式"项目既有基础上，通过到企业实地考察、外出学习其他高职院校在"工学结合"方面的先进做法等方式，累积了相应的工作经验，固本拓新，在校内开设了"'一站式'项目进校园"生产性实训基地。在企业人才需求出现一定幅度的缩减时，及时调整合作思路，围绕企业产品销往国外的特点，结合国家提倡的"大众创业，万众创新"理念，着重培养"互联网＋"外贸、电商类人才并输送到企业。通过紧跟经济发展动态，及时调整合作思路和合作模式，将"一站式"项目打造成为校园内的精品文化项目，得到了企业、社会、学生、学生家长的一致认可。

# 四、同学共创：项目未来计划

"一站式"项目自2007年实施以来，取得了丰硕的成果。9年时间，共有4034人次参与到项目中，企业累计为学生发放助学基金55万元、工资500.1万元。在项目开展过程中，通过不断总结，也发现了项目的不足之处，例如，学生在创新创业能力的提升方面未能达到预期效果，部分地方产业会随着经济发展新常态而逐步衰退，等等。有鉴于此，学生就业指导中心紧跟经济发展动态，及时调整合作思路和合作模式，拟定"一站式"项目未来发展计划：①将原有品牌项目按照既定模式继续开展，根据经济发展新常态，优化"'一站式'项目进校园"模式，调整项目投入侧重，更好地发挥项目"协同育人"的作用。②增设一个新的项目。2016年，学院计划与潮州三环集团股份有限公司（潮州市规模最大企业）合作，沿用项目理念，增设"三环'一站式'"项目。通过发挥企业规模大、资质雄厚、专业技术力量踏实、项目科技含量高的优势，深挖"一站式"项目的内涵，确保"一站式"项目能够持续、良性的开展。③开展短期创新创业能力培训。2016年，学生就业指导中心在推行"一站式"项目的同时，结合学院创新强校项目"高职学生创业能力培育与实践项目建设"同步开展。联合具备创业培训资质的机构，开展短期跨境电子商务培训课程。通过"复合式"项目开展，弥补学生在创新创业能力存在的不足。"同学习、共创新"，让学生成为具备创新创业能力的高技术应用型人才，从而进一步实现提升学院毕业生的就业核心竞争力的目标。

## 五、结语

"工学结合，学以致用；校企合作，协同育人。"经过9年的不断探索、实践，"一站式"项目取得了丰硕的成果和较好的社会影响力。项目立足于学院实际和办学特色，以生为本，以"知行合一、德技双馨"为指导，立意深远，运作规范，对高职高专院校"工学结合、校企合作"人才培养模式的开展具有较强的示范意义和推广价值。接下来，汕头职业技术学院将更加注重"工学结合"的理论研究，积极探索"校企合作"的人才培养新模式，将"一站式"项目打造成具备更强示范性、引领性，辐射面范围广、推广价值高的精品项目，为培养高素质应用型人才作出新的贡献。

主要负责人：姚树民、陈锦德、陈东晨<br>单位：汕头职业技术学院

# "语心晴"项目

## ——广东女子职业技术学院二级心理辅导站开展心理健康教育的探索与实践

## 一、引言

### (一) 高职女校大学生的心理特点

高职女校大学生是高校大学生中的特殊群体,在女校富有女性特色的教育理念、校园环境和社会、历史的环境影响下,呈现出与一般大学生不一样的心理特点。

孟彩通过使用《症状自评量表SCL90》和大学生人格问卷(UPI量表)对广东高职女校2010—2012年入学的"90"后女大学生的心理健康状况进行调查分析得出:"'90'后女大学生总体心理健康水平较好","对自身的心理健康问题十分关注,并且有很高的求助愿望","其心理健康问题的特点是以自我为核心,对学业问题、人际关系问题关注较多,主要表现为情绪波动大、敏感,注意力内投,以强迫为主要症状"。宋岩等对女大学生展开调查,发现她们在问卷调查"你认为要成功做好一件事,最重要的是"多项选择中,选择有信心、有正确的方向和目标、有正确的方法居于前三位,分别占被调查女生的96%、94%、94%。可见,培养女生自信自立、引导女生明确方向和目标以及提供方法支持,是当前女生实现成长与发展的诉求。同时,在开放性题目"需要院系提供哪些方面的帮助和服务"的回答中,提供心理健康教育、指导职业生涯规划以及多提供实践锻炼的平台是被调查女生提及最多的需要。

结合以上研究以及日常对学生的接触观察,我们得出:高职女校大学生心理健康状况总体较好,每年会发现数例由于心理问题引发的过激行为,这些行为的发生往往是由于当事人对自身心理问题的不知、不知如何解决或有意隐瞒,但都在学校的可控范围内。在对待自身心理健康的态度上,大多数学生都有希望获得心理健康教育和提升心理素质的良好意愿,但在自我认知和自我实现上普遍存在"自尊与自轻同在、自信与自卑同在、自立与依赖同在、自强与软弱同在、理性与感性同在"的矛盾心理,成为影响大学生身心健康发展的重要因素。

## （二）高职女校大学生的心理健康教育现状

2012年广东省教育厅制定了《广东省普通高等学校学生心理健康教育与心理咨询工作基本建设标准（试行）》（以下简称《基本建设标准》），在人员配备上要求"在校生规模1万人以下的高校配备心理健康教育专职教师不得少于2名；1万人以上的高校，按照5000：1的比例配备专职教师"。当前，广东女子职业技术学院有6000多名大学生，学校心理健康教育中心有2位专职心理教师。校级层面开展的心理健康教育包括心理健康教育课程、心理咨询与辅导、各类心理健康宣传活动三种途径。课堂教学是心理健康教育的主渠道，主要面向新生开设大学生健康教育公共必修课、面向二年级学生开设女性心理学公共选修课以及面向毕业班学生开设就业心理调适讲座，并结合学生相对集中表现的心理困惑和问题，定期举办大型心理讲座；心理咨询与辅导是心理健康教育的重要途径，学校每周会安排心理教师为学生提供心理咨询服务；女校心理健康活动丰富，每年会举办校园心理咨询会、"525"心理健康月活动、心理知识竞赛、心理剧大赛等，为学生提供了多途径接触心理健康知识的平台。

校级层面的心理健康教育工作普及面广，师资力量专业，可以说，女校大学生心理健康水平总体较高离不开学校心理健康教育的积极影响。但是，课堂教学虽然能够普及心理健康知识，但是进入大二后的覆盖面却在缩小；心理咨询能够有针对性地解决大学生心理问题，而进行心理咨询的学生通常是愿意主动寻求心理帮助或者是被发现存在明显心理问题的学生，对于没有意识到自身心理问题或意识到自身心理问题却不愿接受心理咨询的学生，心理咨询的作用难以充分发挥；校级心理健康活动通常规模大、普及广，却难以针对各系学生的特点深入开展活动。这是校级心理健康教育存在的普遍情况，因此，面对规模庞大的学生群体和复杂多样的学生心理需求，尤其需要二级心理辅导站发挥承上启下的中坚力量。

## （三）高职女校二级心理辅导站发展现状以及存在优势

我国高校二级心理辅导站建设起步较晚，2006年，广东省教育厅思政处向广东省内六所高校发布《关于开展广东省普通高等学校心理健康教育师生互助计划试点工作的通知》，要求"各高校二级院校（系）要设立大学生心理辅导站"。广东女子职业技术学院二级心理辅导站始建于2010年，一直在"摸着石头过河"。目前，广东女子职业技术学院5个系在系党总支的领导下均已设立心理辅导站，各由1名辅导员兼任指导教师，其中2个心理辅导站隶属于系学生会，以心理部的形式存在，另外3个心理辅导站的管理相对独立，按需设岗，陆续组建起职能部门。

广东女子职业技术学院二级心理辅导站发展至今，已取得了明显的工作成效，作为对校级心理健康教育的有效补充和拓展，在开展心理健康教育方面具有以下优势：第一，承上启下整合资源，能深入开展心理健康教育。二级心理辅导站是连接学校心理健康教育中心和大学生群体的关键枢纽，不仅能够依托学院心理健康教育力量，还能充分开发院系教育资源，深入学生班级和学生宿舍开展工作。第二，熟悉学生情况，开展工作具有天然优势。二级心理辅导站的工作团队主要由系领导、辅导员、学生干部组成，不论是教师还是学生干部都更加熟悉学生的具体情况和心理诉求，学生更容易去信任和亲近他们，工作也更有针对性和灵活性。第三，结合学生专业特点，创新人才培养模式。心理健康教育是大学生人才培养体系的重要组成部分，广东女子职业技术学院有20多个专业，学校心理健康教育中心难以结合各系专业开展心理健康教育，而二级心理辅导站具备这方面的独特优势，可以结合专业特点来创新教育模式，全面提高学生综合素质，从而提升职业竞争力。

## （四）二级心理辅导站开展心理健康教育面临的问题

当前，广东女子职业技术学院二级心理辅导站的建设还存在着职责定位不明确、教育方式有待开发、影响力低于传统学生组织、师资力量有限等问题，而这些问题中，最紧迫的是职责定位问题，只有解决了这个关键问题，才能更好地解决其他问题，二级心理辅导站才能更好地发挥作用。

二级心理辅导站的工作职责问题表现在两个方面。第一，工作职责重点不明确。根据《基本建设标准》的规定，二级心理辅导站的工作职责可以划分为心理健康知识宣传和学生心理动态监护两大类。在实际工作中，心理辅导站一直很重视学生心理动态监护，尤其高度关注存在心理问题并可能引发过激行为的少数学生，力求对她们进行全面监护，而对于心理健康知识的普及宣传却显得不够重视或者力不从心，容易忽略大多数学生寻求心理成长的需要，缺乏针对学生特点和心理诉求开展相应的心理健康教育。当然，对学生进行心理动态监护应该是心理辅导站的首要职责，但是开展心理健康知识的普及宣传更是着眼未来，符合大学生的心理期待，具有长远意义，二者应"两条腿走路"，相辅相成、共同发展。

第二，工作职责与学校心理健康教育中心混淆。心理健康教育中心和二级心理辅导站本是垂直工作关系，心理辅导站应该协助心理健康教育中心完成各项工作，但是心理辅导站不能仅协助心理健康教育中心开展各项工作，完成基本工作职责就行了，还需要根据系部学生的具体情况开展有针对性的工作，从而对校级心理健康教育进行有效补充，这也是目前开展工作的难点和重点所在。

因此，在重视学生心理动态监护的同时，充分加强心理健康知识的普及宣传，并结合学生特点深入开展行之有效的心理健康教育，是二级心理辅导站首先需要厘清的工作职责问题。明确了问题所在也就找准了工作方向，才能充分发挥二级心理辅导站的优势，心理健康教育工作才会事半功倍。这也是广东女子职业技术学院开展二级心理辅导站心理健康教育工作探索与实践的初衷和目标。

## 二、项目名称

"语心晴"项目由广东女子职业技术学院于 2010 年 9 月提出并实施，"语心晴"既是项目名称，也是应用设计系二级心理辅导站的站名和心理健康报纸的名称，它的寓意是通过沟通，搭建起心灵的桥梁，为同学们撑起一片晴空。

## 三、项目理念

"语心晴"项目秉承广东女子职业技术学院以"自尊、自信、自立、自强"的"四自"精神塑造女性人格的办学理念，提出"倡导女生关注身心健康，普及心理健康知识，发挥朋辈教育力量，推动心理自助和心理成长"的项目理念。项目从四个方面进行打造：①发挥朋辈教育力量，全面构建心理健康防护体系；②紧贴女生心理需求，打造品牌特色活动；③紧密结合专业，探索心理健康教育新形式；④注重工作站组织建设，加强心理健康文化建设。力求在大学生中营造关注心理健康、重视心理成长的良好氛围，促进身心健康发展和提高心理素质，从而提升大学生职业能力和职业竞争力。

## 四、项目特色

"语心晴"项目的特色在于：第一，从系部层面建立起覆盖全体大学生的心理健康教育工作体系，构建区别于传统学生组织的学生工作部门，探索二级心理辅导站工作模式；第二，将心理健康教育纳入广东女子职业技术学院人才培养体系中，结合女生心理特点，探索女性人才培养新形式；第三，紧贴学生专业，探索专业培养与学生心理健康教育契合的教育新模式，将心理素质的全面提升与职业能力、职业竞争力的发展紧密结合。

## 五、项目实施

（一）项目主体

应用设计系高度重视心理健康教育，专门成立心理健康教育领导小组，成员包括系务委员会主要成员和心理健康教育专家。心理健康教育领导小组下设二级心理辅导站——"语心晴"工作站。工作站设立了站长、副站长职位和秘书部、宣传部、编辑部、公关实践部四个职能部门，并在每个班级选任1名心理委员，在每间宿舍选任1名心灵守望者，组建了近260人的学生工作团队。工作站以保密、贴心为服务宗旨，力求全面掌握学生的心理动态，探索开展各类心理健康教育活动，为同学们提供心理帮助和暖心服务。

同时，为了加强心理健康教育师资力量，应用设计系组建了教师工作团队，成员包括系主任、系党总支书记、系学生党支部书记、系团总支书记、辅导员，邀请了学校心理健康教育中心教师以及校外大学生心理健康教育专家共计9位老师，为落实心理健康教育工作、保障心理健康教育成效提供了坚实的后盾。

（二）项目内容

**1. 发挥朋辈教育力量，构建心理健康防护体系**

（1）建立四级心理防护体系。在学校心理健康教育中心的指导下，应用设计系建立了学校—系部—班级—宿舍四级心理健康防护体系，形成了宿舍心灵守望者—班级心理委员—工作站干部—心理健康教育中心的心理动态周报和双周汇报制度。汇报内容包括班级人际关系、学习状况、特殊作息表现、身体状况异常、情绪低落、行为表现异常以及其他特殊情况。为了有效处理各类学生心理问题和状况，应用设计系制定了心理健康问题分类标准和处理方法、心理健康档案归档要求并设计归档表格，定期通过心理动态汇报、心理测查、个别汇报等渠道全面摸查学生的心理健康动态。

（2）注重培养朋辈教育力量。研究表明，大学生更愿意向身边的同龄人敞开心扉，倾诉烦恼，朋辈之间容易沟通接纳和引起共鸣，因此，朋辈教育力量是心理健康防护体系的重要组成部分，能够对心理教育师资力量进行有效补充。

应用设计系现有近1370名学生，心理工作学生干部团队约有260名成员，约占全系学生的19%，可以说，每5名学生中就有1名朋辈工作者，对于朋辈学生干部的培养，主要从三个方面展开：①每年针对各级学生干部开展心理健康知识、朋辈心理咨询、业务能力拓展的培训和团队协调、自我探索方面的拓展；②注重实操锻炼，注重推动学生干部之间的"传—帮—带"来传承工作、锻炼能力；③采用"以赛促学"的方式，心理辅导站会根据工作需要来开展各类竞赛，提升干部综合能力，如举办心理知识竞赛、拉赞助比赛、"残酷一叮"演讲比赛等。

**2. 紧贴女生心理需求，打造品牌特色活动**

针对高职女校大学生心理特点，应用设计系探索开展了形式多样的心理健康教育活动，并将一些卓有成效的活动形成品牌延续下来。

（1）举办女生宿舍人际关系主题活动。由于女生心思细腻敏感，彼此生活习惯和性格差异较大，广东女子职业技术学院的学生宿舍矛盾明显。应用设计系每年会举办"女生宿舍问题及对策"的主题讲座、宿舍关系团体咨询等活动，帮助同学们分析宿舍矛盾症结和寻求解决方案。2014年曾邀请华

图1 苏斌原博士参加"宿舍关系"沙龙

南师范大学心理咨询研究中心教师苏斌原博士参加"我与舍友的那些事儿"——女生宿舍人际关系沙龙（如图1所示）。

（2）遵循心理健康时间节律开展心理健康教育活动。心理健康发展具有一定的时间节律，每学期的开学初、期末和临近毕业这些时段，是学生心理问题相对集中的时期，心理辅导站会在这些时间节点加强心理健康防护和教育。此外，每年春季是抑郁高发季节，心理辅导站已连续举办5届春季防抑郁活动，包括游园活动、拔河比赛、户外踏春活动等，通过丰富有趣的活动引导大学生们赶走阴霾心情，增强心理健康自助和互助意识（如图2所示）。

（3）举办女生中医养生保健活动。针对女大学生身心特点，二级心理辅导站每学期邀请广州中医药大学青年志愿者协会来学院举办女生中医养生保健活动，已经连续举办了7期。保健活动包括现场演示中医传统的按摩推拿、贴耳穴、刮痧、量血压等诊疗方法，烹制派送花茶以及女生中医养生沙龙等，活动广受好评（如图3所示）。

图2　春季防抑郁系列活动

图3　中医保健系列活动

（4）举办女生恋爱心理主题活动。大学生普遍关注恋爱问题，在女校特殊的环境下，女大学生的恋爱心理是重要关注内容。应用设计系举办恋爱心理主题讲座、发行的《语心晴》报纸、"心晴姐姐"答疑时间等途径开展活动。例如，邀请学校心理健康教育中心孟彩老师开展"转角遇见爱"的主题讲座，给同学们分析如何判断和选择真爱，如何正确地看待性以及性行为在婚前、婚后给女性带来的不同影响，引导同学们树立正确的恋爱观、婚姻观。

（5）举办"525大学生心理健康月"系列活动和各类素质拓展活动。每年5月为大学生心理健康月，应用设计系连续4年举办丰富多样的活动，如播放心理电影、游园会等。此外，每年应用设计系会开展各类主题团队拓展，包括新生破冰素质拓展（如图4所示）、学生干部团队拓展、

图4　新生破冰素质拓展

人际关系主题拓展等。其中，新生破冰素质拓展已经连续举办了 4 届，帮助新生更好地融入大学集体生活，让其感受到女校大家庭的温暖和团体中信任、协作和友谊的珍贵。

### 3. 紧密结合专业，探索心理健康教育新形式

应用设计系涵盖有艺术设计、影视传媒和信息技术类专业，工作站通过探索开展紧密结合专业的心理健康活动，希望既能满足学生希望得到实践锻炼的心理需求，又能推动学生心理健康成长。

（1）多渠道打造"语心晴"网络宣传阵地。应用设计系开通了"语心晴"新浪微博、"语心晴"微信公众号、心理咨询 QQ 群、语心晴倾诉邮箱，以及创建工作站网站。网络宣传征地的创建和设计均由学生参与。通过这些渠道，定期更新心理健康知识，宣传心理健康活动，为学生提供寻求心理帮助的平台（如图 5 所示）。

图 5　"语心晴"网站首页

（2）出版发行《语心晴》心理健康报。应用设计系创办的《语心晴》心理健康报，是女院第一份心理健康报。报纸每期印刷 1000 份，已发行 13 期，内容包括女校新闻报道、时事热点分析、心理专题、心理案例、书籍推荐、学生投稿等，力求贴近学生生活和心理需求。报纸从文章到排版都由学生全程参与，实用丰富的内容和活泼有趣的版面设计，受到大家的一致好评（如图 6 所示）。

图 6　《语心晴》报纸

（3）举办各类宣传心理健康理念的征集活动和比赛。为了更充分地锻炼学生专业技能，应用设计系举办了工作站宣传片、摄影作品、工作站站徽、心理书签等征集活动，以及工作站站服设计大赛、PPT设计比赛等活动，既让学生的专业技能得到锻炼，又能起到心理健康宣传和教育的作用。

（4）探索开展绘画治疗。绘画治疗是让绘画者透过绘画的创作过程，利用非语言工具，将混乱的心、不解的感受导入清晰、有趣的状态，可将潜意识内压抑的感情与冲突呈现出来，并且在绘画的过程中获得疏解与满足，从而达到诊断与治疗的效果。应用设计系的专业大多需要绘画基础，学生对绘画创作普遍喜欢，因此，工作站每年举办原创心理漫画大赛、大型现场涂鸦活动（如图7所示）。希望通过这样的艺术形式让同学们释放压力，找到适合自己的心理调节方式，从而推动大学生心理健康成长。

图7　涂鸦活动

**4. 注重工作站组织建设，加强心理健康文化建设**

（1）注重工作站组织建设。作为新成立的学生工作组织，应用设计系重视工作站的组织建设，借鉴企业工作标准操作规程（SOP）管理经验，制定了《二级心理辅导站工作职能与工作规范》，详细制定了工作站各部门的工作职能和操作规范，以及各级学生干部选拔、试用、考核细则，特别在干部考核方面，工作站针对职能部门学生干部的工作特点，采用活动项目自评和基础工作成效评估相结合的方式，将学生工作进行量化考核，达到学生干部自我督查和科学评估的效果。

（2）加强工作站文化建设。应用设计系注重工作站文化建设，在建立线上线下心理健康文化阵地的同时，还面向广大学生征集了心理辅导站站名、站徽、工作服、书签、名片等（如图8所示）。通过征集，工作站定名为"语心晴"，寓意是通过沟通，搭建起心灵的桥梁，为同学们撑起一片晴空；站徽设计由太阳、心、舞动的丝带和跳跃的女孩组成，体现了女大学生的朝气蓬勃，心形采用黄绿渐变，象征着心情的转晴；工作服荷叶边衣摆的新颖设计和渐变的月牙绿体现出女生的青春明朗；工作站书签、名片等的设计也都一脉相承地体现了"语心晴"的心理健康理念。工作站逐渐形成了富有女性特色和人文气息的鲜明风格。

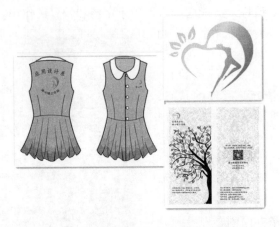

图8　工作站站徽、工作服、书签

## 六、项目成效

（一）承上启下整合资源，有效建立了心理健康防控机制

应用设计系建立了四级心理健康防护体系和危机干预机制，对全系学生的心理健康问题进行有效防控，个别心理问题相对严重的学生，能够得到及时发现和帮助。

（二）开展特色心理健康教育，形成关注心理健康的良好氛围

项目实施以来，通过开展特色鲜明、形式丰富的活动，在广大学生中普及了心理健康理念，形成师生共同关注心理健康、重视心理成长的良好氛围。

（三）创新人才培养模式，全面提高学生综合素质

应用设计系将心理健康教育纳入大学生人才培养体系，注重引导学生关注自身心理健康、懂得如何进行心理调适，以培养其良好的社会适应能力、心理承受能力、人际交往能力等，全面提高学生的综合素质。

（四）积累丰富经验，为女性心理教育理论研究打下基础

应用设计系积极探索心理健康教育工作，积累了丰富的工作经验，为二级

心理辅导站开展女性心理健康教育打下了理论基础。

（五）促进女性心理成长，推动女性职业生涯发展

女大学生想要在职场上寻求更好地发展，需要对其心理素质结构、潜能储备以及综合能力提出更高的要求，"语心晴"项目为学生提供了充分锻炼的平台，有利于提高女生的职场竞争力，促进女性职业生涯顺利发展。

## 七、项目计划

（一）继续探索与专业结合的心理健康教育方式

应用设计系的专业多为艺术设计类和信息技术，与学生专业相关的心理健康教育方式，在帮助缓解压力、宣泄情绪、塑造人格、陶冶情操方面发挥了积极的作用，探索结合专业发展的心理健康教育方式是需要不断尝试和实践的。

（二）继续开展二级心理辅导站心理健康教育理论研究

从二级心理辅导站的层面进行高职女校大学生心理健康教育的理论与实践研究，高职女校二级心理辅导站工作的开展需要不断进行探索和实践，是需要一直努力的方向。

（三）继续加强培养朋辈心理教育力量

朋辈心理教育是心理健康教育的重要组成部分，但是由于学生对朋辈心理教育的疑惑和朋辈心理咨询员本身的心理知识储备不足，朋辈心理咨询的开展还需继续探索和加强。

主要负责人：罗英迪<br>单位：广东女子职业技术学院

**参考文献**

[1] 孟彩. 90后女大学生心理健康状况研究 [J]. 广州职业教育论坛, 2013 (3).

[2] 宋岩, 何树莲, 邹胜. 论基于女大学生心理特点的心理健康教育模式构建 [J]. 中国成人教育, 2010 (6).

# 成 长 之 轨

## ——三阶递进式创新创业教育培育辅导员工作室

大学教育需要给学生提供了一个良好的平台去培养其创业所需的能力、心理品质、创业的结构知识等必要的素质。本项目以高职教育教学周期为项目开展的时间段，以创新创业教育辅导员工作室为平台，针对大学生创业素质的主要构成要素，在不同时间节点上设计与之相对应的创新创业教育活动。以逐级递进的形式，通过一系列显性的考核手段来帮助学生的隐性知识得以锻炼和提高，实践"不是人人都适合创业，但是人人都可以接受创新创业教育"的教育理念，将教育活动由通识教育向专业教育过渡，既满足了大多数同学了解创业相关知识的想法，又能为有切实创业意愿的学生提供有针对性和强化的创新创业教育。同时，为高校在创业课程设置、师资队伍建设、创业教学工具设计等主要环节，提供一定的实践经验和理论依据。

## 一、三阶递进式辅导员双创工作室的主体框架

加强大学生创业教育早已成为社会普遍共识，一些统计数据表明，中国大学生的创业率和创业成功率较低，而广东省作为经济大省，其毕业生的创业意愿更低于全国平均水平。造成这种现状的原因有很多，成就动机不足的原因在于缺乏成功的创业案例作为目标。因此，要提高学生的创业率，应该要先提高学生的创业成功率，大学教育需要给学生提供一个很好的平台去培养其创业所需的能力、心理品质、创业的结构知识等必要的素质。辅导员作为一线学生管理者，在学生创业过程中扮演的角色和所处的地位是十分重要的，但是众多研究者对辅导员在其中的作用和重要性或涉及不多，或语焉不详，未予以应有的关注。

随着高校辅导员队伍职业化、专业化、专家化建设的推进，工作室正逐渐成为体现辅导员创新育人理念方法的平台和孵化辅导员名师的摇篮。以创新创业教育工作室为起点，对学生实施教育和实践，是专业教学的有益补充，也可缓解学生创业压力，减少创业失败风险，是培养大学生综合能力的重要平台，是大学生接受创新创业教育的重要途径。作为高校学生管理的一线工作者，辅

导员与大学生朝夕相处，对学生创业理念教育的引导既有责无旁贷的义务，更有得天独厚的便利条件。辅导员如何结合社会和学生思想实际，剖析影响创业理念的若干因素，并充分利用现有教育资源，善于引导，颇值得探讨。

该项目在实施过程中，运用了阶梯发展的模式，结合学生的求学周期，针对高职教育模式下的教学周期，设计和开展工作室的活动，将双创教育的教育过程分为三个阶段，用可以量化考核的晋升标准，将双创教育的考核、发展与规划逐渐明晰，实践三阶递进发展模式工作室的主要活动内容与创新创业教育的融合。项目主体框架三阶递进发展模式的辅导员工作室创新创业教育活动流程设计如图1所示。

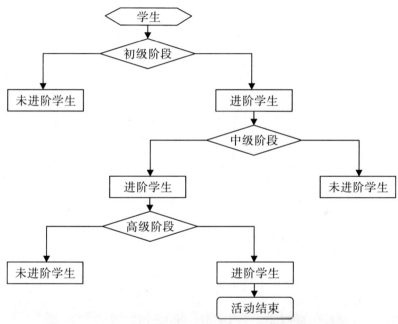

图1　三阶递进发展模式的辅导员工作室创新创业教育活动流程

## 二、项目实施内容介绍

针对大学生创业素质的主要构成要素（在课题的研究过程中，采用辽宁大学李芳凝研究的大学生创业素质模型，大学生创业素质模型包含三个维度，即个性特征、创业能力和知识结构），该项目设计了分为初、中、高三个阶段，递进式发展的辅导员工作室创新创业教育活动过程。

## （一）初级阶段

在初级阶段，辅导员是高校创业教育的资源整合者，工作室活动主要围绕鉴别和提升学生创业能力而设计与开展，工作室的辅导员主要起角色引领、活动推进的作用。

### 1. 参与式双创主题班会设计

主题班会是辅导员工作中的有效载体，也是最具辅导员工作特色的活动。在初级阶段，辅导员将主题班会设计成为学生（员工）在企业的岗前培训，采用参与式的教学理念，将创新创业方面的相关内容分模块融入系列主题班会中进行宣传。

### 2. 虚拟企业活动室制

开设"活动室制"教育体系，增强创业指导作用，即在活动室中模拟真实的企业环境，辅导员是"老板"，学生则是"员工"，或由学生组成团队，自由分工，由学生自己选择担任"老板"或"员工"，可以让具有管理学或者经济学背景的辅导员，在学生群体中开展 ERP（企业资源计划系统）沙盘模拟经营，考核也以项目汇报的形式进行，以切合企业真实运营情况。

初级阶段的考核手段为唯一性，即要求所有学生必须以兴趣为纽带，自由组成以"合伙人"式团队为单位的团体参加"挑战杯"系列竞赛或者大学生科技竞赛，学生（员工）自愿参与，只有参加了创业比赛的学生，才能进阶到中级阶段。

## （二）中级阶段

中级阶段主要是培养学生的企业家精神，需要给予学生构建成为企业家所应有的基本知识储备。工作室辅导员在此阶段要承担起大学生创业教育的倡导者、支持者，以及创业实践的组织者和推动者的角色。

### 1. 利用"微课堂"的形式实施应用型课程教育活动

大学生创业过程中会涉及财务会计、市场营销、融资与风险评估等许多注重应用的知识。在辅导员工作室成立之初，需要对辅导员团队中的人员知识架构进行一定的筛选，保证辅导员团队中有管理学、经济学、市场营销等专业背景的人员可以承担应用型课程教育的教学活动。辅导员利用微信群聊功能，每周固定一个时间，针对某一个有实际意义的概念或案例，在微信群中与学生开展交流互动，同时需要对学生给予等级评定，并记录在"成功护照"中。

### 2. 借助社会和政府资源开办 SYB 创业训练营

在政府的政策引导与保障下，争取政府创业专项基金，扶持工作室开展创新创业教育活动,开办 SYB(Start Your Business)创业训练营。目前,在人力资源和社会保障部的推进下,KAB(Know About Business)和 SIYB(Start & Improve Your Business)创业教育成为当下很普及,也是比较成熟的两种创业教育理念。在工作室的教育活动中,应该借助更多的力量,给学生提供全方位的、更权威的创业知识方面的教育。

3. 建立"成功护照"的量化可视制度

依照创业教育的成果,为进入中级阶段的学生提供人手一本"成功护照"。基本内容分为课程、企业参观(3～5 所)、社会实践、个人创业模拟等,每次活动有计划,有记录,有总结。形式决定内容,有这样一本特殊的"护照"在手,学生们必定从思想上有了创业的概念和意识,自然而然会引发相关的思考。利用假期组织学生赴企业开展见习实践,让学生通过参与企业的生产、运行管理的流程,接受全方位的实践体验,既可以进一步加深学生对本领域企业运作的认知,还能培育大学生创业的精神和素质。辅导员要结合学生的表现给予等级评定,并记录在"成功护照"中。

4. 基于校内实训教育资源建立非正规课程创业教育支撑平台

这主要是指利用校内实训生产基地,穿插进行创业模拟实训,提高创业能力。例如,项目实施人所在二级学院的食品安全监督管理专业的学生在实训周会模拟企业的生产工艺制造一定量的果汁、面包、豆浆等食品,在保证食品安全的前提下,可以鼓励学生以此为基础,在营销策划、品牌创立、改进生产工艺等方面进行一系列的模拟商业活动,培养学生创业的意识和精神,同时具有企业家的思维方式。

中级阶段的考核晋级标准主要包含两个部分:①学生要参加 SYB 创业训练营,完成终极考核任务——涉及创业启动资金、现金流控制、设备折旧等实际与创办企业休戚相关的创业计划书,并获得其颁发的毕业证书;②"成功护照"里面的内容,晋级学生完成的质量应该达到一个较高的等级。

(三)高级阶段

经过初级和中级阶段比较多的工具性教育训练,进入高级阶段的学生对创新创业应该会具有比较深刻的理解,也会有比较具体的创新创业的冲动。工作室的辅导员在此阶段需要扮演好联络人和跟踪者的服务型角色。

1. 遴选教师的科技成果建立创业项目库

据统计,在历届"挑战杯"中国大学生创业计划竞赛中,只有不到 10% 的参赛者选择了创业,而这 10% 的创业者中也只有少数能成功。现实中利用高校教师科技成果进行创业的成功率并不理想,大学的科技成果并非都适合创业，也并非都能转化，这就需要工作室成员对科技成果进行评估、筛选和整理，挑选出一批适合学生创业的科研项目，建立大学生创业的项目库。明确在大学科技成果转移、实验室开放、科研资源共享等方面的扶持政策细则，形成完善的大学生创业基地孵化服务体系，引导和支持大学生自主创业。

2. **协助学生在顶岗实习期实施创业行为**

目前，很多学校的创业孵化园区正在紧锣密鼓地建设中，园区内的大学生初创企业一般能够享受到政策咨询、科技产业政策解读、企业登记注册以及商务、融资等方面的服务。工作室成员可以考虑引入企业人员作为学生创业指导师，让学生直接参与企业项目的研发与制作，以提高他们的实际操作技能与创新研发能力；邀请成功企业家为工作室师生开讲座，与校内教师形成优势互补的关系。工作室的辅导员要扮演好联络人的角色，做好学生与学校创业孵化器之间的桥梁，引导学生进驻学院创业园区。

高级阶段，严格意义上来说不存在晋级的问题，晋级的依据更多是体现为学生是否有意愿实施创业行动。在辅导员工作室整体创新创业教育活动中，要明确不能将创业狭义地理解为创办企业，创业教育重在渗透和培养使学生终身受益的创新精神和创业理念。但是在本项目的后续研究过程中，还是需要通过具体可视化、可形象化的实体经济活动来作为显性的评价依据。

## 三、项目创新之处

（一）"漏斗式"学生培养路径

在设计三阶递进创新创业教育活动中，以"不是人人都适合创业，但是人人都可以接受创新创业教育"为起点，将教育活动由通识教育向专业教育过渡，既满足了大多数同学了解创业相关知识的想法，又能为有切实创业意愿的学生提供有针对性和强化的创新创业教育。在初级阶段的教育活动中，应该采取通识教育的方式和理念，由工作室中的辅导员对所带班级的学生进行无差别式的教育，旨在帮助学生在基本职业素养方面能够得到训练。在随后的中级和高级教育活动阶段，通过晋级考核指标的作用，可以像漏斗一样，逐级过滤，筛选出最具创业行动精神的学生，如图2所示。

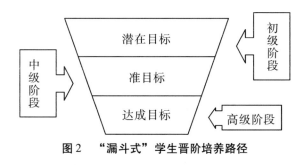

图 2 "漏斗式"学生晋阶培养路径

## (二) 移动互联时代中的微课堂教学

微课堂教学不受地点限制,虽然授课时间相对固定,但是授课内容可以保存较长时间,学生在遗忘或是需要加深理解的时候,可以反复读取相关信息。通过 8 分钟左右的微课堂活动,加入新鲜的互动环节,可以有效提高学生的学习兴趣,而 8 分钟正好在学生最佳的注意力集中范围之内。在微课堂中,将经典案例精讲、知识拓展等问题进行精巧的设计,借助图片、声音、画面、影像,进行单向的传播或双向的交互,可以是解决一个重点难点,或是进行一个问题的讨论总结,还可以借助计算机互联网或移动网络,渗入学生学习生活的各个角落。微课堂是辅助教学的拓展和延伸,形式灵活多元,在弹性学分制的框架下,能否给予微课堂教学一个官方的认可,即学生通过微课堂的教学考核可以获得个人选修课的学分,这是需要顶层设计来推动的工作。

## (三) 主题班会的模块化设计

参与式主题班会在采取形式多样的教育方式推动教学活动前进时,依然不能忘记"内容为王"的原则,要选择好教学模块进行创业文化的宣传。辅导员要认识到创业文化是班级文化建设中的重要部分。召开主题班会可以初步涉及创业环境模块、创业操作模块、创业财务模块、创业实务模块、创业领导力模块,探讨创业实践中的成功体验和失败原因,指导学生设立自己的创业计划和目标。在模块设计中,借鉴参与式主题班会的有效组织与设计,利用包括头脑风暴、角色扮演、小组讨论、游戏等活动呈现方式,给同学以全新的学习视野和方法,培养其创新精神。在参与中,每一个人的创新思维得到无限激发来寻求问题的最佳答案,同时,小组或团队的活动使每一个成员都积极参与其中,使他们学会与他人合作,培养了团队精神。

## 四、主要成效及经验

### （一）8分钟微课堂教学活动卓有成效

**1. 利用碎片化学习时间提升学生学习效率**

8分钟微课堂即将重要的知识点浓缩成8分钟左右的精华内容，让学生在任意时间段有针对性地自主学习。学生既可以充分利用碎片化时间，又能够在一个精力相对集中的状态中完成学习活动。对学生进行双创教育显性知识的教学过程中，通过微课堂利用学生的碎片化学习时间，使学生在课余时间不会处在真空状态，而是能够在教师的引导下有计划、有针对性地自主学习。

**2. 微课堂是实施分层次教学的有效途径**

8分钟微课堂的设计思路，不仅可以兼顾各个阶段的学生的需求，还可以实现教学效果的最优化。将关键知识点设计成微课堂，让接受能力不足的学生反复体会；而对于一部分特别优秀的学生，普通的课堂讲授已经不能满足他们对知识的渴求，可将更加丰富的学习资源通过微课堂的形式呈现，满足优等生对知识的深层次需求。

**3. 微课堂教学的课程内容与形式多样化**

微课堂可以将双创教育方面的新动向、新理念、新知识作为专题模块呈现给学生，使学生接触到最前沿的新鲜知识，与时俱进，激发学生的兴趣。

### （二）建立资源库项目工作室匹配师生的共同需求

为了培养食品学院各个专业学生的创新创业能力，提高学生对专业的认同度和相关活动的参与度，食品学院于2013年正式启动项目工作室。该工作室作为联系学生、教师、企业的桥梁，通过学生参与科研项目、企业项目的形式，加强学生应用能力、创新能力、创业能力培养，创新与企业合作范围与方法，实现理论教学、学术竞赛、教学实习基地三位一体，从而促进学生实践能力、创新创业能力的提高。

**1. 工作室坚持实用性与实践性两用原则**

项目工作室启动以来，食品学院教师利用教学、实训等资源给学生进行了科学研究方法、思考思路等方面的培训，培训项目包括科技文献检索与识别、科技信息获取，实验仪器操作及实验室规章制度，产品研发流程（实验室部分），企业新产品研发流程，如何进行科研汇报、论文写作以及相关竞赛应对方法，等等。

### 2. 校企对接，师生对接

工作室定期发放《项目工作需求表》，充分匹配师生需求，教师以自身课题带动学生实践能力，学生从自身兴趣出发参加各项竞赛或者参与到教师课题中。通过项目工作室的前期数据收集、整理与分析，尝试设立指导教师制度，将学生的技能实践同教师自身的研究内容相结合，教师指导学生积极参加"挑战杯"系列竞赛、ERP 沙盘模拟大赛等校园文化活动，提高学生的专业素养和研究问题的深度，大大提高了学生的创新意识和实践动手能力，锻炼了学生的观察力、思维力和想象力。

近几年，食品学院的学生参与"挑战杯"系列竞赛，每年都有至少一支队伍成功进入省级决赛环节，这得益于我们前期的创业培训，得益于项目工作室运作过程中师生的积极参与，因此，我们能及时、深入了解参赛队伍的开展情况和遇到的难题，并予以技术支持，从而大幅度提高了参赛队伍的竞争力。

（三）利用第二课堂，实践 SYB 创业计划书，提升学生的创业自信

结合 SYB 创业培训的结果性考核成果《创业计划书》以及项目工作室的支持，在组织学生参与"挑战杯"系列竞赛中，教师立足挖掘学生的创造潜能，保护学生的好奇心、求知欲、探索精神和创业思维，围绕《创业计划书》中的角色分工、策略制定、股权分配、发展目标等与企业成长密切相关的重要问题进行实践性质的尝试，将给学生之后的创业实践活动带来不可低估的作用。

在 SYB 创业培训中，对学生来讲，涉及现金流、成本计算、产品定价方面的知识是最难理解和掌握的。尤其是对几乎没有经济学、财会方面知识基础的高职学生来说，更是艰涩难懂。为了帮助学生通过实际操作，深刻理解创业过程中现金流和商品定价方面的关键性，食品学院利用校内实训生产基地，穿插进行创业模拟实训，提高对相关知识的理解和掌握。同时，要求学生在产品成本控制、定价方面进行模拟经营，在为期一周的模拟经营实训周，通过校园内购买市场的检验，考核学生的运营能力和利润计划是否和计划书相符，以及存在的问题和改进方法。

## 五、项目计划加强、改进的方向

（一）建立基于大数据运用的个人创业能力整理与分析的系统

绝大多数大学生都具备创业的潜质，但他们在自我评估和认知、技术储备

和管理经验等方面存在不足。对学生创业意愿、创业能力的评估工作是一个精细化工作的过程，需要定量和定性的分析。

在前期的数字化校园建设过程中，广东食品药品职业学院的不同管理部门已经逐渐拥有了功能不同、收集信息类型不同的各类管理平台。例如，教务处对学生进行的成绩评价，教师对学生进行的课堂教学评价，学生处对学生进行的综合评价，公寓对学生进行的公寓表现的评价，团委对学生进行的第二课堂的评价，等等。

大数据在创新创业教育领域中的运用，可以借助"用户行为分析"的方式，通过多种途径搜集每一个学生的所有数据，包括网络和现实生活中的各种数据，据此可以分析得出每一个学生的兴趣爱好、习惯特点、消费水平、家庭状况、心理状况及其关注的热点问题和思想动向，让数据发声。大数据技术改变传统的数据采集方式和数据应用方向，能在学生不知情的情况下将个人的信息数据进行汇总、整理、归类和分析，让原本无法量化的信息，如学生的感受、情绪态度等，利用大数据技术进行挖掘和分析，从而让这些信息得以量化和显现，能够为每个不同的人提供个性化的预测、推荐和建议等。

建立相适应的系统，需要考虑到数据类型的甄别、存储、分析挖掘以及大数据的伦理困境与数据安全等因素。这是该项目研究内容的延伸，是未来在"互联网＋"思潮下创业教育模式构建的新组成。

（二）配套建设学生职业核心能力培育课程，提高学生创新创业素养的学习迁移能力

创新素质主要体现为打破思维定式和传统逻辑性，求新求异，是个人职业核心能力的一个组成，是在职业生涯中可迁移、可携带，能适应岗位的不断变换，是伴随人终生的可持续发展能力。

在教学方面，开发"职业发展与创新"的课程并编写相应的校本教材。该课程注重学生主体和教师主导的教学过程，包含了自主学习、与人合作、解决问题、创新思维等几个模块，将发散性思维训练、奥斯本检核表法、和田十二法、思维导图等创新素质教育的理念和具体技法分散嵌入具体的教学内容中，采取项目教学、案例分析、角色扮演等教学载体，通过调查、讨论、互动等学习方法，培养学生自主学习和合作学习的习惯，训练学生自主探究、分析推理、交流表达、解决问题的能力。

（三）发挥项目工作室的作用，提供创业后续支持

"学生项目工作室"以食品学院在校学生为主体，吸收部分实习和就业学

生为补充，通过建立数据库，记录保存参加并获得 SYB 创业培训证书的学生信息，由二级学院的创业指导教师负责管理和协调。数据库也会登记显示二级学院专业老师的研究特长和带队学生的获奖等情况，提供咨询和服务，包括调整营销策略、政策讲解、协助申请政府创业贷款、申请学院创业孵化场所等。学生可以咨询比较合适的教师，寻求解决专业知识或是创业指导方面的帮助。

对项目工作室挑选的优秀创业项目重点给予扶持，邀请科技孵化器和风险投资基金等社会机构参与最终的可行性分析。对初期创业已经成功的学生，即使学生已经毕业，"学生项目工作室"的后续扶持工作也能够持续一段时间，邀请广州天河区就业指导中心的相关老师为实施创业活动的学生提供 IYB（Improve Your Business）方面的指导，时间长短视情况而定。大学生创业实践行动在工作室专兼职教师们的指导和帮助下进行，可以进一步提高创业活动的存活率。

主要负责人：耿云霄

单位：广东食品药品职业学院

# "心烛"计划

## ——朋辈心理训练项目介绍

广东工业大学是一所以工为主、工理经管文法艺结合的、多科性协调发展的省属重点大学。理工科专业学生以及来自粤东、粤西地区的家庭经济困难学生较多,存在学业压力、经济困难压力的学生占有一定比例。历年来,在大学生心理健康调查中发现,社交和自信心是最普遍也是最主要的问题。自信心决定着自我意识,社交与建立亲密关系的需求有关。心理学家埃里克森认为,大学生处于形成自我认识和建立亲密关系的关键阶段,具有可塑性,通过一定的干预措施,可以帮助他们在解决已经存在的心理困惑的基础上,更好地塑造自己的人格,平稳度过大学时期,成就更加辉煌的人生。因此,2012年,广东工业大学心理健康教育与咨询中心启动了"心烛"计划,项目实施以来,形成了成熟的运作模式并取得了理想的效果。

## 一、项目名称

项目名称为"心烛"计划。"心烛"是指用心灵的烛光温暖和照亮在黑暗中迷茫的自己和他人,它包括指引、温暖和燎原三层含义:心灵的烛光可以指引那些内心处于黑暗的沼泽中无法自拔的人们;烛光具有温度,可以散发爱的温暖;星星之火,可以燎原。"心烛"计划希望大学生朋辈之间相互关爱,形成积极乐观和谐互助的校园文化。

## 二、项目理念

当代最主流的心理治疗流派——认知行为治疗流派的核心理念是:认知的改变导致行为的变化,行为改变后获得的经验又会产生新的情绪体验,形成对自己、他人和世界的新认知,从而重新塑造人格。因此,健康心理的培养包括认知和行为矫正两个方面。"心烛"计划的理念就是一手抓心理理论学习实现认知修正,另一手抓朋辈团体辅导实现行为训练,双管齐下,促使学生形成健康的心理。

## 三、项目实施

（一）项目主体

"心烛"计划由心理健康教育中心教师带领"心烛"助教实施。

（二）项目对象

经心理测评后显示存在一定心理困惑的新生。

（三）项目时空

"心烛"计划从2012年开始，每年有300多名学生参加。

（四）项目运作

### 1. 成立"阎媛工作室"

阎媛老师是"心烛"计划的负责人，具有临床心理学学士和发展与教育心理学硕士学位，拥有职业医生资格证、精神科主治医师资格证、二级心理咨询师资格证。2012年，在学生处领导及心理健康教育与咨询中心的大力支持下，她成立了工作室，带领一支学生骨干队伍实施"心烛"计划。

### 2. 打造"心烛"助教

阎媛工作室通过老师推荐或自主报名，在心理联络员、心理协会成员或学生干部中筛选一批高年级学生进行基础心理知识、心理咨询技巧辅导技巧和团体心理训练三部分的理论培训，在培训的过程中考察学员的责任感和使命意识。在参考朋辈咨询师的工作和纪律要求的基础上，阎媛工作室清晰定位"心烛"助教的工作内容为：具有基础的心理帮扶知识，能遵从心理工作的伦理要求，为心理问题不严重的学生提供倾听、支持和陪伴的帮助，为需要提高心理素质的正常同学提供团体心理训练服务。其最终组建了一支由35人组成的具有使命意识、专业素养、工作技能的"心烛"助教队伍。

### 3. 普及认知矫正内容

广州工业大学心理健康教育与咨询中心每学年开学初均会组织所有新生进行入学心理适应讲座和大学生心理健康课程的理论学习，系统的理论学习让新生对自身的心理健康有了基础的了解，使他们从认知方面对自我心理进行修正。

### 4. 探索行为训练模式

（1）筛选"心烛"计划受体。接受"心烛"训练计划的成员来源于在心理普查及心理访谈后，存在人际关系或自信心不足的同学。教师在进行心理访谈时会建议存在人际关系困扰或自信心不足的学生参加"心烛"计划，并充分告知计划的具体内容及参与者的权利和义务。学生在了解情况后自主报名。经过筛选后的参与者分成10人左右的小组，每个小组配备2位"心烛"助教，开展心理行为训练活动。

（2）构建"四化"训练内容。根据接受"心烛"训练计划的学生的心理特点以及小组活动的进程，整个行为训练为8次课，每次3个小时，每周一次，具体开展的时间由小组成员共同协商决定。训练内容具有以下的"四化"特点。

一是课程化。课程的设计以解决学生人际关系以及自信心问题为目的，8次课的内容紧扣主题，层层深入。课程设计内容以大学生心理健康、人际关系心理学教材为基础，融入认知行为治疗、积极心理学和团体认知行为治疗的方法，帮助学生认识自己、悦纳自己和管理自己，通过系统的8次课程，基本能达到训练目的。

二是专业化。小组训练活动按规范要求，科学设置如保密原则、守时协议、实施计划的协议等，专业的设置是小组能安全开展活动的基础。

三是任务化。行为训练的内容以良好习惯的养成和不良行为的改变为主导，因此，从行为训练第一次活动开始就要求组员给自己设立近期完成的任务或者希望养成的习惯，并为达成这一目的制订具体的实施方案。每个小组配备的助教会帮助每位组员制订科学的方案，并在每周小组训练课程结束后对组员计划的执行进行监督和提醒。

四是项目化。行为训练采取项目化运作方式，即老师指导小组助教，制订训练方案。每2位助教负责10人左右的小组成员，执行活动方案，并在每天及时了解组员的心理动态，辅助成员的计划实施和目标完成。

（3）后期强化巩固跟进。已经形成的习惯，若不对其进行强化和巩固，容易在环境的影响下退回到原来的状态，因此，8次基础的行为训练课完成后，"心烛"计划还会对参与成员有1年至1年半的跟进关注期。每个小组的助教会在训练课程结束后的第2周、1个月、2个月、半年、1年及1年半的时间距离对成员进行电话或网络跟进，了解其心理状况，根据组员的情况给予后期指导。同时，为了扩大"心烛"计划的影响力，使温暖能接力。每期参与的成员亦可申请成为"心烛"助教，继续帮助别人。

## 四、项目特色

### (一) 融入专业心理技术

"心烛"计划的实施过程,是根据经典条件反射的原理设计的科学行为管理方法,将认知行为治疗的方法和积极心理学的理念用于大学生心理健康的实际培养上。风靡全球的哈佛大学"幸福课"讲师在整个课程及其著作中一直强调"实际行动",强调训练对良好的心理状态的必要性。"心烛"计划的整个过程融入认知行为治疗中触发情绪、形成新的认知,并在现实生活中践行的理念,使不带情绪体验的理性思考触发带有强烈情绪体验的"悟",从而引发改变动机。强烈的动机、科学的行为养成方案、持之以恒的练习,能最终撼动有所偏差的人格特质,造就健康的心理素质。

### (二) 充分发挥"共情"优势

研究发现,当学生遇到心理困扰时,他们首先求助的不是专业的心理咨询师或社会工作者,也不是家长和老师,而是身边的朋友和同学。同龄人之间由于年龄相仿、经历相似,更容易敞开心扉,倾诉烦恼,彼此安慰,形成"共情"。培养"心烛"助教,使其具备一定的助人能力,作为心理老师的得力助手,在严格遵守训练要求的前提下,充分发挥朋辈特点,使训练取得更好的效果。

### (三) 体系设计科学完整

整个"心烛"计划的设计体系科学完整,从训练课程的内容设计上要求学生给自己制订任务和计划,所属小组成员的相互监督以及助教的督促陪伴,使组员在获得同龄人心理支持的情况下完成任务或形成良好习惯,且训练课程结束后仍提供跟进支持,既遵从了大学生心理发展的特点又切合了认知行为治疗的原理。

## 五、项目成效

"心烛"计划自开展以来,取得了不错的效果。根据每期接受心理行为训练的组员反馈,这种重活动、重体验的心理教育模式深受大家喜爱,对学生适应大学生活、经营良好的人际关系、形成客观的自我认知发挥了重要作用。"心烛"计划在学校营造了"用心灵的烛光温暖和照亮在黑暗中迷茫的自己和他人"的温暖氛围。

## （一）接受计划的成员成长显著

项目开展后的4年时间里，有1200多名学生接受了"心烛"计划。通过客观的量表评估和追踪，接受"心烛"计划的大学生前后各种相应的心理指标显示改善显著，后期行为巩固的效果明显。仅2012年量表得分显示：团体行为训练后，羞怯、社交回避与苦恼方面的得分较训练之前明显降低（$P<0.1$）；人际信任、容纳量表得分明显升高（$P<0.1$）。成员基本解决了人际关系和自信心等方面的心理问题。成员自我总结显示出积极的心理和行为改变，改变了错误的归因方式，坚定了克服困难的信心，提高了心理韧性，学会了更多的社交技巧。来自辅导员和其他同学的观察也显示参与项目的学生的学习状态与生活态度有了很大的转变。以下摘录了部分学生参与训练的感言。

◆这个训练让我受益匪浅，让我看到了别人眼中的我，发现了不一样的自己，懂得了怎样控制自己的情绪，怎样排解自己的压力，学会了在别人面前敞开心扉，分享自己的喜怒哀乐，等等。这些知识、能力对我以后的生活和工作一定会有所帮助。

◆这样的教学模式是值得鼓励和进行下去的，因为其真正关心到每一个人的切身发展需要，同时能最大限度地促进人的内心成长，促进人独立思考的能力。

◆一开始的几天有点不自觉，但是想起计划表的惩罚和奖励，就默默地坚持了下去，渐渐地还真的就习惯了每天这个时间点该做些什么。对于这个训练的体会是每当自己坚持做好一件事时，心里总是有种自豪喜悦的感觉。

◆在这次活动中，我感到了一种信任，一种对伙伴毋庸置疑的信任。让我感到在这冷漠社会中对伙伴的信任会使我们感受到一种独特的安全感。

## （二）"心烛"助教受益深远

"心烛"计划开展4年以来，培养了198位"心烛"助教，通过每次行为训练后的感想及后期的追踪，助教自身的心理亦有所成长，有人还获得了省级奖励；通过毕业后的助教反馈，大学时代的心理行为训练经历对其更好地融入社会、带领团体工作影响深远。以下是部分"心烛"助教的感言。

◆大学四年的生活，印象最深刻的就是加入了"心烛"这个大家庭。在一个环境里，如果没有定位好自己的位置，没有存在感，那是一件很可悲的事。那次的团体辅导，让我认识到了这一点，现在每次领导安排做一件事，我都会好好地思考在这件事上我应该处于一个怎样的位置，这个为我的工作带来了很多的帮助和便利。

——杨家乐

◆时隔两年多，对"心烛"印象最深的就是那几个晚上，一群人互相不认识却彼此关心着、倾听着、帮助着的画面。感动和温馨，安心和放松。感谢"心烛"，希望它可以越办越好。

——郑志玲

◆在活动中，我能够以"小领导"的身份，认识到学校中不同学院、不同专业的同学们，并与他们进行各种拓展活动，也能从中找到与自己比较默契的朋友，我觉得这是一件很快乐的事。回想在"心烛"的时间，我觉得活动组织能力这些其实都是其次的，最主要的是换位思考，还有在工作生活上遇到压力的时候要学会去倾诉、去释放。而这些就是某些被压力压垮的人所不具备的。所以我很庆幸能够进入"心烛"，至少现在的我不会轻易被各种压力压垮。

——苏凡迪

"心烛"计划助教团队所获奖项如下："助人技能大赛树立榜样，朋辈工作营造积极校园心理氛围"项目获"2013年度广东省高校大学生心理健康教育优秀项目"称号；"学业困难团体辅导"项目获2015年度首届广东省大学生"心理健康教育与咨询技能三大赛"拓展比赛优秀奖；"朋辈咨询"项目获2015年度首届广东省大学生"心理健康教育与咨询技能三大赛"拓展比赛二等奖。

（三）促进了有意义的探索和研究

广东工业大学心理健康教育与咨询中心主持了"学业困难生的心理问题及团体干预研究"和"开展积极心理学结构性干涉对工科院校新生心理健康水平和学业成绩的影响研究"等课题的研究。

（四）创新了心理健康教育的朋辈工作模式

"心烛"助教作为老师的得力助手，在学院心理工作以及朋辈心理工作中发挥了积极作用。目前，广东工业大学新生心理适应团体辅导的普及率达到90%，各个学院的心理指导老师也充分发挥了自己学院的"心烛"助教的作用，针对本学院学生的心理特点做了一些有针对性的尝试训练。

（五）营造了"成长同行"的氛围

"心烛"计划越来越受到大家的关注和认可，20%左右参与计划的组员要求留在"心烛"，接受培训成为助教，继续为其他同学提供服务。同时，越来越多接受"心烛"计划帮助的同学来源于同学推荐或辅导员老师的推荐。

## 六、项目下一阶段计划

该项目下一阶段的发展计划如下：于领导层面，将继续加大支持力度，专门立项，发展工作室，纳入学校和学生处的常规工作计划；于组织层面，在学生处领导下建立由心理教师、辅导员和学生心理爱好者组成专门的工作队伍，以利于并推进体系的建设；于课程设计方面，在评估和总结前期实践经验的基础上，对结构化的团体工作方案进行修订，形成一套科学的、规范化的操作流程，编撰教材，从实践出发进行相应的理论建设；于普及推广方面，在广东工业大学各学院推广，并与兄弟院校进行广泛交流，基于当前相对成熟的模式进行推广和应用。

主要负责人：阎媛、李靖茂、罗嘉文等

单位：广东工业大学

# 奔跑吧,药苑创客们

为提升药苑学子创新创业能力,助燃药苑学子创新创业梦想,广东医科大学从2006年开始推行了多项科研助推计划,形成了良好的学生科研氛围。2015年,广东医科大学响应"双创"号召,经总结整理,重新策划,将这一系列活动确定为"奔跑吧,药苑创客们"(Running, Pharmacy Makers,以下简称"Running, PM"),助推药苑创客奋力奔跑。

## 一、项目理念

一旦创新成为信仰,一切险阻都将化为坦途!

Maker,即创客,是指出于兴趣与爱好,努力把各种创意转变为现实的人。核心在于兴趣,爱好,非营利,创意实现。

我们希望学生是因为兴趣爱好而去参与,去创意,去实现梦想。把创新变成信仰!

## 二、项目运作

### (一)让创新成为乐趣

创客是一群新人类,一群坚守创新、持续实践、乐于分享并且追求美好生活的人。简单地说,就是"玩"创新的一群人。

"玩"是一种状态:放松、惬意、自由。

"玩"是一种实践:不但要动手,还要动脑。

"玩"是一种分享:与他人一起玩,才更有趣,更有意义。

"玩"是一种境界:当越来越多的人加入创客一起玩时,世界将因"玩"而改变。

于是,我们便带头"玩"起来了。

从首任吴铁院长到李宝红院长,都是玩创新的高手。吴院长申报的专利达到80多项,获授权的有40多项,由他牵头,何愁没有跟随者?在吴院长看来,本科生是最好用的科研助手,聪明,有活力,有创意,往往能给他带来跨时代的创新冲击,于是他带起了一批又一批的本科生科研助理。现在他退休了,科研继续创新,身边依然围着一群活力四射的创客们。李院长也是个创客头头,他把化学楼实验平台搭建成了本科生的创新科研大本营,带创客们玩转药学大世界,还拉着自己的科研团队、研究生一起"玩"了起来,结果他的研究生和团队中的刘建强博士所带的本科生都以第一作者发表了SCI(Scientific Citation Index)论文。

渐渐地,这种氛围影响到其他老师。大家都动了起来,师生间的互动更加密切,创新的交流更加频繁,40多个专业老师带着上百号小创客们"玩"了起来。

创新成了大家共同的乐趣!

它不是负担,它不是任务,它是我们的爱好!它让我们在一起,更有趣,更有意义!

(二)让创新成为主旋律

创客是用行动做出来的,而不是用语言吹出来的。药学院的创客们让创新成为学习生活的主旋律。

于是,我们创新性地把"药食同源"做成了"药膳大赛",截至2015年该活动已举办了8届。每年都有上千人参加,每年都有新主题,每年都有新花样,正如《东莞时报》报道所说:"连酒店大厨都跑来偷师啦!"更重要的是,整个比赛过程,学生全程参与了团队组建、产品研发、生产、成本核算、定价到最后的营销推广,可以说,参加"药膳大赛"就相当于参加了一次愉快的创新创业训练。而经过8年的沉淀,药苑的创客们开始着力把药膳推向市场,让更多的人了解药膳,享受健康生活,让更多的人感受创新带来的快乐。

于是,我们创新性地举办了"生命模型"设计大赛,截至2015年已举办了4届。同学们把生理、生化、免疫、微生、药理、药用植物学等所提及的复杂难懂的理论结构,用各种材料构建出来实体模型,形象、生动,充满生命之美。难怪生物化学系的张志珍老师每次都来当评委,他说:"我就是想趁机把这些模型作品领回去做教学用具。"

于是,"生化技能"大赛在不断创新中传承了11届,成为学生每年必定参加的竞技项目。而每年都能看到学生构思出来的各种各样的新鲜想法,并且通过组委会的支持尝试这些"创意"。小创客们的说法是:"我就是想把我的想法尝试一下。""这个平台很重要,因为它,我才去想,然后我还做了。""科研崇尚创新,科技服务生活,我喜欢今年的主题,我就是想研究下超市的小票到底对我们的生活会有什么影响。"

于是，我们到企业建设了首批大学生创新创业实践教育基地，在校外开拓另一片遨游的天空，在企业实训中感受产品研发、生产到销售的挑战与魅力，在企业实训中明晰市场的方向，感觉心的方向。实训回来的小创客们这样分享："从基地回来，我觉得，就像导师所说，成功也好，失败也好，那都是一个结果，过程很重要，我真的要去试一下，那样才不后悔。"也许就是这么一个想法，再次引爆了小创客们的热情，仅3天时间，申请进驻广东医科大学创新创业园的队伍就有近10支。

还有药学知识与技能大赛、大学生创新创业训练计划项目、大学生实验项目等，它们都在成为同学们学习生活的主旋律。

（三）让创新成为主流价值

因为创新理念已经深入大小创客的心里，因此他们非常关注周围的"创新"变化。《科技日报》头版报道广东医科大学郑明彬博士的科研成果《智能纳米载药可视化精准治疗癌症方面取得的新突破》后，创客们的热情与快乐更加浓烈。在他们想来，能够为社会作贡献是一份多美好的感觉。而屠呦呦教授的获奖，更让药苑创客们兴奋不已！让中药走出国门，让中药造福更多的人类。国家的自豪感，行业的荣誉感，都不需要学校去教育；服务社会，回报社会，也不需要教师去说教。学生看得到，也感受得到。

正如我们的理念——"一旦创新成为信仰，一切险阻都将化为坦途！"

我们在推行"Running，PM"时，从没去计算过它会带来什么，然而它让我们惊喜不断。

学生在参与选题、查找文献、动手实验、收集资料和处理数据等活动中获得了对专业知识和技能的直接感受，实现思维创新、方法创新、知识创新，强化学生的学习成就感，形成强大的学习动力，激发学习热情，营造良好的学风……

学生在与老师的交流过程中，也能感受到老师的魅力与品质。优秀总是从模仿榜样开始的，只要模仿到极致，便会有新的奇迹发生。

## 三、项目效果

"Running，PM"起源于2006年，10多年的运作，让创新成为"创客"们的乐趣、学习生活的主旋律，也成为他们的主流价值。广东医科大学也获得一些小成绩。据统计，2010—2015年广东医科大学学生共获得国家级科研立项 4 项、省级科研立项 65 项、校级立项 76 项，共发表学术论文 35 篇，本科生以第一作者发表 SCI 论文 1 篇（影响因子为 2.062），并获得省级科研活动奖项 9 项，成功获批专利申请 3 项。可将项目效果概括为以下三个方面。

### （一）"Running，PM"引跑学风路

近年来广东医科大学学生考研工作不断取得突破就是很好的证明。2014 届考研学生有 88 名，录取 51 人，其中 300 分以上的 44 人；2016 届考研的学生有 90 名，录取 55 人，其中 300 分以上的 53 人。考研率在提高，考研成绩也在提高。

"Running，PM"为本科生的升学之路奠定了良好的基础。

### （二）"Running，PM"助跑职业路

广东医科大学从专业特色出发，充分尊重学生兴趣，以"创新"为核心，培养出一批批理论基础扎实、动手能力强的毕业生，受到了用人单位的高度好评，接收广东医科大学实习生的药品检验机构和研发机构对实习生给予了充分的肯定。而毕业生的就业情况也非常理想，2014 届毕业生就业率为 97.84%，2015 届毕业生就业率为 98.20%。

### （三）"Running，PM"伴跑人生梦

实施该项目，既丰富了学生的业余校园文化生活，又调动了学生的学习热情，激发了学生的创新意识，练就了学生的动手能力，提高了学生的专业素质，助力学生顺利走上工作岗位。学生在参与项目过程中养成严谨的工作态度和创新的科研思维，这都能让他们走得更远、飞得更高，而服务生活、回报社会的理念也必将让他们赢得更多的尊重与支持。

## 四、项目特色

### （一）紧抓基础

该项目着力于本科生的基础教育，紧密结合专业，注重学生对专业知识和实验技能的掌握，注重学生创新精神和创新创业能力的培养，同时结合学生学习、生活、心理等特点，着力培养其健全人格，围绕"懂医懂药，中西融通，善和有为"促进学生全面发展。

## (二) 创新内涵

该项目创新性地结合药膳制作大赛、生物化学实验技能大赛、药学知识与技能大赛、药学实验设计大赛、生命模型设计大赛等形式多样、构思新颖的科研竞赛,有效地将创新理念渗透到学生的意识理念中,不断丰富"Running, PM"的内涵。

## (三) 助推成长

10多年的科研助推计划,在实践中传承与发展,帮助了一届又一届的毕业生,为学生的科技创新奠定了理论基础,拓宽了学生的视野,强化了理论与实践的结合,树立了正确的科学态度。同时,通过科研小组内成员的协同合作,培养了学生的社交能力和团队精神。

总之,"Running, PM"项目的实施,让创新成为学生的乐趣,成为学习生活的主旋律,成为生命的主流价值;让创新成为学生的信仰,带给我们的不仅仅是学生的成长成才,还有累累硕果。更重要的是,我们相信,我们努力一小步,社会进步一大步。

我们将继续奔跑下去。

主要负责人:丁喜生、韦粤、周宏相

单位:广东医科大学

# 大学生思想教育与创新创业能力融合培养工程

为进一步加强和改进广东省高校学生思想政治教育工作，扎实推进广东省高校学生事务管理的科学化、专业化进程，在倡导大众创业、万众创业的大环境下，坚持社会主义价值观，科学有效地培养学生的创新创业能力，提升大学生的社会核心竞争力。

该项目是广东财经大学艺术学院党委副书记林强于2008年策划和主持发展起来的广东财经大学首届校级学生工作精品项目。项目前期经历了四个发展阶段：①孵化探索阶段（2008年），自建工作室，孕育理念，孵化团队，开展探索实践；②培育发展阶段（2009—2013年），院系团队培育与分类实践探索；③模式成型阶段（2014—2015年），校级立项实践研究（"基于'产学研融合发展'的学生科研能力与素质培养工程"），逐步规范和优化工作模式；④成果升华阶段（2016年），实践深化，理论升华。

该项目历经多年的实践摸索，不断取得成效，逐渐形成艺术学院富有特色的学生事务管理工作创新模式。近年来，项目对学生的思想素质、社会责任感、创新实践能力和探索精神的培养成效显著。项目活动的受益面已经覆盖艺术学院全体师生，并辐射到了广东财经大学各校区及各院系，在校内外产生广泛的影响，具有一定的示范作用。

## 一、项目核心价值理念

（一）选题意义和价值

广东财经大学作为广东省二本综合性大学，生源主要以广东为主，带有较明显的广东地域文化特性，在学风建设与学生核心竞争力的培养上，具有包容、随和、务实的岭南地域性文化心理和进取、创新、开拓的群体性特征。如何立足于本校生源基础、复合应用型人才培养规格的定位和广东人文地理环境、政策环境等多重因素，有效培养学生的创新创业能力，提升学生的核心竞争力，服务于建设高水平应用型大学的目标需求，是项目的主要思考问题。

1. 现实意义

首先，学生创新科研能力、创业能力与思想素质的培养，在广东财经大学"建设高水平应用型大学""创新强校工程"的战略中，具有夯实发展基础的作用。其次，思想教育与创新创业能力融合培养，推动四大课堂（主体课堂、课外活动、社会实践、网络交互）整合的人才培养，贯彻艺术学院"德艺双馨、商艺融合、文化传通"的办学理念，对打造办学特色具有现实意义。最后，通过项目的实施，以学生养成教育为抓手，科学有效地推动学风建设良性发展。

2. 实际育人价值

项目建设结合学科专业特点，围绕大学生思想教育核心内容（政治思想、爱国主义、感恩教育、社会伦理等）设计项目实施内容，对师生素质培养都具有实际价值：①采用全员制工作方法，有利于调动教师的工作积极性，培养良好的教风、院风，培养师德情操；②以教师项目培养学生团队，加强师生互动，有利于增进师生交流与情感沟通，促进学生感恩教育；③协同互动机制，有效化解学生因学科专业困惑得不到排解而导致的心理障碍问题，助力心理健康教育；④文化与思想教育社会实践，促进团队协作，有效培养学生的合作精神和爱国主义情操；⑤四大课堂整合，开拓网络与社会实践的通道，培养学生实事求是、独立、明辨的综合素质；⑥通过思想教育植入创新创业项目的实践，树立艺术设计专业学生的设计伦理观，培养社会责任感与担当意识。

3. 推广应用价值

广东财经大学艺术学院是广东省高校美术与设计教育委员会常务理事和副秘书长单位，在省内外兄弟院校中有一定的影响力，该项目的经验对其他综合性大学将起到示范性作用。而且，该项目模式有利于办学特色的打造，有利于学生高水平科研成果的集约性产出，对"建设高水平应用型大学"具有可复制性和借鉴价值。

4. 理论意义

培养学生科研能力与素质，以兴趣激发学生自主研究的动力，促进学生养成教育的发展，探讨"思想教育与创新创业融合发展"的模式，对"协同创新"理论、自主学习理论，以及现代实践教学模式都具有理论学术价值。同时，这也为教学主管部门、学校党委提供决策依据。

（二）工作目标

该项目旨在提升大学生创新创业的综合素质，培养适应现代社会发展形势要求的核心竞争力；集实践教学、科学研究、社会服务和思想素质培养为一体，具有带动学风、教风建设，形成良性运转机制与示范作用；最终使项目主旨理念与模式化育为集体的一种协同性工作习惯。

（三）核心价值

在倡导大众创业、万众创业的大环境下，坚持社会主义价值观，科学有效地培养学生的创新创业能力，提升大学生适应现代社会发展形势要求的核心竞争力。

（四）工作理念

跨界——地域、行业、学科跨界。
整合——知识、人力资源整合。
互动——载体与资源协作互动，动态调适、建设、发展。

## 二、项目创新特色

（一）理论创新

首先，把"生态学"理论应用于项目研究，尊重地域性人文环境及行业发展环境对学生群体性格的影响，提出"教育生态伦理"的创新概念，发展"因材施教"的内涵。

其次，科研能力不仅仅是个体的学习与探究行为，更是一种对知识开展群体性的协作能力。对科研能力的再认识，能有效提升创新时代大学生人才素养内涵。

最后，提出"第四课堂"的新概念。网络是当今社会不可回避的虚拟环境，云计算技术与自媒体的高度发展，成为学习、研究和创新的重要途径，对人的成长与教育影响力的作用日益凸显，是有别于传统三大课堂的"第四课堂"。"第四课堂"概念的提出，有利于更新传统教育观念与教育方法，拓展现代教育理念。

（二）机制创新

统筹学、协同学理论为指导，从宏观系统的高度厘清学风建设的影响因素，准确把握工作重点，化"堵"为"引"，建构"自主协同"的工作机制。

（三）工作方法创新

创立"跨界、整合、互动"的工作理念和方法。地域、行业、学科跨界；

知识、人力资源整合；打破工作岗位的界限，使学生工作队伍与全体教师全员参与项目的执行与推动工作，强调载体与资源协作互动，动态调适、建设、发展。

（四）知识体系创新

把艺术人类学研究方法与民间非物质文化遗产引进高校课堂，以弥补学生对传统文化知识的缺陷，激发学生对本土文化的热情，以及爱国情怀、文化自信，培养文化自觉，从而在科研实践中实现思想教育的融合，达到综合素质全面发展的培养目标。

（五）制度创新

在学校二级管理体制的框架内，探讨自主管理的良性制度建设，全面加强教学、科研、学生工作三大板块制度的互联性和协同性，以科学的顶层设计为抓手，创设良性运作的轨道。

# 三、项目实施

（一）基本思路

1. **重点与难点**
思想理念的统一、制度建设、资金投入。
2. **措施**
（1）制度建设为抓手，通过制度建设，整合全院力量，推动和保障项目建设的顺利进行。
（2）领导小组为推手，以党政班子及各系主任为项目领导核心，发挥凝聚力作用。
（3）树立典型为旗手，以教师及企业项目带学生团队，扶植标杆团队和典型个案，以点带面地引领产学研协同创新的推广和发展，培养大众科研能力与素养。
（4）媒体联动为号手，与社会媒体建立和保持良好合作，通过媒体宣传打造活动品牌，吸引社会资源的支持，引进企业项目合作，推进学生科研社会服务。

（二）工作模式

"产、学、研、媒、思"五位一体协同创新。建立制度保障，成立党政领导班子为主要成员的项目领导小组,将任务分解到各专业负责人;成立院级学术委员会进行项目督导、项目引进、团队选聘,以及自评自测。项目植入,师生互动,校地企协同,在实践中内化升华政治思想教育与综合素质培养。

(三)实施路径

以项目引领四大课堂整合,即主体课堂、课外活动、社会实践、网络交互的整合。

(四)项目实施内容

1. **制度建设**

强化"以学生为本"的核心价值,以精品项目为契机,全面完善学院教学、科研、学生工作管理制度文件的建设,梳理和加强三大板块管理制度的协同性和关联性,以制度化管理保障并优化学生的人才培养环境。

2. **项目建设**

该项目以实践教学基地、研究中心为依托,结合学科专业特点,探索"产学研一体化"的课程教学模式,围绕思想政治教育核心内容(政治思想、爱国主义、感恩教育、社会伦理等),设计具有实践性、针对性的特色训练内容,打造完备的训练计划项目,具体可分为四个子项目。

(1)"文化创意沙龙"子项目。创建学术与思想交流平台,倡导自由、自主、轻松、平等的交流活动,打造完备的科研启航计划,培养学生的思辨能力与文化自觉。

(2)"文化遗产进高校"子项目。聘请一批省内非物质文化遗产代表性传承人和国家级工艺美术大师为学生提供专业的培训,拓展师生的传统文化知识,完善其知识结构,提高其教学、科研内涵及知识水平,激发其爱国热情与文化自信。

(3)"薪火相传"子项目。通过制度扶持,设立教师科研团队,招聘和组织若干学生科研小组担任科研助理,开展项目分支研究工作,帮助学生掌握工作方法和科研理论学习,提升学生在科研实践中解决实际问题的能力,完善科研技能的培养。增强师生协作与互动性,培育感恩情怀。

(4)"创新创业工作坊"子项目。凭借艺术学院的科研机构平台,创设品牌工作坊,实施"学、研、产"一体化的教育理念,引进企业具体项目开展实战型社会项目研发相关研究。培养学生的设计伦理观、科学发展观和社会担当意识。

## （五）项目实施原则

1. **持续性原则**

培养工程的实施需要长期坚持，有序地深化。

2. **灵活性原则**

项目在互动中调适、建设、发展，机制的建设要留有余地。

3. **开放性原则**

随时接纳新思想、新项目，适应学校和时事政策的变化。

4. **地域性原则**

坚持服务地方建设发展的原则，注重地域性生源的群体性特征，因材施教。

5. **实践性原则**

在实践中融合，化解隔阂、化育共性的价值观。

6. **系统化原则**

培养工程的各子系统有机建构，条例清晰、结构完善、科学有序。

# 四、项目进度计划

## （一）总动员与项目启动阶段

2014年6—7月为总动员与项目启动阶段，主要内容是召开全体学生动员大会、学院教师例会作动员工作，进行理念阐述与讨论。

## （二）"创意学术沙龙"子项目启动阶段

2014年9—10月为"创意学术沙龙"子项目的启动阶段。主要内容是搭建平台组建"文化创意沙龙"；成果目标是制订"文化创意沙龙"活动计划、管理办法，使全院学生受惠。

## （三）"文化遗产进高校"子项目

2014年10月开展"文化遗产进高校"子项目。其主要内容为制订活动方案，邀请一项非物质文化遗产进驻校园展演、开展讲座；成果目标为举办一个启动仪式，媒体参与报道，使全院学生受惠。

## （四）"薪火相传"子项目启动

2014年11月启动了"薪火相传"子项目。其主要内容为教师科研培育项目选拔、学生团队组建；成果目标为立项 4～6 项教师科研培育项目，组建 8～16 个学生研究小组，惠及各个专业的学生。

（五）"创新创业工作坊"项目启动

2014 年 11 月启动"创新创业工作坊"项目。其主要内容为制订科学管理方案，筛选引进企业项目，组建团队并配备专业指导老师；成果目标为筛选引进企业项目 3～4 个，导入第一课堂教学，延伸第二、第三课堂实践。

（六）项目实施与精英团队海选阶段

2014 年 11—12 月为项目实施与精英团队海阶段。主要内容为在前段时间的实践中选拔精英团队；成果目标为各专业选拔精英骨干，作重点培训、树典型。

（七）精英团队强化训练阶段

2015 年 1—6 月为精英团队强化训练阶段。其主要内容为在各子项目工作按计划推进的同期，对精英团队进行重点扶持、培养；成果目标是在学生科研立项、创新创业项目、"挑战杯"系列竞赛等项目中取得成绩。

（八）项目中期总结与成果固化阶段

2015 年 6 月为项目中期总结与成果固化阶段，其成果目标是中期检查达标、完成研究报告 1 篇，在省级学术年会作经验交流。

（九）后期项目深化阶段

2015 年 7—12 月为后期项目深化阶段。其成果目标是各子项目顺利推广、使全院学生受惠，完成项目结项论文或报告 1 篇。

（十）结项阶段

2016 年 5 月为结项阶段，其成果目标是顺利通过结项验收。

## 五、项目前期成效

该项目强调教学、科研与学生工作三大板块的协同发展，强调产学研的融合创新。项目的前期研究与运作实践，在艺术学院已初步形成三大课堂师生携手的一种自觉行为，并在学院学生工作主导下，教学、科研的协同已取得一定的前期成果：①初步完善了保障制度的建设，围绕学风建设进一步完善了管理制度的修订，提高教学、科研、学生工作的联动性和协同能力；②强化实践教学改革，初步完成"项目进课堂""创业实践与思想教育相融合""教师工作坊""学生创业孵化"等多元化模式的探索；③学生科研实践平台的建设，2013—2015年相继获得3个省级教学实践平台立项，并成立广东财经大学艺术设计研究院、广绿玉文化研究中心两个院级科研机构，以及广宁文化古村里仁村等大学生实践基地等，为项目的有效实施奠定了前期基础建设；④通过自觉、自主、自律、自理、自强的"五自能力"培养，推动了学风、院风建设；⑤学生社会责任感、实践能力和创新精神得到了显著提高；⑥学生思想教育实践活动，如暑期"三下乡"、赈灾义卖、共青团日等亮点频现，20多次接受省级以上社会媒体采访报道；⑦项目活动的受益面已经覆盖整个艺术学院的师生，并辐射到了广东财经大学各校区及各院系，在校内外产生广泛的影响，具有一定的示范作用；⑧学生四大课堂整合的创新成果多次亮相国际行业展会和国家级民间工艺博览会，学生科研获得国际级奖项3个、国家级奖项180项、省部级以上奖项582个，获得国家级创新创业项目40项。

主要负责人：林强

单位：广东财经大学

# 岭南师范学院教育科学学院教师教育文化节

岭南师范学院教育科学学院教师教育文化节，在2005—2015年的办节历程中创建了教师教育文化三维显像、三化强能和三常增益三大育人系统，与第一课堂紧密衔接，健全了"教、学、研、做"四型互动合一的师范生培育平台，探索了文化育人"显像术"，寓抽象于具体，培养师范生的文化自觉；探索了文化育人"嫁接术"，寓文化于素养，增强师范生的文化自信；探索文化育人"助产术"，寓教育于日常，力促师范生的文化自强，有效发挥了教师教育文化的育人效能，为未来师者铸魂。文化节的举办帮助师范生坚定了师范理想、升华了师范精神、提高了师范素养和塑造了师范气质，赢得了国家领导的肯定、基础教育一线工作者的赞誉和主流新闻媒体赋予的"援藏良驹""粤西过江龙"等美誉。教育科学学院连续10年名列岭南师范学院"挑战杯"系列竞赛团体总分第一，蝉联"挑战杯"系列竞赛的佳绩更是文化育人成果的体现（如图1所示）。

图1 第十一届教师教育文化节闭幕式合影

## 一、项目理念

2012年，广东省开始全面实施"强师工程"，提出了建设高素质专业化教师队伍的目标。要实现这一目标，师范教育是源头上的"基因工程"。然而，基础教育一线却因年轻的师范毕业生"从教信念模糊"和"实践能力薄弱"两大突出问题越来越感到头痛。面对这一矛盾，岭南师范学院该如何发挥110年师范教育深厚的文化积淀以培养优秀师范人才？在这一总体目标的指引下，教育科学学院衍生出了举办教师教育文化节的探"三术"育"三自"工作思路。

### （一）探索文化育人"显像术"，寓抽象于具体，培养师范生的文化自觉

文化育人的本质是教育对象对于文化的认同和内化过程。因而，教师教育文化节的首要任务就是探索"显像术"，以名师名家、师道名言和艺术之美为载体，让抽象的教师教育文化变得鲜活、具体且具有感染力，帮助师范生逐渐养成文化自觉。这种自觉，让师范生明白教师教育文化的发展历程，以及它所具有的特色和发展趋向，认同教育的价值并担当教育的使命，在教育事业上找到和找准自己的人生位置。

### （二）探索文化育人"嫁接术"，寓文化于素养，增强师范生的文化自信

有了文化自觉后，还要在实践中增强师范生的文化自信，使其对自身的追求、价值及素养有充分的肯定和坚定的信念。为此，教师教育文化节探索了文化育人的"嫁接术"，通过师范生综合技能大赛的举办，将学校百年的师范文化融贯于学生从师素养的培养之中，蕴价值精神于内，显技能素养于外，发挥了文化对素养培养的导向、规范和激励作用。

### （三）探索文化育人"助产术"，寓教育于日常，力促师范生的文化自强

文化育人的终极指标是达到文化自强。为此，教师教育文化节探索了文化育人"助产术"，将文化育人渗透于日常的点滴之中，也让每个师范生将点滴的日常举止聚合成良好的教师教育文化氛围，产生与时俱进、生生不息的文化育人浪潮，形成化内化与外化双向运动的循环过程。

## 二、项目运作

### （一）构建教师教育文化三维显像系统

**1. "向名师借智慧"——让名师为师生讲学传道**

（1）邀名师指导，三方协同促成长。文化节设立学生成长指导委员会，每年选聘高校、中小学、特殊学校和幼儿园的专家担任学生成长指导委员会专家，选聘中小学和幼儿园特级、高级教师为学生院外专业实践指导教师，不仅为文化节提供了强大的指导力量，同时为学生带来教育理想和师德师风活的教育；成立大学生自我成长互促会，在学生中组建学习共同体，调动大学生学习的主动性。文化节以"两会"的建设引领校内、校外和学生三方协同全方位服务学生成长；在密切的师生交流中，学生研究名师成长规律，增进大学生对专业、对人生、对社会、对教师职业生涯的理性认识。

（2）聚名家论道，两岸协同显气象。文化节已连续四年承办由中国教育学会教育学分会主办的两岸教师教育高端论坛，汇聚当代著名教育家、中国教育学会副会长、华东师范大学终身教授叶澜，中国高等教育学主要奠基人、中国高教学会高等教育学专业委员会终身名誉理事长、厦门大学资深教授潘懋元，北京师范大学长江学者、教育学部部长、教授石中英，浙江师范大学长江学者、教授眭依凡，世界资优教育学会主席吴武典，知名心理咨询与辅导专家冯观富等数百位教育名家讲学传道，让师范生在享受教育文化盛宴的同时，感受名家风范，开拓教育视野。

（3）引名课入校，一堂协同展师风。文化节设立中小学优秀课堂展示暨说课演示活动，邀请中小学名师、名校长带着中小学学生到校园来，为全校师范生现场讲授示范课现场和说课。在这一堂课中，名师讲授，名校长点评，使广大师范生深入认识中小学优秀课堂教学，认识高水平说课，观摩学习中小学名师教风和教态，深刻体会教学创意与艺术。

**2. "立师道强使命"——让经典教育思想细雨润物**

在主教学楼燕雷楼4楼和5楼1000米的长廊中建设了师道长廊，展示古今中外历代教育家的肖像与教育名言，展现我国数千年教育思想的绵延，奏响东西方教育精神的交响乐，带给学生细雨润物的文化熏陶。

**3. "用艺术画灵魂"——让艺术之美演活教师教育文化**

（1）以丰富的文化成果展现教育魅力。文化节中设立为期一周的教师教育文化展，向全校展现教师教育文化主题的"三笔字"、黑板报、简笔画作品和师范生优秀的教具、教案、说课稿等作品。

(2) 以教师形象设计诠释教育理想。在文化节总结表彰大会上，由各班级作现代教师形象设计，以具体的演绎形式表达抽象的教育理想，带给观众关于现代教育理念与教育理想的全新感触。

(3) 以团体艺术形式表达教育情怀。在文化节总结表彰大会上，各班级以团体才艺比赛的形式表达教育情怀与团队协作精神，以外显、感人的艺术形式表达内在的教育情怀，为观众送上教师教育文化大餐。

## （二）构建教师教育文化三化强能系统

### 1. 立足从师技能，打造综合化竞赛强能平台

文化节中与企业、中小学联办了12届师范生综合技能大赛。大赛按师范核心技能分为语言类、艺术类、应用类和综合类四个大类，共设"百年树人"主题演讲大赛、"立德树人"主题、"三笔字"大赛、"师风师魂"黑板报设计大赛、说课大赛、现场教具设计与制作大赛、CAI课件设计与制作大赛、主题班会设计大赛、现场教案设计大赛、百科知识竞赛、心理健康教育技能大赛、现代教师形象设计大赛与才艺大赛等12项与教师教育文化相融合的子竞赛，全面考评师范生的综合技能。

### 2. 革新参赛体制，打造全员化参与强能平台

从第八届文化节开始，革新了竞赛类活动的参赛机制，创设了班级"三笔字"大赛、班级百科知识竞赛等新竞赛与赛制，以全班参与竞赛的形式进行从师技能的考核认证，实现了文化节活动对全院学生的覆盖与影响。

### 3. 邀请专家评审，打造专业化指导强能平台

文化节的项目设计、竞赛标准、研训方式等均由校内外相关领域专家、教授指导设定，为师范生从师技能的提升提供了专业化的指导。

## （三）构建教师教育文化三常增益系统

### 1. 让从师训练成为常态，让勤勉成为习惯

文化节要求师范生从入学开始即进行普通话、"三笔字"和艺术素养的训练。如粉笔字的训练，就在主教学楼燕雷楼走廊上挂设800块小黑板，给每位新生安排一块，要求他们每天进行粉笔字训练，并定期进行评比，与之相配套，还提供了教师指导和训练指南（如图2所示）。于是，在校道上、走廊上、操场上，随处可见学生投入从师训练。如此一来，让文化渗透于每日的训练中，每日的训练又成为校园文化的一大景观，充实了校园的教师教育文化，其中的每一位成员也受到了熏陶与砥砺，大家相互增益，形成了良性循环。

图 2　常态化的粉笔字训练

**2. 让从师实践成为常态，让实干成为习惯**

文化节还联系建立了湛江一中、岭师附中、湛江市第八小学等 28 个大学生课外教育科研实践基地（如图 3 所示），依托基地持续开展心理咨询、班主任助理、学业困难学生辅导、快乐英语、手工创意、围棋启蒙等 12 种实践活动，让每一个师范生在每个周末都可以参与从师实践项目，让师范生在实践中体验教师的责任与快乐，也弘扬了实学报国、求真务实的教师教育文化。

图 3　与湛江市各中小学、特殊学校、幼儿园共建实践育人基地

**3. 让从师研讨成为常态，让创新成为习惯**

文化节还设立了师范生自发组织、参与、主讲的学术沙龙、读书报告会和大学生学术报告会，创设了大学生创新创业孵化工程，为学生的创新创业项目提供教师指导与资金资助，让学生在每个周末都可以根据自己的兴趣爱好自主

地开展研讨活动，让创新成为习惯，也赋予了文化更加开放活跃的创造因子。

## 三、项目效果

（一）营造崇教爱教、崇德厚道的校园文化氛围

教师教育文化节的举办让广大学生在名师的言传身教中传承中华师道，在培训中领会教育科学的精深与浩渺，在实践中体验教书育人的成就，在竞赛中收获个人成长的喜悦，全面激发了学生热爱教育的情感和崇尚教育的价值理念，有效地解决了师范毕业生"从教信念模糊"的问题，也使得学生专业思想稳定，热爱本专业的学习，为教育科学学院的学院稳定和建设良好学风、校风打下坚实的基础。全国人大常委会委员长张德江到岭南师范学院视察时，高度评价教育科学学院学生的崇教精神，指出岭南师范学院学生能"立志献身小学教育，非常高尚"。

（二）传承匡时济世、实学报国之校园文化精神

教师教育文化节11年的举办历程中，培养了学生心系祖国、奉献教育的良好品格，在社会上展现了岭师学子良好的形象，树立了崇高的师表形象。毕业生更是以实际行动传承了匡时济世、实学报国的校园文化精神。岭南师范学院已有35名毕业生参与志愿服务西部、服务山区的工作，有15名应届毕业生相继到西藏林芝地区支教，其中有3人就在西藏结婚生子，立志毕生奉献给西部教育事业。新华网以"湛江师院四名毕业生钟情雪域高原，将赴西藏就业"为题，对岭南师范学院毕业生到西藏支教作了报道。《人民日报》以"粤西过江龙西藏受青睐——林芝教委千里寻'良驹'"为题，报道了岭南师范学院毕业生到西藏支教的消息。

（三）弘扬阳刚有为、行谊进取之校园文化传统

在文化节的长期驱动下，岭南师范学院学风、院风为之一新，学生的师范素养得以全面提高，毕业生的就业率与就业质量也得以提高。每年均有多名毕业生以笔试面试名列前茅的成绩通过珠三角公办教师招考，甚至一次就有7人通过广州白云区公办教师招考。2013届小学教育本科3班陈秋玲同学，被知名民办学校广东碧桂园学校录取，成为该校录用的唯一一名非"211"院校的本科毕业生。2014届曾在大赛获奖的毕业生中，有超过90%的学生进入珠三角地区就业。国内主流媒体根据这一现象，以"粤西过江龙"的美称赞誉岭

南师范学院毕业生。

### （四）打造追求卓越、昌明博大之校园文化气象

文化节让师范生站在教育理论创新的前沿，革新了教育理念，张扬了教育情怀，开拓了学术视野，启蒙了研究性思维，使学生养成雍容大度、开放敏锐的精神气质。岭南师范学院学生的学术科技活动活跃，考研、发表论文、"挑战杯"系列竞赛的获奖人次逐年增加。教育科学学院的学生在2009—2015年四届"挑战杯"全国大学生课外学术科技作品竞赛中，获国家级三等奖2项，省级特等奖3项、一等奖7项、二等奖2项、三等奖7项；学院连续10年名列岭南师范学院"挑战杯"团体总分第一。

## 四、项目特色

### （一）通过文化与素养的连接，探索蕴于内而形于外的文化育人路径

岭南师范学院在110年的教师教育历程中，逐渐形成了具有自身内涵与特点的师范文化。如何才能更好地传承和发扬这一文化，使其成为师范生共同的文化意识与精神并外显于教育素养之中呢？除了课堂教学传承、物质环境传承、制度导向传承之外，我们还探索活动参与传承，在从师任教技能的学习和掌握过程中融入教师意识、教师道德、教师理想、教师价值观、教育理念、人才观以及教师人文素质的培育，将百年师范文化融合于师范生教育素养的培养之中，发挥其对学生教育素养培养的导向、规范和激励作用。文化与素养的连接，蕴价值精神于内，显技能素养于外，让文化育人有了更有效的实体与更广的参与度、持久度和显示度，也让学生的技能训练迸发出心灵深处的能量。

### （二）通过主客体同一的连接，养成师范生的教师教育文化自觉

文化节让全院学生参与其中，既是文化育人的客体（受授者），又是育人的主体（创造者和传播者），具备主客体同一性。主客体同一的育人历程，也就是教师教育文化内化与外化的双向运动过程，也就是将校园文化内化为师范生鲜活、个性的精神气质的过程。在这一过程之中，作为个体的师范生在更深的意义和层次上获得了对类本质和自我本质的认同，逐渐养成教师教育文化自觉。这种自觉，让师范生对教师教育文化来历、形成过程，及其特色和发展趋

向有所了解，并自觉追求自我教育理想的实现，实现对个人发展源动力的激发。

（三）通过竞赛与培育的连接，发挥文化育人效能

校园活动多为竞赛，但如果只是单纯的竞赛，让学生在自觉的状态下参与，其育人效能颇为有限，对比于高昂的竞赛投入，则有投入与产出难成正比之嫌。若以竞赛为平台，并与培育相连接，赛前提供的培训、实践指导、研究培养帮助学生在备赛的压力下实现自我的快速成长；利用赛中进行展示、考核、评议实现相互学习；通过赛后的成果展示、总结表彰、榜样示范带给学生更震撼、更久远的成长激励与指导。如此一来，让广大学生在培训、研究中领会教育科学的精深与浩渺，在实践中体验教书育人的成就，在竞赛中收获个人成长的喜悦，达到教育理念的革新、教育情怀的张扬，全面激发学生崇教爱教的价值信念，发挥文化育人的效能。

（四）通过校内与校外的连接，发挥产学研用协同育人效能

教师教育所培养的人才应是面向未来基础教育的。因此，教育科学学院积极联系校外企业和中小学，为师范生提供实践平台，增进师范生对专业、对职业、对人生、对社会的理性认识，鼓励他们守护现代教育的精神家园，从国际化的视角思考现代教育精神；邀请中小学名师、名校长为学生作示范，指导学生的实践、科研与竞赛，同时为学生带来教师理想和师德师风的活的教育。如此一来，文化育人有了更鲜活、更广泛的载体，也使师范教育与基础教育需求对接，建设起教、学、研、做互动合一的师范生培育平台，为师范生的成长提供有效支撑，为培养"五力型"优质教师打下基础。

主要负责人：李德深、邓倩文<br>单位：岭南师范学院

# "菡萏书香"系列读书品牌文化活动

为传承"学而知不足"校训，进一步营造和增强校园读书文化氛围、加深学生人文底蕴，全面实施人文素质教育，在东莞理工学院校党委宣传部、学生处等部门领导的大支持下，文学院在有10年传统的读书活动月的基础上进行品牌化深度整合打造，于2012年初联合校图书馆发起"菡萏书香"系列读书文化活动。该项目主要包括东莞理工学院"菡萏吐秀"读书报告展示大赛、文学院"菡萏吐秀"阅读计划与校图书馆"读者沙龙"文化活动、东莞理工学院"阅读与写作"网络平台建设。品牌项目活动实施近4年来，直接参与人数为3600人，辐射师生群体9000余人。活动有效地激发了同学们的阅读写作兴趣、锻炼了同学们读书、写作、演讲三位一体核心能力，营造了良好的阅读文化氛围与交流展示平台，形成了一道"爱读书、读好书、展风采"的校园学术文化风景。活动在提升校内学生人文品质的同时，还辐射到松山湖园区，产生了良好的社会效益。

## 一、项目背景

提高理工科学生的人文素养是时代发展对理工科大学生的必然要求。长期以来，以理工科为主的高等院校将"培养高级应用型人才"作为学校发展的首要目标，对学生的培养普遍存在着重科技、专业知识和技能学习，轻视或缺失人文素质教育的倾向，导致培养出来的学生在知识和能力结构方面存在短板，一定程度上影响了其思维能力、应变能力、创新能力和人文素养的提高。所以，通过开展"菡萏书香"系列读书品牌文化活动，营造良好的校园文化氛围，加强学风建设，正视和切实提升学校人文教育的水平，对于完善学生知识能力结构、培养科学精神与人文精神和谐统一的"审美的人"具有重要的现实意义。

2015年，东莞理工学院被广东省纳入省市共建高水平理工科大学建设行列，迎来空前的发展机遇，同时，这也对学校的人才培养和育人工作提出了更高的质量要求。在此背景下，开展"菡萏书香"系列读书文化活动，有助于复合型工程师人才人文素养的提升，有益于提升高水平理工科大学的人文底蕴与文化厚度，进一步深化和提升教育教学成果和质量。

## 二、项目理念与内容

（一）项目基本理念

**1. 全员育人理念**

校园阅读文化是校园文化与阅读文化的交集，是指基于校园物质技术形态、由学校教育意识和环境衍生形成的学校成员共享的阅读观和阅读活动。在系列书香活动中，学校构建了一个从校图书馆到学生管理部门，从党委宣传部到专业院系的全员育人机制，同时包括专业教师指导、社会文化名人共同参与的全员育人的课外文化养成体系。

**2. 文化育人理念**

校园阅读文化活动是校园阅读文化最生动具体的体现，是可感可触的文化现象，也是校园阅读文化得以产生并不断创新发展的源泉，是校园文化与阅读文化相互影响和交流的主要渠道。在书香系列活动中，通过以阅读交流为核心的文化熏陶，初步形成了文化育人的理念。

**3. 自我教育理念**

在书香文化品牌的氛围营造中，通过老师指导，作为教育主体的学生潜移默化地通过日复一日、年复一年定期的读书品味、思想交流、比赛展示，可以完成对于自我最好的教育，达成让阅读启迪智慧、让阅读滋润心灵的长久作用，实现品牌活动中的自我教育理念功能。

（二）项目基本内容

**1. "菡苕吐秀"读书报告展示大赛与阅读计划系列**

"菡苕书香"之"读书报告会"每年举办一届，在理工学院已有10年传统，2012年开始命名为"菡苕书香"品牌。文学院通过在莞城校区新生中推行"菡苕吐秀"阅读计划并开展两校区读书报告展示大赛，全面提升学生的读书、写作与演讲能力。该活动吸收借鉴研究生"自我学习，自我管理"的理念，鼓励并规定学生以阅读名著佳书、撰写书评和心得、登台讲演报告等知识输出方式来发展和锻炼自身阅读、写作、语言表达等综合能力，同时有助于营造浓厚的校园学术文化氛围，激发、培养同学们的学习兴趣、创新潜能，全面提升本科生的综合素质能力（如图1所示）。

图1 "读书报告会"展示决赛现场

### 2. "菡萏青蓝"之名家讲座报告

为帮助莞城回迁的2013级学生在松山湖校区重新适应和深入专业学习，同时助力2014级、2015级新生在莞城校区适应高强度学习，文学院联合校图书馆开展了院内老师系列讲座，同时面向全校，旨在开拓学生的思想和视野，展示逻辑思维的魅力，让学生体味精神世界的丰富和复杂（如图2所示）。

图2 "菡萏青蓝"历场讲座

### 3. "菡苔争鸣"之读书沙龙活动

读书沙龙项目自 2012 年人文科学实验班成立伊始便已开设，结合每学期 8 学分的"阅读与写作"课外实践必修课，每期沙龙由学科专业导师轮期推荐书目，师生共同阅读后定期展开讨论。目前以学校图书馆为主要阵地，面向全校师生。在沙龙上，老师、同学各抒己见，平等交流讨论，形成以书会友、和谐浓厚的读书氛围。

### 4. "菡苔光影"之电影沙龙活动

电影沙龙是每周五晚上 7：30 固定在 10B101 实验班全体成员中进行中外经典电影的欣赏和交流。该活动的核心在于电影鉴赏的指导，沙龙目的不在于一群人聚在一块看电影，而在于观影前后的策划、准备、讨论、写作和作品发表。通过反复摸索，沙龙初步建立起一套完整的运作模式，催生了一个以实验班电影沙龙为品牌的校级社团影视交流协会，该协会兼并了原有的学校同类社团，影响力和辐射面不断扩大。

### 5. "菡苔芬芳"之阅读与写作平台

"大学生阅读与写作"以校图书馆网络为载体，由东莞理工学院文学院主办《阅读与写作》旬刊，旨在为当代大学生提供阅读、思考、写作、交流的平台。该刊集思广益，积极引导读者读书、读人、读生活、读世界。旬刊内容包括时评、书评、影评、剧本、诗歌、散文、小说等，来稿体裁不限、字数不限，必须原创，竭诚开创一个年轻学子阅读与思考的新平台（如图 3 所示）。

图 3　《阅读与写作》旬刊网站

## 三、项目运作

### （一）保持定力，久久为功

文学院始终保持定力，紧密围绕文科专业属性，开展高专业贴合度、高水平、高层次的阅读文化活动。经过10年积淀、近4年品牌化历程，我们终于铸就了"菡萏书香"这一经典校园文化品牌。

### （二）分工明确，层层深进

我们深知"一个人可以走得很快，一群人才能走得更远"。在活动组织与开展过程中，我们群策群力、集思广益，在校党委宣传、教务处、学生处、校团委、图书馆等部门的支持和配合下，调动院系专业教师和学生干部的积极性，明确分工，层层推进，发挥和激发团队的最大潜力。

### （三）突出主题，丰富内容

每次活动的开展都会经过前期调研和论证，制定科学合理的活动主题。活动的推进过程中，围绕目标，紧扣主题，坚决杜绝"为活动而活动"之类的形式主义做派。在内容方面，各项活动渗透融合了阅读、写作、演讲（报告）、电影赏析、经典讨论等模块，具有较强的针对性与示范性，同时增强了活动的质量与教育效果。

### （四）媒介融合，扩大影响

项目从无到有，从小到大，经过校园各媒体的宣传报道，影响力和辐射面逐渐增强扩大。同时，项目筹备组还积极与东莞市文明办、市图书馆、松山湖图书馆等单位联系，拓展了活动形式，提升了品牌影响力。

### （五）创新活动，推进发展

在继承的基础上，我们致力于项目内容与形式的不断探索与创新，推进各项活动协调发展。以"菡萏吐秀"读书报告活动为例，下一步将分"文学组"与"非文学组"展开竞赛。横向层面，开展"卓越工程师读书演讲比赛""国学达人知识竞赛""阅读挑战赛""年度读书人物评选"等活动，提升活动的感染力与吸引力，推进各活动协同发展。

## （六）师生参与，交流碰撞

大学校园里有文化品位高、术业有专攻的学者、教授，他们具有很大的号召力和感染力，教师的读书热情会感染学生，教师的读书习惯也会影响学生。年轻的学生们在读书的过程中常常会有自己的思想和见解，他们和教师的交流、互动又会促进自己不断更新知识和提高自己，这样在校园里就形成了思维碰撞和阅读升华。

## 四、项目特色

"菡萏书香"系列读书文化活动是文学院全面探索、实施新生综合素质教育的一项重要举措。其中，"菡萏吐秀"阅读计划和"菡萏吐秀"读书报告展示大赛是对本科生阅读、写作、演讲、思辨、创新能力培养的新尝试、新举措、新探索。项目为东莞理工学院师生搭建了一个高水平、宽领域、学科交融的活动平台，有效促进了人文类学科的发展。

### （一）项目理论创新特色

**1. 借鉴先进理念、培养学生阅读自主性**

项目吸收借鉴研究生教育理念中"自我学习、自我教育、自我管理"的精华，以教师引导下的日常阅读计划为真实载体，以读书报告展示大赛（含初赛、复赛、决赛）为检验展示平台，周期长、跨度大、强度高、检验严，既有自我阅读体验，又有风采展示平台，真正体现了"学生为主体，教师为主导"的教育旨趣，尤其在发挥学生主体性方面是一项有益的探索。

**2. 紧扣人才培养目标，发挥学科专业优势**

项目贴近东莞理工学院的人才培养目标，依托学校的优良传统和历史文化积淀，充分结合和发挥文学院学科优势，体现了鲜明的专业特色。其"爱读书、读好书、展风采"的文化品格和文化功能具有鲜明的文化传承价值。

**3. 品味经典名著，弘扬社会主义先进文化**

项目以坚持和弘扬社会主义先进文化为指导思想，响应党的建设"学习型社会"的时代号召。项目组邀请专家认真遴选了一批历经历史考验的经典阅读书目，并针对全校学生党员和入党积极分子开展了第一届"追寻红色记忆、品味经典真谛"主题的红色经典诗文朗诵会，得到了校领导和近500名听众的好评。

（二）项目的实践应用价值与特色

1. **搭建高水平阅读交流展示平台，打造理工校园版"百家讲坛"**

项目为师生提供了一个学习交流的互动平台。与以往传统的读书模式相比，项目鼓励引导学生作为"专家"走上讲坛，将自己在读书过程中的心得体悟诉之成文，登台讲演并接受提问。此举不仅有利于激发同学们的读书热情，而且开拓出新的知识获取途径，从而拓宽了同学们的眼界与知识面。

2. **培养目标明确，夯实"读书、写作、演讲"三位一体综合能力**

项目各个环节培养目标明确，层次清晰。阅读过程注重培养同学们的阅读和知识获取能力，写作环节在于提升同学们的写作能力，讲演报告环节在于提升同学们的自信心、演讲水平与语言表达能力，提问环节培养同学们的思辨能力与应激反应能力。各个环节环环相扣，逻辑脉络清晰，利于开展和推广。

3. **营造校园学术文化氛围、全面促进学风建设**

这种登坛讲演的方式有益于营造良好的校园文化氛围，促进学风建设。同学们参与活动的过程也是人文素质提升的过程。同学们在阅读、写作、讲演报告等诸环节中，其综合素质能力能够得到拓展与提高，这种人与作品、师生间、同学间、听众与讲演者等诸多主体间的交融互动，提高的不仅仅是人文知识的获取能力，更多的是提升学生的自信心、感知力、领悟力等诸多实践能力、竞争能力。

## 五、项目计划

在数字媒体时代，校园阅读文化的建设基于学校图书馆、专业院系、技术部门、师生的四位一体建设，正是这四个方面力量的不断磨合和摸索，才能建设出适宜的校园阅读文化。学校硬件投入对校园阅读的支持、专业院系的文化软支持、技术部门的科技探索、师生教学相长式的实际阅读交流体验和效果评估都不可缺少。

（一）加强与图书馆和学工处的合作，加强硬件与新媒体的建设

进一步加强同学校各相关部门的沟通与联系，尤其应注重与图书馆和学生处的联合，完善活动的硬件设施建设；打造以"菡萏书香"为平台的新媒体建设，扩大宣传效果，增强品牌影响力和辐射面。

（二）进一步激发师生参与热情，鼓励创新子品牌的涌现

进一步书香莞工校园文化阅读工程建设，在原有"读书节""读书月"等

基础上，鼓励创新"卓越工程师读书演讲比赛""国学达人知识竞赛""阅读挑战赛""年度读书人物评选""图书漂流之星评选"等活动，为大学生创造一个人人爱阅读、人人好阅读的良好环境和浓郁氛围。

### （三）围绕工程师培养，营造人文素养育人的阅读文化活动

在东莞理工学院迎来广东省高水平理工科大学建设政策红利的背景下，围绕本科教育教学目标，夯实理工科工程师人才培养，开拓探索人文路径，营造更多更好的人文素养阅读文化活动。

### （四）注重校园阅读活动的宣传推广与持续深入

一是重视名人宣传效应，如成立活动宣传大使，囊括当红明星和各类专家学者等；二是引进利用新技术手段突破单向宣传方式，开展微信公众号、网刊实时互动宣传；三是宣传注重人性化，深入学生社区，吸引学生，提高学生对活动的知晓率和参与度。

### （五）统筹规划校园阅读文化建设，建立长效机制

增设学校层面的阅读荣誉奖励与激励制度，激发广大师生的阅读与参与热情。研究探索工作平台与长效工作机制的建立，不断提升活动的针对性、实效性、示范性，不断总结并在更高层面和场域推广典型性经验。

主要负责人：海景龙、阎江、黄忠顺等
单位：东莞理工学院

**参考文献**

[1] 李铁范，王建军. 论校园阅读文化建设 [J]. 大学图书情报学刊，2008（10）.

[2] 张容秀. 课内外阅读有效融合，创建书香型校园 [J]. 课改教学，2012（3）.

[3] 周静珍. 新媒体环境下大学校园阅读文化建设研究 [J]. 中国电力教育，2013（3）.

[4] 杨欣虎. 校园文化整体性视野下的和谐校园文化建设 [J]. 教学与管理：理论版，2010（33）.

# 巧匠孵化室

为实现高职教育全员化育人、全程化育人、全方位育人的良好工作格局，形成有针对性、实效性、示范性的长效的工作机制，广东轻工职业技术学院机电工程系创新实践育人特色工作，承接优良传统，开拓创新，经过精心策划、周密部署和认真落实，以"巧匠孵化室"为依托，从传承优良传统、创新服务模式、推进创新创业、陶冶高尚情操四个方面着手，开展了包括专业导向、学用结合、志愿服务、科技创新、职业规划等常规系列活动，均取得了一定的成效。随着信息化时代的到来，该项目将"互联网＋"行动计划与机电工程系 23 年传统特色服务——家电维修志愿服务相结合，以运用微信平台进行校园小家电维修创新服务实践、校内外维修志愿服务作为项目实施的抓手，并在此基础上着力发挥"互联网＋"与家电维修志愿服务相结合的优势，继续培育学生的社会责任感、实践能力和创新创业精神。

## 一、项目理念

1993 年，广东轻工职业技术学院（时为广州轻工业学校）机电工程系学生电器维修队成立，1996 年，正式成立"机电系学生电器维修部"（以下简称"维修部"），旨在实现学用结合，增强学生的实践能力。23 年的特色工作，积淀了维修部"德能兼备"的人才培养理念，构建了实践育人的综合服务平台，形成"巧匠孵化室"培育模式。

"巧匠孵化室"是广东轻工职业技术学院（以下简称"轻院"）机电工程系技能型人才与服务型人才培养的孵化基地，秉承轻院"德能兼备，学以成之"的校训，致力于培养高职高专具备无私奉献精神的能工巧匠和创新创业人才。项目的运作，不仅继承了机电工程系 23 年的优良传统，紧跟"互联网＋"时代步伐创新服务模式，丰富学生的培养模式，更实现"强化专业实践能力""培养创新创业意识""锤炼高尚精神情操"三位一体的育人新格局，并形成了可持续发展的长效机制，同时，探索了培养"知行合一""德才兼备"的技能型人才新路径。

## 二、项目运作

### (一) 制订"志愿服务领航"计划

为将项目的影响力辐射到机电工程系教学育人的各个方面,"巧匠孵化室"项目制订了"志愿服务领航"计划,旨在发挥机电工程系的学科特长,结合志愿服务精神,营造"学先进、赶先进"的标杆文化,以维修部志愿服务系列活动为载体,发扬雷锋精神,发挥机电学子的先进性,从而塑造榜样的力量,形成良好风气,推动优良学风、校风建设,让先进的榜样激励学生前进。

机电工程系自2011年开始逐步实施"志愿服务领航"计划,分为三个阶段,通过1学年的培育计划,形成学生服务团队,培养动手能力强、奉献精神佳的能手。第一阶段,结合科技文化活动、系列专业知识讲座,如无人机技术知识讲座、3D打印科普讲座等,帮助学生认知所学专业,了解新兴科技产业,透析行业发展前景。第二阶段,为保证服务质量,提高部门学生维修技能,分别邀请专业教师、维修部骨干针对不同种类的家用电器进行分期培训,旨在培养兼具"工匠精神""雷锋精神"和过硬技术的维修志愿者。第三阶段,倾力拓展服务范围,实现"走出校门,为社会服务",将志愿服务的影响力向外辐射,同时,在服务过程中培养学生的创新创业能力(如表1所示)。

表1  2014—2016年大型校外义务维修实践活动

| 序号 | 时间 | 活动主题 |
| --- | --- | --- |
| 1 | 2016年4月 | 南海小塘老年人活动中心校外义修活动 |
| 2 | 2016年3月 | 狮山镇郎下村义修活动 |
| 3 | 2015年12月 | 南海罗村志愿服务站义修活动 |
| 4 | 2015年7月 | "螺丝钉"小分队茂名"三下乡"社会实践活动 |
| 5 | 2014年7月 | 开平"三下乡"义务维修社会实践活动 |
| 6 | 2014年5月 | 狮山镇大圃横岗义修活动 |

"志愿服务领航"计划的实施,一方面全力培育具有服务精神的优秀集体和个人,优化已有23年悠久历史的维修部运营模式,秉承"从学生中来,到学生中去"的服务理念,坚持在校内定期开展影响力广的志愿服务活动;另一方面有效营造专业学习氛围,持续开展丰富多样的活动,调动机电学子的专业学习积极性。据统计,维修部每年在校内进行30次以上的收件活动,每年

共为校内的广大师生维修故障电器近600多件，维修成功率超过85%。同时，电器维修部每年平均开展3～4次校内校外义修活动。"志愿服务领航"计划实施以来，有效带动优良学风进班级、进支部、进宿舍，从学习、生活、思想、校园文化等方面营造具有感染性的良好氛围，这是树立标杆、向先进学习、增强集体凝聚力的重要举措。

### （二）建立并完善实体工作室和"互联网+"微信平台运营模式

维修部在校内有专门的实体工作室，并制定了完善的规章制度，星期一至星期五均安排维修志愿者轮班，保证常规义修活动的持续性开展。此外，每逢周二11：30—13：00在学生宿舍区设点进行收件维修活动。为把握"互联网+"时代的机遇，扩大"巧匠孵化室"项目影响力，拓宽服务覆盖面，机电工程系建立了专属维修部的微信服务平台，并在平台建立前进行了系统的适用性调研以论证实施可行性。项目巧妙利用微信平台作为维修部运营的线上服务平台，面向校内及周边区域家用电器快修服务，实现上门维修、上门收件功能。线上平台的建立，方便了使用者及电器维修需求者实现查询、学习、体验、互动、维修预约一体化服务模式。

### （三）借力科研创业平台，提升项目培养质量

维修部曾获得广东轻工职业技术学院2012—2013年"创业孵化中心创业孵化许可证"，在校内开设电器维修中心店面，创造营业额约12000元，创造利润约为8000元，为维修部学生提供创新、创业、经营等实践机会。2015年，以机电工程系电器维修部为骨干的《机电系维修部手机快修服务项目》成功申报广东轻工职业技术学院大学生孵化基地项目。通过向相关部门申请，维修部拟将工作室设立于学生宿舍区域，为校内上门收件和维修提供极大的便利。

## 三、项目效果

### （一）助力学生就业和创新创业

多年以来，"巧匠孵化室"培养的具备"工匠精神"与"志愿服务精神"的优秀学生，不仅顺利完成学业，更凭借在学校习得的专业技能、培养的信念以及创新创业能力，为职业生涯增光添彩，为在校学子树标杆。2011届钟海生同学于2010—2013年进入一汽大众汽车有限公司实习，凭借过硬的专业技术和良好的创新能力、积极的工作态度、进取的职业信念，获得佛山分公司冲

压车间颁发的 2012 年度"优秀学徒"称号、2013 年度"新锐奖"称号、佛山分公司 2014 年度"优秀党员先锋岗"称号、2015 年度大众集团"优秀学徒"称号;毕业生朱宇同学 2015 年在广州创立朗希有限公司;梁嘉伟同学 2011 年在广州创立永沣空调设备有限公司;等等。

### (二) 研究成果与竞赛获奖硕果累累

#### 1. 研究成果屡获肯定

以维修部为生力军的研究成果屡获肯定,如表 2 所示。

表 2 项目 2012—2015 年收获的社会实践成果

| 序号 | 时间 | 成果 |
| --- | --- | --- |
| 1 | 2012 年 | 电器维修部项目"家电维修中心"成功进驻广东轻工职业技术学院大学生孵化基地 |
| 2 | 2013 年 | 创新创业训练项目"家电维修服务中心"通过广东省教育厅立项,并于 2015 年顺利结项 |
| 3 | 2015 年 | "机电系维修部手机快修服务项目"成功申报广东轻工职业技术学院大学生孵化基地项目 |
| 4 | 2015 年 | 创新创业训练项目"微信平台的校园小家电维修"通过广东省教育厅立项 |

#### 2. 专业竞赛捷报频传

"巧匠孵化室"项目的开展不仅有利于学生在学习专业知识的同时将专业技术运用到生活实践当中,更有利于在工作中发现和培养具备科研创新能力的学生,并组成高水平专业队伍,进行智能装备的研究、设计和组装,积极参与国家级、省市级技能竞赛。例如,机电工程系 2014 级孔德良团队凭借作品"基于 Zigbee 技术的校园物联防盗系统"获得广东轻工职业技术学院第十四届"挑战杯"系列竞赛二等奖,并于 2016 年 4 月代表学校参加第二届广东省"挑战杯——彩虹人生"全国职业学校创新创效创业大赛;在"2015 年中国技能竞赛——广东省机电一体化职业技能竞赛"中,机电工程系 2013 级陈国辉、何伟婵等同学代表广东轻工职业技术学院出赛,并获得职业院校学生组团体第一名及优秀组织奖。

### (三) 志愿服务获社会好评和嘉奖

维修部因其兢兢业业的服务和不求回报的付出,荣获狮山镇"树本印记"

公益团体奖、广东省"福彩公益奖",连续三届获得"感动轻院十大人物"称号。在广大师生和周边居民的眼中,机电工程系电器维修部是他们的"家电保护神",更是发扬无私奉献和团结互助精神的便民团体。

1. 收获社会好评媒体报道资料

机电工程系电器维修部收获的社会媒体报道如表3所示。

表3 媒体报道资料摘录

| 序号 | 主 题 | 网 络 链 接 |
|---|---|---|
| 1 | "树本印记"颁奖报道 | http://v.youku.com/v_show/id_XNDUyMTM2MjE2.html?from=s1.8-1-1.2 |
| 2 | 广轻工大学生维修队廿年免费修家电 | http://www.citygf.com/ED/ED_015018/201212/t20121204_3940557.html |

2. 志愿服务获得嘉奖

机电工程系电器维修部志愿服务队获得的荣誉如表4所示。

表4 2010—2015年志愿服务实践活动获得殊荣

| 序号 | 时 间 | 荣 誉 |
|---|---|---|
| 1 | 2010年 | 获广东省"福彩公益奖" |
| 2 | 2010年 | 获第一届广东轻工职业技术学院"感动轻院十大人物" |
| 3 | 2011年 | 获第二届广东轻工职业技术学院"感动轻院十大人物" |
| 4 | 2011年 | 获狮山镇"树本印记"最佳公益团体 |
| 5 | 2012年 | 获第三届广东轻工职业技术学院"感动轻院十大人物" |
| 6 | 2012年 | 赴清远市参加"三下乡"便民义务维修活动;电器维修部长陈宇获2012年广东省"三下乡"暑期社会实践"先进个人" |
| 7 | 2013年 | 获第四届广东轻工职业技术学院"感动轻院十大人物" |
| 8 | 2014年 | 获第五届广东轻工职业技术学院"感动轻院十大人物" |
| 9 | 2015年 | 参与广东轻工职业技术学院国家级重点实践团队"轻年汇"茂名"三下乡"实践队,承担家电维修任务,获全国"优秀团队"称号 |

# 四、项目特色

(一)继承优良传统,弘扬优良作风

自1993年成立以来,23年间,维修部坚持为全校师生以及附近群众提供家用电器的无偿维修服务,从不缺席"三下乡"大学生实践活动,足迹遍布广州、开平、清远、茂名、河源和揭阳等地,为当地群众排忧解难,收获广大群众的交口称赞,如今已成为远近闻名的"电器保护神"。

23年间,维修部培养了23任维修部长、超过800名维修人员,将"工匠精神"和"雷锋精神"发扬光大,受到《珠江时报》和南海电视台等媒体的关注和报道,为学校及机电工程系赢得了赞誉,并相继获得佛山市南海区狮山镇"树本印记"公益团体奖、广东省"福彩公益奖"和连续五届"感动轻院十大人物"称号。特色传统项目的传承和发展,浸润了校园文化,助力校园精神文明建设和优良作风的弘扬。

(二) 网络实体相结合,创新服务形式

随着网络技术的发展,"互联网+"时代的到来,传统行业的发展必须与互联网进行深度融合,利用信息通信技术的优势方可创造新的发展生态。维修部提出了基于微信平台的小家电创新维修服务的理念,开始具备服务功能的微信平台,提供家用电器快修服务,实现线上、线下服务同步进行的创新型服务模式。

"巧匠孵化室"利用维修部微信平台创新服务,提供上门维修服务、小家电维修在线咨询服务,销售自制的小型电子DIY产品和家用电器保养知识宣传功能。项目实现了网络与实体的紧密结合,通过微信平台的构建,拓展服务辐射范围,同时开设线下实体工作室,集中技术人员,提高工作效率,为参与学生提供实操性强的学习机会。而项目所实现的线上、线下结合的工作模式,丰富了学生培育形式,充分利用了在校学生的时间、空间优势。微信平台的构建,不仅延续了机电工程系23年来维修志愿服务的优良传统,更拓展了辐射范围,提高了工作效率和服务精准度。

(三) 以孵化室为平台,实现三位一体的育人效果

"巧匠孵化室"项目的实施,实现了"强化专业实践能力""培养创新创业意识""陶冶高尚情操"三位一体的育人目标,达到实践育人的良好效果。

**1. 强化专业实践能力**

项目以家电维修志愿服务为主要培育形式,为学生提供充足的动手机会,且微信平台家电维护咨询和上门维修系统的开发全程由学生自主设计,微信平台的日常运营和维护均由学生负责。该项工作不仅帮助学生强化所学专业的实践技能,也给学生营造了严谨的工作氛围,使学生提前学习作为一名技术人员所必须达到的素质,为将来的就业做好充分准备。

**2. 培养学生创新创业意识**

维修部除定期进行校内外的义务维修活动外，还获得广东轻工职业技术学院 2012—2013 年"创业孵化中心创业孵化许可证"，在校内开设电器维修中心店面，创造营业额约 12000 元，创造利润约为 8000 元，为维修部学生提供创新、创业、经营等实践机会。

如今，通过微信平台出售自制的小型电子 DIY 产品，如流水灯、光立方等大众喜爱的产品；同时，在服务过程中普及家电保养、安全用电知识，提高师生和附近村民的安全用电意识，由此引申出对如何实现"一站式"便利服务的深入探索。以上措施均有利于启发学生将专业学习、志愿服务和创新创业相结合的意识。维修部不仅为社会培养技术人才，也为学生创新创业提供实践机会。

**3. 锤炼高尚道德情操**

（1）培养"工匠精神"。据统计，维修部成立以来，每年举办多次校内外大型志愿服务活动。23 年间，校内、校外共举行大型义务维修活动多达 300 次，维修故障电器近达 32000 件。每一次服务的过程，都培养了学生精益求精的"工匠精神"。

（2）培养"志愿服务"精神。"巧匠孵化室"项目的实施注重过程建设和目标引领，以公益性、技术与实践相结合的学生会部门组织为基础，在服务社会的基础上培育集高技能和奉献精神于一身的现代大学生。维修部的服务始终坚持"为人民服务"宗旨和"三心二意"工作原则，"三心"即进取心、奋进心、责任心，"二意"即团队互助意识、无私奉献意识。

（3）形成"德能兼备"长效培养机制。"巧匠孵化室"项目在培育过程中，注重学生在服务工作中学习技能，培育成员的奉献意识，既有利于对先进个人的系统培育，也有利于对优秀集体的悉心打造，发挥对学风建设和校园文化建设的示范作用。每一届维修部对成员的培育计划为期一年，采取滚动式培养机制，即以"老生带新生"的方式为主要培养形式，加强学生之间的互动性，提高部门之间的凝聚力，利用朋辈互助的优势，增强"标杆"的榜样作用，有效传承奉献精神，培养德能兼备的优秀人才。

主要负责人：吴璧葵、蔡崇华、林文奇等

单位：广东轻工职业技术学院

**参考文献**

[1] 叶小明，李作为，王丽婷. 构建"轻工行业应用技术协同创新发展中心"的实践

与创新——以广东轻工职业技术学院为例 [J]. 广东轻工职业技术学院学报, 2015 (4).

[2] 叶小明. 高职教育培养目标定位与实现策略探析 [J]. 高教探索, 2011 (2).

[3] 叶小明. 强化高职特色　创办一流教育 [J]. 高教探索, 2004 (4).

[4] 张少兰. 人本主义教育思想观下的高职学生职业核心能力培养 [J]. 教育学术月刊, 2010 (11).

# 关爱伴成长·同舟十载情

## ——大学生关爱留守儿童服务学习与成长工程

### 一、项目理念

项目以习近平新时代中国特色社会主义思想为指导，深入贯彻茂名市委市政府关于"实施留守儿童关爱工程"的总体部署，以"共享快乐·共同成长"为活动宗旨，组织大学生志愿者与茂名市留守儿童结对，通过形式多样的活动，走进孩子的生活，融入孩子的心灵，让留守儿童学有所教、困有所帮、爱有所依，让大学生深入基层、了解民情、增强社会责任感，促进大学生在关爱中成长成才，为加强社会建设创新社会管理作出积极的贡献。

### 二、项目运作

广东石油化工学院（以下简称"学校"）环境与生物工程学院（以下简称"学院"）党委一直高度关注留守儿童问题，充分发挥"党建带团建"的优势，2007年大规模启动关爱留守儿童行动志愿服务项目，共经历了启动探索阶段、巩固发展阶段、完善推广阶段，采取打造一支队伍、建立一个档案库、成立互助会、开展系列主题教育活动等措施，经过了许多的实践探索，总结提炼出高校关爱留守儿童的新范式：以爱心志愿辅导员带领青年志愿者为依托，建立相对固定的支教服务点；建立关爱留守儿童活动培训学校；开展一系列有针对性的历奇培训；进行法律安全教育。该项目的实施，使留守儿童的学习成绩有了明显提高。

（一）项目主体

广东石油化工学院环境与生物工程学院学生工作办公室。

（二）项目对象

广东省有100多万留守农民子女，茂名约25万人，占全省总数的1/4。开展关爱留守儿童活动以来，学院一直希望以点带面，逐步建立关爱留守儿童帮扶基地，让大学生志愿者与留守儿童亲密接触、共同成长。自2009年在茂名市茂南区关车小学挂牌以来，该项目先后在茂南区高山镇中心小学、新坡镇中心小学、袂花镇中心小学、镇盛镇中心小学、鳌头镇中心小学、公馆镇中心小学、山阁镇中心小学、金塘镇中心小学挂牌，帮扶数量从2007年的200人逐步发展到2015年的3000人。

（三）项目时空

关爱留守儿童是一项长期性的工作，并非一蹴而就。学院一直致力于探索实践关爱留守儿童的新范式，关爱点也从茂南区周边中小学逐渐扩展到茂名市周边城市的中小学，如信宜市合丫河小学、佑英小学、排田小学等。在未来几年，项目希望可以把精力更多地投入外出务工人员子弟学校，以粤西地区为活动范围，努力创建关爱留守儿童常规化、创新化的新范式。

（四）项目内容及程序

以志愿服务农民工子女，重点是农村留守少年儿童的为核心内容，以进一步探索与建立高校关爱留守少年儿童工作的长效机制和有效模式为目标，力求集全校共青团和青年志愿者组织之力，持续打造一个针对性强、受益面广、实际可行、富有成效的工作品牌，实实在在、力所能及地为本地留守少年儿童的健康快乐成长竭诚服务。

1. 启动、探索阶段

2008年3月，学院在茂名市茂南区关车小学举办"手拉手关爱留守少年儿童行动"志愿服务点启动仪式，全面拉开了关爱留守儿童的序幕。3—4月，为了全面做好关爱工作，学校团委针对志愿服务点采取多项措施深入推进关爱工作：一是完善爱心档案库；二是完成了心理调查问卷分析统计工作；三是组建爱心志愿辅导团；四是建立爱心图书馆。5月，爱心志愿辅导员和关爱对象开展学习辅导、生活帮扶、心理辅导、安全教育等活动。6月1日，爱心志愿辅导员与关车小学全体留守儿童开展了"放飞梦想·快乐成长"庆"六一"联欢会。7—8月，大学生志愿者在关车小学开展为期20天的社会实践活动。9—12月，爱心志愿辅导员通过多种方式与留守少年儿童开展帮扶、互访等活动。

2. 巩固、发展阶段

2009年，学院在2008年工作的基础上，初步总结提炼了一整套高校帮扶留守儿童的有效模式，在茂名市相关服务点组织实施。学院主要从三个层面对留守儿童进行关爱：①以爱心志愿辅导员为依托，从面上铺开继续深入持久做好关爱工作；②以院青年志愿者协会为依托，在留守儿童相对集中的学校建立了相对固定的爱心志愿服务点，初步设计了一整套有针对性的历奇培训活动，解决留守儿童心理、学习、生活等方面存在的突出问题；③逐步建立完善"关爱留守儿童行动流动培训学校"，对其他留守儿童进行关爱。

在开展帮扶行动时，具体是针对孩子们的心理、生理、法律、安全、学习、生活等方面，学院积极与学校各专业老师沟通，扎实做好爱心辅导员的培训工作，力求做到让每一个爱心辅导员接受培训，学会运用相关方法与技巧。如心理类帮扶行动，学院会邀请校心理咨询中心的专业导师为爱心辅导员开讲座，系统介绍各类心理测量表及统计方法，如何用同理心打开孩子们的心扉，以及用爱森克人格问卷、16pf多项人格测试、焦虑自评量表（SAS）等权威调查问卷收集信息。

### 3. 完善、推广阶段

（1）建立完善关爱留守儿童行动工作模式。学院关爱留守儿童工作模式主要坚持面上的持久开展、点上的深入开展、线上的流动开展相结合的方式进行。在此基础上建立了"一对一""二对一"结对帮扶机制，并做到每周与留守儿童通一次电话、每月给留守儿童写一封信谈心、每季度全面了解一次留守儿童在校表现情况、每学期陪留守儿童过一个有意义的节假日、每年帮助留守儿童学会一项技能或新本领。

（2）茂名市基层党建"十大品牌"项目。2011年，化学与生命科学学院（2013年更名为环境与生物工程学院）党委积极响应《关于开展创建基层党建"十大品牌"活动的通知》（茂组通〔2011〕34号）精神，把"关爱留守儿童党员服务站"作为深入开展创先争优活动重要抓手进行创建，同年8月，经茂名市委组织部同意立项为16个创建项目之一。学院党委通过成立创建工作领导小组、广泛宣传、动员、明确创建活动内容和各阶段的时间安排与工作要点，于10月在科技会堂举行大型晚会，宣布创建活动正式启动，学校党委副书记王恒胤向化学与生命科学学院党委、校团委、化工与环境工程学院党委授旗。同时，通过走访茂南区教育局领导、德育股、办公室，到各镇教办、中心学校和各院系现有的关爱留守儿童服务点，掌握茂南区各镇留守儿童的情况。12月，创建活动领导小组、300名志愿者，在茂南区教育局德育股干部陪同下，前往茂南区8个镇中心小学，举行了"广东石油化工学院'大手拉小手'关爱留守儿童党员服务站"揭牌仪式，与480名留守儿童进行见面，给每一位留守儿童赠送爱心礼包、爱心卡、文具用品，完善留守儿童帮扶档案。党员志愿者与留守儿童见面后，通过家访、书信、打电话、一起过双休日和元旦等形式，进行长期跟踪服务，与中心小学、留守儿童家长及时联系，了解通报有关情况，使留守儿童得到温暖和关怀，使关爱行动覆盖到茂名市每一座外出务工人员子弟学校。2012年，关爱留守儿童党员服务站活动被评为茂名市基层党建"十大品牌"项目之一。

（3）在茂港区外出务工人员子弟学校实施"党的光辉·陪伴成长"项目。2012年，茂名市妇女联合会与广东石油化工学院合作开展"党的光辉·陪伴成长"关爱留守儿童项目，组织以学生党员为核心的爱心队伍，与茂港区羊角镇外出务工人员子弟学校的留守儿童（大概2000人）开展牵手结对帮扶活动。①在结对帮扶方面，开展"3456"主题实践活动。即开展"三个一"活动（每月进行一次家访或家教、每月与家长或监护人或老师通一次电话、每季度给家长写一封信或发一条短信），坚持"四关心"（关心思想、关心学习、关心生活、关心身体），做好"五掌握"（掌握家庭经济发展状况、掌握家庭思想动态、掌握儿童学业成绩、掌握日常行为习惯、掌握困难求助和需求），当好"六个员"（思想品德辅导员、情感交流沟通员、日常行为监护员、生活起居管理员、健康成长指导员、内外情况联络员），使每一名留守儿童都能学有所教、困有所帮、爱有所依。②在开展义务支教活动方面，以各类兴趣班的培训、"关爱女童"知识讲座等社会实践活动为抓手，利用寒暑假到各县（市、区）外出务工人员子弟学校或儿童友好社区、"妇女之家"开展志愿服务活动。③与市区及各县（市、区）书店合作，定期开展各项募捐活动。④开展暑假省城（珠三角）会亲及广州大学城一日游活动。

（五）项目支持

**1. 各级领导的支持**

关爱留守儿童是不是一朝一夕的工作，长期以来，校、市各级领导部门对关爱留守儿童活动都给予了大力支持，在人员构建、活动经费、物资筹备、宣传报道等方面给予了极大的帮助和鼓励。以茂名市基层党建"十大品牌"活动为例，在活动前期阶段，校领导班子就相当重视，就活动计划、方案、实施步骤等活动细节多次召开会议，又从党建经费里拨款，成立专项资金，全力支持本次活动。在活动中，茂南区教育局局长李中华、党委书记万芬专程赶到公馆镇中心小学参加活动，他们对关爱活动给予极高评价，并对创建活动提出很好的建议。

**2. 社会各界人士的爱心传递**

传递爱心是开展关爱留守儿童活动的一项主旨，在长期的帮扶关爱行动中，社会各界人士给予了极大的帮助，有些是以资金的形式支持，有些则是和志愿者一起去到小学，面对面地与留守儿童交流，实际践行关爱行动。不论形式，无关金额，有时候只是一本书、一杯牛奶，就能让孩子们感觉到温暖。

（六）技术方法

针对留守儿童常常是问题少年的情况，在开展关爱行动中，大体思路是逐步建立起友谊的桥梁，慢慢打开他们孤僻的心扉；另外，开展一系列有针对性的活动，全方位塑造孩子们的性格与各项能力。针对留守儿童安全隐患多、极易遭到伤害，生活习惯差、身体发育不良，心理不健全、性格孤僻，学习功力不足、成绩普遍较差，良好道德缺失、行为习惯养成差等特点，在开展关爱行动时，我们始终围绕着心理、生理、法律、安全、学习、生活等方面与孩子交流。通过建立、完善留守儿童档案，逐步了解其心理动机及成因，以历奇游戏、法律安全教育、快乐学习、感恩教育等为抓手，完善其各方面的认识，组织各类暖心活动，如与父母亲打电话、一齐过双休日、快乐儿童节等，帮助孩子们逐步打开心扉、开拓视野、塑造人格，使其快乐健康成长。

## 三、项目效果

（一）具体成效

广东石油化工学院环境与生物工程学院关爱留守儿童工作自开展以来，累计帮驻留守儿童 1 万多人，开展帮扶活动 100 多次，建立义务支教点 2 个，建立帮扶基地 9 个，募集款物价值 3 万多元。

（二）留守儿童

以关车小学与大岭仔小学为例，2009—2011 年的期中、期末考试中，留守儿童的平均成绩都有显著提高，特别是关车小学 2011 年的期末考试，留守儿童平均成绩比上年度同期提高了 31.8%。在 2015 年 7 月的期末考试中，大岭仔小学六年级（1）班倪鑫洁同学英语全班第一名，四年级（1）班赵技特同学总成绩全班第一名，受到义务支教的孩子们的学习成绩均有明显提高。

（三）爱心志愿者

爱心志愿者通过参加关爱留守儿童活动，各方面能力都得到显著提高，特别是在团队协作、与人沟通、换位思考、耐心与责任感、学习成绩等方面尤为显著，据调查，参加此类活动的大学生志愿者有 50% 获得过奖学金，且担任了学生干部，比没有参加关爱行动的大学生的比例高出 30%。

（四）社会影响

关爱留守少年儿童活动在茂名地区受到了广泛的关注，正有越来越多的志愿者组织、义工组织和社会热心人士加入到关爱留守儿童的队伍中来。

## 四、项目特色

### （一）"关爱留守儿童流动培训学校"

"关爱留守儿童流动培训学校"是在过去的实践探索中总结、提炼出的一个新的工作载体。在过去的实践中，我们感觉留守儿童最为缺失的是心理关怀、安全教育。"关爱留守儿童流动培训学校"的功能主要是开展三大方面的工作：一是开展一系列有针对性的历奇培训；二是进行法律、安全方面的教育、引导和培训工作；三是学习兴趣的培养。此外，也可以结合实际情况开展感恩教育。该流动培训学校主要在固定服务点以外的其他农村学校开展巡回辅导，根据实际情况分别有半天制、一天制及两天制的培训模式，可以利用寒暑假将培训时间延长到一周至一个月。

"关爱留守儿童流动培训学校"的工作内容有：①历奇培训。培训师通过团队任务、创新游戏、激励教育三大形式进行课外教学；针对留守少年儿童存在的心理、思想上的问题设计一系列的历奇游戏，采用新模式、新方法丰富他们的第二课堂生活，坚持"经历—体会—分享"的培训宗旨，培养他们的团队协作、实践创新能力，开发思维、开拓视野，让广大留守儿童在快乐、积极的成长氛围中受教育成才。②法律安全教育。针对留守儿童法律、安全等方面知识的缺失，培训师对留守儿童及其监护人进行法律安全方面的教育，使之在日常生活中能够利用法律安全知识维护自己的合法利益，保护自己的人身安全。③学习兴趣培养。针对留守儿童学习动机不明、兴趣不浓厚、态度不端正、目标不明确等问题，培训师以"快乐英语"体验式学习模式为切入点，培养留守少年儿童的学习兴趣，提高他们学习的主动性和积极性，让他们切身感受学习的快乐。

### （二）建立留守儿童爱心档案库

在每一个关爱留守儿童服务点，爱心志愿辅导员都认真组织留守儿童填写了爱心档案，内容涵盖留守儿童的个人情况、家庭主要成员信息、监护人情况等，并对爱心档案做了电子文档保存，再把留守儿童爱心档案内容反馈给结对爱心志愿辅导员，辅导员们则根据档案提供的信息与结对留守儿童及其监护人进行交流。

### （三）成立留守儿童互助会

为了更好地掌握和了解留守儿童的状况，学院在留守少年儿童志愿服务点成立留守儿童互助会。留守儿童互助会是留守儿童自我管理、自我服务的组织，通过选拔优秀的留守儿童担任互助会干部并自行组织开展形式多样的活动，相互学习，相互帮助，相互关爱，从而达到留守儿童自我激励、自我成长的目的。互助会的成立，在很大程度上促进了学院青年志愿者协会和留守儿童志愿服务点的沟通，也为爱心志愿辅导员更有针对性的帮扶提供了许多第一手的资料。

### （四）开展主题教育系列活动

爱心志愿者利用母亲节、父亲节、"六一"儿童节、学习雷锋活动月等契机，在留守儿童中广泛开展联欢、志愿服务、感恩教育等专题活动，让留守儿童真切感受来自社会的关爱，同时也培养了他们懂感恩、懂回报的精神品质。

### （五）服务社会、共同成长

大学生在进行帮扶活动中，与留守儿童结对，让孩子学有所教、困有所帮、爱有所依。除此之外，大学生深入农村与基层，用所学的专业知识服务农业第一线，增强主人翁意识，提高社会责任感。在深入开展关爱行动中，大学生与留守儿童的能力、素质都得到全方位的提高与锻炼。大学生的团队协作、沟通交流、专业知识、社会责任感等方面都得到显著提高，留守儿童的健康性格、学习态度、法律安全感恩等方面意识也得到了塑造与增强。

## 五、结语

留守儿童是当前的一个社会问题，全社会都要关心、关爱留守儿童。我们更应该站在对学生负责、对社会负责的高度，协助解决好留守儿童的问题，为社会培养出一代合格的接班人。我们决心努力探索留守儿童健康发展的工作思路，对他们严慈相济，使他们享受到同其他孩子一样的教育和关爱，教育他们学会自理、自立、自强、自律，锻炼他们的意志，培养他们坚韧、独立的个性，形成健全的人格，使他们健康成长！

主要负责人：冯晓

单位：广东石油化工学院

# "真人图书馆"

当今中国经济高速发展，人们的生活水平不断提高，精神文化需求也越来越强烈，建立以读者需求为核心的公共图书馆发展模式，提供更加人性化的服务来吸引读者、引导读者、提升读者的阅读兴趣，已经成为这个时代发展的要求。

"真人图书馆"作为东莞理工学院城市学院管理系一项特色品牌创新活动，截至2015年已成功举办了10期，旨在使同学们通过聆听嘉宾温暖而励志的故事，获取人生的正能量，启发自我思考、自我定位、自我规划、自我发展，并通过一种新颖的方式爱上阅读。

作为一项德育研究工作，组建"真人图书馆"（Living Library）主要是想建立一个比传统图书馆更开放、更有互动性的"阅读"平台，让那些有益的观点、人生经历、技能专长等内容得到更广泛、更直接的传播和分享。目前，管理系累计收集了30本"真人图书"，包括在校师生以及社会知名人士等具有榜样和代表作用的人士，内容涵盖课外知识、个人工作经历、生活感悟等类型。今后将计划招募更多不同社会界别的"真人图书"，不断拓宽图书类型。

通过倾听"真人图书"讲述自己独有的人生经历，同学们能够丰富见闻，了解更多他们和他们所代表的群体，吸收不同方面的文化知识，以"真人图书"为榜样，增加多读书、多了解社会的机会，以提高自己的沟通交流能力，增进人与人之间的相互理解，为图书馆的发展带来新的活力，同时也为城市学院营造更良好的文化氛围。

## 一、项目理念

当前，不少在校大学生存在着政治信仰迷茫、理想信念模糊、价值取向扭曲、诚信意识淡薄、社会责任感缺乏、心理素质欠佳等问题。因此，以社会主义核心价值观为指引，培育大学生成长成才，是当今高校大学生思想政治教育工作的重要任务。

大学历来是国民教育和社会主义精神文明建设的重要阵地，努力培养学生的核心价值观是高校思想政治教育的题中应有之义,因此,大学也应当是与阅读最为接近甚至融为一体的地方。但根据调查统计显示,目前大学生普遍存在阅读图书少、阅读质量不高等问题。

针对此问题,城市学院管理系响应党的号召,深化中国特色社会主义和"中国梦"宣传教育,培育和践行大学生社会主义核心价值观,落实立德树人根本任务,培养大学生的社会责任感,启发同学们进行自我思考、自我定位、自我规划、自我发展。管理系学生工作团队结合学生的实际情况,整合多方面资源,发挥榜样在大学生群体中的带动和引导作用,推出一项全新的阅读新方式——"真人图书馆",致力于围绕城市学院特色,创新学生核心价值观教育,打造一个全新的思想政治教育平台。

"真人图书馆"的创办源于1993年,当时在丹麦生活的混血青年艾柏格,目睹朋友在一次种族纠纷中被刺而重伤倒地,于是邀集5位同在丹麦哥本哈根的朋友,成立"停止暴力"(Stop the Violence)组织。2000年,欧洲五大音乐季的丹麦罗斯克尔德音乐节(Roskilde Festival)邀请该组织共同筹办活动,主题是"互相理解",在音乐季现场,出现了疯狂球迷与女性主权运动者沟通、街头涂鸦者与警察促膝长谈的画面,直接促成"真人图书馆"的成立。

"真人图书馆"即以真人作为"图书",读者通过与真人面对面交流的方式来阅读"图书",阅读不同的人生经历。"真人图书馆"中并不藏书,而是准备了会走动的真人来供读者"借阅"。"真人图书馆"是一个虚拟的概念,它分享的理念是"我们每个人的经历本身就是一本书",通过把不同人生经历的人邀请到一起,以一种面对面沟通的形式来完成"图书"的阅读。阅读的方式是面对面的交流,每个人都是一个故事,每一个故事都是一个传奇,因此,书的内容是"真人图书"们最想与你分享的某段经历或想法,当然,同样也是你最想和别人分享的事情。

"真人图书馆"是一种新兴的阅读交流方式,用一种双向交流的新兴阅读体验,代替了单向接受式的传统阅读模式,在"读纸""读屏"之外,开创了一种"读人"的阅读模式。面对面的交流使阅读者更有兴趣,也使整个阅读过程更具思辨性,它生动、形象、直接、互动的特性能更好地满足读者学习新知的阅读需求。"真人图书馆"基于高校图书馆的实体平台,享有较高的公信力,不仅可以刺激大众的阅读兴趣,帮助读者开发相关的知识资源,有利于知识的传播和积极向上的正能量的扩散,而且从长久来看,这种方式还可以帮助读者建立良好的阅读习惯,树立良好的校园阅读风气,在拓展校园公共知识空间方面也能起到一定的作用。

## 二、项目特色

### （一）紧扣中国特色社会主义核心价值观，探索宣传教育途径

党的十八大报告提出的践行社会主义核心价值观，为青少年正确价值观的形成指明了方向。"真人图书馆"系列活动也紧紧围绕着宣传社会主义核心价值观展开。

"真人图书馆"具有动态性、多样性、社会性三个显著特征，通过面对面的交流，受众群体可从视觉和听觉中更为生动地体会"真人图书"传达的信息。而社会主义核心价值体系的主要宣传教育途径是依托公共文化服务体系进行广泛而深入地开展。两者高度统一，相互结合，使城市学院社会主义价值观教育更具融合性、灵活性与亲和力。

### （二）发挥榜样的力量，引导学生自我思考、自我定位、自我规划、自我发展

针对当下大学生普遍存在的对未来工作、生活感到迷茫、不知所措的现象，"真人图书馆"邀请各行各业的优秀人士，以言传身教的方式，发挥榜样的力量，让真人说话，把自身的经历及感悟分享给听众，为大学生答疑解惑。通过直观的交流，让大学生听别人的人生，想自己的未来。

### （三）打破常规，促进双向交流

当人数众多时，传统讲座的讲授者难以了解听众对讲授内容的反应，无法与听众进行良好的沟通。"真人图书馆"打破常规，通过组织有限的人员参与，进行分组交流，读者自由选择交流对象。同进，"真人图书馆"打破讲台与受众的隔阂，使讲授者与听众面对面的交流。讲授者与读者均可发表自己的看法，人人都是真人书，人人都是读者。

此外，读者阅读"真人图书"，是一个信息双向交流的过程。"真人图书"在为读者提供服务的同时，也从读者那里获取了信息。这种良性的循环过程，形成了信息互补，有效地促进了知识的传播，灵活地满足了读者的需要。

### （四）创新阅读模式，探索阅读新方向

在"真人图书馆"活动中，读者所借的"图书"已经不是传统意义上的"图书"，而是由人来充当，读者的"借书"行为变成了"借人"行为。组织

方邀请有特殊经历、兴趣、信仰和对事物有独特看法的人来担任"图书",他们在一个相对舒适、安全的环境中,通过切身经历、经验来回答读者提出的各种问题,从而达到相互沟通、增强理解和消除偏见的目的。

"真人图书馆"活动为传统的图书馆提供了新的方向,给知识的沟通提供了新的空间,让知识更加形象逼真,充分挖掘"真人图书馆"的潜质,让其更充分地发挥作用。

## 三、项目实施

### (一) 项目实施基础流程

一次完整的"真人图书馆"活动的开展流程可分为招募征集、提前预约、现场阅读三个部分。

**1. 招募征集**

"真人图书"的征集:如何成为"真人图书"?

第一,在征集时间的期限内报名。

第二,征集要求对年龄、性别、性取向、教育水平、民族、国籍、"三观"都没有任何限制,但是作为"真人图书",需要至少满足以下一个条件:①愿意倾诉和分享;②拥有自己故事、生活经验或者不同的视角;③有着丰富的经验和阅历且愿意与他人分享成长的经历,对某一方面有着浓厚的兴趣爱好或主题;④自己从事的职业或身份不被大众了解和认识,愿意将它分享给大家。

对读者的征集要求包括:①尊重"图书"的分享尺度及意愿;②行为举止得体,愿意分享;③态度开放、真诚,有礼貌。

**2. 提前预约**

读者在"真人图书馆"可查阅自己感兴趣的"图书",根据每位"真人图书"在招募理由中所注明的具有某一方面的特长、经历以及职业的特点等,读者选择后提出预约申请,填写借阅"真人图书"和自己的联系方式,由图书馆员与"真人图书"进行沟通,安排"真人图书"借阅活动,并通知读者。

**3. 现场阅览**

在预约好的时间、地点,读者由图书馆员引导参加借阅活动,聆听"真人图书"讲述自己的故事,故事讲完之后也可以进行提问。

"真人图书"借阅的过程,也是一次自由、灵动、平等交流的互动过程,让读者在感同身受中获得教益和力量,也会使"真人图书"得到分享经验的满足和心智的不断凝练,共同达到愉悦交流、提升智慧、增强使命感的效果。

对有影响力的、阅读需求量大的"真人图书",将采取集体阅读(讲座+讨论)的形式进行。

4. **调研**

在"真人图书馆"阅读分享会结束后,我们会对读者进行问卷调查,倾听他们的感悟和对活动的看法,从而更直观地了解活动的成效,为下一阶段活动的举办提供依据。

## (二)项目实施开展情况

"真人图书馆"作为城市学院精品活动,截至2015年已成功举办10期,组织方通过邀请学院老师、学生及社会知名人士在图书馆五楼校园时光咖啡店与广大读者进行交流分享,内容涉及专业知识、人生经历、生活感悟等方面。经过持续开展和宣传,城市学师生已逐步认识和了解了"真人图书馆"的含义,正有更多的人踊跃参与进来并从中受益,或是借阅"真人图书"进行学习,或是希望能加入"真人图书"资源库,愿与读者分享自己的人生经历和经验。

"真人图书馆"将读者与讲授者相互衔接,读者们通过聆听讲授者分享的故事,翻阅一本"真人图书"。每个人都有一段特殊人生经历,与他们面对面交流,不亚于读一本内容深刻、故事生动的书,甚至能读到很多其他书中所不具有的生活体验和人生细节。在整个文创发展建设时期,通过"真人图书馆",引导当代大学生树立正确的人生观,分析迷茫状况,发展创新创业思维(如表1所示)。

**表1 真人图书馆开展情况**

| 时间 | "图书"类别 | 主 题 | 分享人 |
|---|---|---|---|
| 2013年3月2日 | 创业书 | 创业·梦想——我要成为一名咖啡师 | 李露冰 |
| | 学霸书 | 我不想沦为学霸 | 郑梦芬 |
| | 管理书 | 快乐服务,提升自我 | 许超云 |
| 2013年5月17日 | 口才书 | 挑战自我,真诚表达 | 黄永亮 |
| | 情感书 | 大学生的情感与生活 | 李海静 |
| | 旅行书 | 大学与旅行 | 古意 |
| 2013年9月17日 | 旅行书(中国澳门) | 学在赌城,扎根城院 | 陈文丽 |
| | 旅行书(美国) | 旅行与文化 | 李梦丹 |
| | 音乐书 | 音乐与人生 | 张宏瑜 |

（续上表）

| 时间 | "图书"类别 | 主　题 | 分享人 |
|---|---|---|---|
| 2013年12月5日 | 管理书 | 自我管理——好脾气是怎样修养出来的 | 黄威 |
| | 修养书 | 学传统文化，得人生智慧 | 陈彬 |
| | 成长书 | 说就是做，我的主持故事 | 陈桂玲 |
| 2014年4月2日 | 情感书 | 如何走好大学里的情感路途 | 陈浩 |
| | 奋斗书 | 怀着努力与梦想勇闯职场 | 陈雪君 |
| | 乐观书 | 换个角度看生活 | 何鹏举 |
| 2014年6月9日 | 平凡书 | 如何让大学不虚度光阴 | 涂依芬 |
| | 勇敢书 | 人生，没有绝对的预判 | 章早儿 |
| | "逗逼"书 | 创意让你与众不同 | 袁统煜 |
| 2014年9月8日 | 成长书 | 人生就是要先苦后甜，有苦有甜的人生才会完美 | 袁嘉华 |
| | 励志书 | 我很平凡，但我因为有身边这样如亲人一般的朋友们而非凡 | 龙慧恩 |
| | 公益书 | 为美好的世界奉献自己的一份力 | 李兆昌 |
| 2014年11月28日 | 共勉书 | 越努力，越幸运 | 叶钰萍 |
| | 游乐人生书 | 旅游人生 | 涂依芬 |
| | 心态书 | 一个健全的心态，比一百种智慧都更有力量 | 王晓丽 |
| 2015年3月9日 | 心态书 | 善心 | 程善道 |
| | 情感书 | 一个看上去像"90"后经历像"70"后的"80"后的成长故事 | 关芬 |
| | 就业书 | 职业之路 | 刘海燕 |
| 2015年4月21日 | 性格书 | 江湖 | 刘伟 |
| | 励志书 | 施比受更幸福 | 丛珊 |
| | 音乐书 | 音乐人生 | 林伟伦 |

## 四、项目成效

"真人图书馆"的举办为大学生树立了学习榜样,塑造了学生的社会主义核心价值理念。"真人图书"为借阅图书的学生树立了学习的榜样,其价值观的分享也深刻地影响了学生。通过参加"真人图书馆"活动,学生在思想和行动上得到了双重引导,获得广泛而深刻的教育效果。

"真人图书馆"活动累计报名人数达 1800 多人,审核通过参与人数 800 多人。邀请城市学院师生、社会知名人士参与交流分享,收录"真人图书"30 本。

"真人图书馆"充分运用新媒体,结合微信公众号进行宣传推广,以点带面,扩大活动覆盖面和影响力,与城市学院公众号"城院捕快"、城院贴吧、城院绿洲报社合作,结合系部公众号进行多渠道、多方位、全覆盖宣传。

10 期活动累计推文 27 篇,每期推文主张贴近主题,弘扬社会主义核心价值观,向当代大学生传播正能量,揭示正确的世界观、价值观、人生观。从取材方面力求贴近大学生新兴思想,紧跟当下时代潮流,本着以人为本、丰富大学生多彩课余生活的目的推行每期内容的宣传文章。其中,单篇阅读量高达 39571,推文对城市学院及周边高校师生造成极大影响,获得媒体的广泛关注。

"真人图书馆"首度开启录音录像视频的方式,使活动传播面更广、受众群体更多。每一期活动都有专门的小组针对活动内容进行录音,旨在将有限的资源无限的扩大化。面对近 2000 人的报名盛况,"真人图书馆"活动运用了针对活动全程视频录像的新媒体模式。收录的音频内容通过新生入学教育大会、管理系活动展示、管理系学生班会、团学活动的机会播放给更多同学观看。采用视频和音频等新媒体传播,使活动受众面积更广,也为"真人图书馆"的宣传无形中做了大力铺垫工作。

一个效益良好的活动离不开精心的策划和精到的运筹,新颖的创意,可调配的资源、具体步骤的实施、读者的响应以及活动前后的调查宣传等有机相连。

为响应团中央的号召,结合管理系"青马"工程对培养学生的要求,"真人图书馆"组建专业的教师管理团队、学生辅助小组对活动进行全程的跟进,根据项目的进度充分调配资源,确保活动的正常开展。从实施效果来看,"真人图书馆"对管理系学生团队的组织策划、宣传推广、活动执行等综合素质培养有很大的提高,是管理系"青马"工程系列推进工作的一大突破。

## 五、下阶段项目计划

一项新兴业务必须要坚持持续建设,才能拥有生命力和影响力,"真人图书馆"若要有所发展,必须先建立一个结构合理、内容丰富的优质资源库,即拥有丰富的"真人图书"。为此,我们将会从以下几个方面着手改进和完善"真人图书馆"活动。

(一)严格审核筛选"图书",保证"图书"质量

图书馆采集"真人图书"的标准是要具有知识性和能传递积极向上的正能量。采集方式有两种:一种是邀请,主要针对各行业专家学者或有特殊经历的在校学生,他们的发光点比较多,经过与本人沟通,详细介绍"真人图书馆"的性质和借阅方法,在他们自愿的前提下即可成为"真人图书";另一种是接受"自荐",有一些愿与读者分享自己人生经历和经验的人毛遂自荐,对于他们的参与要欢迎,但一定要严格审核,包括了解他们的身份、工作、特长、参与目的等,要审核重要的证件,通过面谈了解其沟通能力与表达能力,实地考察真实情况……繁多的前期工作是为了保证"真人图书"的质量。要为确定下来的"真人图书"起一个能体现主题的书名,再根据主题设计封面,将封面制作成海报并以微信推文的形式进行宣传,供读者了解和预约。

(二)实现流程制度化、规范化

"真人图书馆"活动的策划和组织同等重要,这决定了借阅效果。精美的"真人图书"封面与"真人图书借阅规则"一起摆放在人流量大的地方,可让读者根据需求自由预约。预约方式有三种:一是现场预约;二是电话预约;三是网上预约。登记内容有所选图书名字和读者年龄、电话等。组织活动的方式有两种:一是根据读者预约情况开展;二是先设置主题再由读者报名开展。活动现场的阅读形式丰富多彩不受限制,根据每本"真人图书"的内容随机设计,以现场互动为主,以更好地传达知识为目的,有图片视频辅助讲解、有体验游戏活跃气氛、有实地参观加深理解……活动结束后请读者写下借阅感受,以便更好地了解读者所需,改善工作,提供更人性化、科学化的服务。

## 六、结束语

"真人图书馆"作为一种全新的阅读方式,能有效拉近讲授者与读者的距

离，提升阅读体验，有效改善当前大学生知识面窄、阅读量少的局面；读者通过聆听他人的经历，思考自己的人生，从而走出迷茫、笑对未来。

就城市学院而言，"真人图书馆"活动仍处于摸索过程，作为一种拓宽信息交流的方式，应该融合到未来建设规划中。这种活动是城市学院充满勇气的探索，突破了图书馆实际馆舍的束缚，给读者提供了一种随时随地、无所不在的图书馆服务方式，为图书馆的生存和发展赋予了新的契机和活力。相信通过城市学院师生的共同努力，对"真人图书馆"活动进行不断地探索和改革，一定能使这一活动发挥其更广泛、更本质、更具有实际意义的作用。

主要负责人：李梦丹

单位：东莞理工学院

# 校园110，时刻守护您

如何适应经济社会发展的需求，培养具有深厚职业素养和职业能力的专业人才，是摆在高等职业教育面前的重要问题。从对高职教育的社会责任和对学生个体发展的人生责任出发，广东工程技术职业学院在"十二五"期间启动了全面的人才培养模式改革，将"获得融入职场的基本经验"纳入人才培养的目标，并依此对校园管理、服务等资源进行职业化改造与创新。高校后勤是保障高校师生工作、学习和生活的基本条件，是维护正常教学工作秩序，创造良好教学、生活环境，营造良好学风、校风的基础，其根本宗旨是服务育人、教育育人、环境育人。随着我国高等教育体制改革的不断深入，高校后勤社会化改革的不断推进，加之学校师生需求的多样化与精细化发展，如何在现有的基础上加强高校后勤工作管理的科学化与专业化，尤其是提高后勤工作服务育人的功能，成为高校后勤工作管理者所面临的新挑战。

## 一、项目理念

传统理念下，加强高校后勤工作服务育人的功能，主要是通过强化后勤服务人员"服务育人"的观念，提高后勤人员的职业道德水平和自身素质，实施标准化后勤工作管理等方法和途径。后勤管理人员、服务人员以及管理方式的转变，从侧面影响着每一位学生，但这样的方式不足以发挥后勤工作服务育人的功能，且高校后勤工作的宗旨不仅局限于服务育人，还需要充分发挥其教育育人的功能。因此，将学生纳入后勤工作队伍，让学生参与后勤工作、服务他人，不仅能锻炼学生的职业能力，提升其综合素质，而且有利于学生全面了解学校后勤工作过程，正确理解学校的管理目标，提高配合度，对培养学生自我教育、自我管理、自我服务的能力起着重要的作用。

2009年3月，广东工程技术职业学院对学生社团进行了改革，创造性地提出建立职业实践型学生社团，要求构建模拟职场情境下的高职院校学生社团，与校园管理、服务、教育的实际职能相连接。以全心全意服务学院师生、协助创建平安校园为宗旨的一支重要的服务型学生社团"校园110"应运而生。

## 二、项目实施

校园110是在院团委领导下,由从化校区办公室负责业务指导的职业实践型学生社团。校园110,以"立足学院,全心全意服务你我他"为指导思想,努力建成一流的校园服务阵地和校园安全堡垒。校园110这个平台,使学生成为生活中的有心人,乐于服务广大师生,营造平安、和谐的校园环境,推动学校后勤工作的发展。具体的做法主要有以下几点。

### (一) 制定科学的规章制度

科学的规章制度是校园110社团成员的行为准则,是其开展各项活动的重要依据,对社团的运作起着规范和保证作用。校园110成立伊始,就依托学院学生管理标准化体系和职业实践型学生社团管理的规定,制定了具有社团特色的章程制度,明确了社团的性质以及工作职责,确保校园110组织机构的科学化、合理化与规范化。校园110是一支服务性极强的学生组织,为确保服务质量,发挥其在应急事件中的联动中心作用,依据学院对职业实践型学生社团的管理规定,并结合社团自身的特点,开设了36个学时的业务培训课程。校园110的成员通过课程学习,基本掌握了相关的业务知识和技能,为其有效地开展工作提供了必要保障。

一个社团必须要有一定的组织机构,才能保证社团活动的顺利开展。校园110也不例外,只有建立科学合理的组织机构,才能保证社团的持续发展,才能有效地开展各种活动,从而充分发挥其作用。依据校园110的特点,共设置了六大部门,同时设置经理一名、副经理两名,负责带领校园110各成员开展活动,合理分配工作,协调各部门之间的关系,对各部门工作进行监督,并定期向中心指导老师汇报社团各项工作的开展情况。以下具体介绍六大部门的职责。

秘书部:秘书部是日常事务处理的机构,主要任务是安排接线员值班表,并对每日的电话记录以及回访情况进行整理与统计。

质检部:为校园110工作质量的监督部门,其主要职责为制定和完善服务质量管理标准,建立有效的服务质量保证体系,同时收集、整理、分析、调研、储存、反馈、传递质检信息,确保信息的真实性,切合实际地提出合理化建议和处理措施。

公关部:为校园110的形象窗口,主要职责在于督促成员树立良好的个人形象,礼貌待人,为学院师生提供最优质的服务。

组织策划部:主要负责组织策划各类线下活动以及社团内部活动,通过线下活动,让学院师生更好地了解校园110的工作,同时开辟线下活动服务的渠道,更全面地为全院师生提供优质的服务。

信息部:主要职责在于维护校园110各项设备的正常运行,保证"零故障",特别是"一键指令"系统,定期维护,及时变更联络人,确保通讯正常,在遇到突发事件时能准确联络到相关负责人。

宣传培训部:该部门一方面负责对外的宣传,其主要任务是通过网络、微博、海报、广播等形式向同学们介绍校园110、让更多的同学了解校园110、使用校园110;另一方面负责对内的培训,其主要职责是对新成员进行上岗培训,使其熟悉客服业务,规范工作程序。

(二)打造功能齐全、运转高效的学生综合服务平台

作为校园的服务阵地,校园110成员以客服人员的身份接听来自全院师生的各类求助热线。不论是设施报修,还是信息咨询,甚至是事件投诉,校园110都会为其寻找并提供合理妥善的解决方法和途径。

"您好,这里是校园110,请问有什么可以帮到您?"校园110成员以标准职业化的服务用语开启了新一轮的服务工作。接线员细心聆听并耐心询问来电者需要求助的问题,对已记录的信息进行分类(如图1所示)。随后,他们将信息反馈给相关责任部门,各责任部门需在48小时内对求助问题给予处理,校园110跟踪、监督事件处理的进程,直至求助问题得以解决。一通电话,即可解决师生遇到的各类问题,这在很大程度上提高了后勤服务工作的效率。最后,校园110将处理情况反

图1　工作中的校园110成员

馈给来电者,由来电者对处理结果进行满意度评价,形成后勤服务工作的"闭环"管理形态。

(三)无缝嵌入CGSS系统,共建"平安校园"预警机制

"平安校园"是校园安全建设与管理的核心目标,是学校开展教育教学工作的基本保障,也是学校管理的基本内容。如果把校园安全比作一辆安全直通车,我们需要两个重要系统:一是预警系统(仪表盘),二是制动系统(刹车

装置)。广东工程技术职业学院创新性地将校园网格化管理与服务系统(CGSS)引入后勤安全管理与服务工作中。在 CGSS 下,校园被分为若干个单元(格),覆盖校园的全部物理空间,做到"无盲区网格"划分。每个单元(格)分别设立信息采集人。一方面,信息采集人通过 CRP 系统下的后勤管理系统,每日巡查和报送本区域(格)的安全情况、设施设备和环境卫生三个方面的情况;另一方面,全院师生通过校园 110 平台,在求助相关问题的同时,提供了所在区域(格)的涉及安全情况、设施设备和环境卫生等多方面的情况。这使得校园 110 成为 CGSS 校园网格化管理系统中的信息采集中心,同时,校园里的每一位师生都成为信息采集人,为创建"平安校园"提供了可参考的数据。后勤管理部门通过 CGSS 系统和校园 110,每日不断提取每个单元(格)的安全与服务方面的信息,并安排人员及时处理,排除安全隐患,解决设备和环境问题。CGSS 系统协同校园 110,一齐通过对单元(格)内的事件和设备加强巡查和信息报送,建立一种监督和处置相分离的创新形式,做到事事有人理、物物有人管,使行政后勤精细化管理"落地",创建"平安校园"。(如图 2 所示)

图 2　时刻监护,保卫校园安全

## （四）构建统一指挥、反应灵敏的应急管理模式

校园110除了具备设施报修、信息咨询、事件投诉等功能，其极为重要的一项功能为应对校园应急事件的联动功能。当校园110接收到来自学生或老师对于突发事件的报案信息后，就启动"应急预案"，发出"一键指令"。即事先设定各类情况下的应急处理程序，"一键"发出紧急指令，引发各方联动，紧急处理校园安全事件。

由校园110一键发出应急指令的10类紧急事项：①校园火警；②校园集体食物中毒；③校园群殴、抢劫、行凶等重大违法案件；④跳楼、跳湖、电击、墙体坍塌或设备故障等造成的校园重大伤害事件；⑤外来不法人员冲击校园，寻衅滋事；⑥校园雷击、水患等自然灾害伤人事件；⑦突发性电梯故障；⑧校园非法集会、游行、示威等群体性事件；⑨校园重大环境污染事件，如生物大量死亡、大面积空气异味等；⑩校园重大盗窃案件。

以上10类校园紧急事项如有发生，校园110接到信息，立即启动一键应急按钮，紧急指令信息通过手机短信、电子邮件、CRP信息的形式自动发送到相关部门负责人（各系正副主任、班级辅导员），当天值班教师以及相关职业实践型学生社团（大学生特勤队、大学生记者站、大学生红十字救护队、大学生督导中心、心语服务站等）负责人、值班人，同时以对讲机通知校区有关人员，包括校区主任、校区办公室正副主任、学工处处长等。一方指令，多方联动，协同应对校园突发事件，维护"平安校园"。

## （五）利用"校园110日志"，实时记录工作、获取反馈信息并跟进处理

依托校园CRP信息化平台，校园110对每日接听到的来电信息进行登记。来电者可以通过CRP信息化平台，对所处理事件进行满意度评价，亦可通过888110的电话回访，进行满意度评价。每一例求助问题，从基本情况，到处理方法，再到处理结果，最后到处理评价，都有翔实的记录。学生工作部门和后勤管理部门可通过校CRP学生自我管理数据监测平台，查看校园110社团工作开展的基本情况，以及各项后勤服务工作的开展情况。透过工作数据，可充分了解学生自主开展服务工作的成效，及时为校园110工作的开展提供必要的支持，优化后勤服务工作，营造和谐校园氛围。

## 三、项目特色

第一,创新性地将学生纳入后勤工作队伍,一方面为后勤工作注入新鲜的力量,另一方面为学生搭建了校园实践的平台。学生在参与后勤服务与管理的过程中,严格按照职业化的标准开展工作,其基本职业技能与素养得到了较大提升,切实实现了后勤工作教育育人的功能。

第二,从队伍组建,日常值班接听电话,为学院师生提供便捷服务、帮助其解决困难,到内外管理全部由学生自主完成,形成了学生自我管理、自我服务、自我教育的良好模式。同时,在"三自"模式的作用下,学生更容易了解和理解后勤工作,大大提升了学院后勤工作的满意度。

第三,在校园范围内建立了一种新的校园安全与服务的体系——有求必应。不管老师和学生遇到怎样的困难或问题,都可以在校园110的帮助下,使困难或问题得到及时妥善的解决,极大提高了后勤工作的效率。

第四,"一键指令"的联动模式,能够快速调动相关人员在第一时间对危机事件给予应答,并采取处理措施,避免了因信息延误而导致危机事件影响扩大的不良现象。同时,除了教师,参与联动的人员还包括相应的职业实践型学生社团组织,他们经过长期的专业培训,在应对危机或突然事件的时候,具备一定的应对能力。联动模式在一定程度上培养了学生之间的合作能力。

## 四、项目成效

### (一)"有求必应"的安全与服务体系得以建立

通过校园110平台的建立和运行,在校园范围内建立了一种新的校园安全与服务的体系,那就是"有求必应"。全体师生在校园范围内遇到各类问题,均可以通过一定的途径进行反映和求助,并且所有的问题均能得到"一对一"的反馈和响应,问题解决与否由师生进行评价。师生在校园管理中的主体性得到充分的保障,"有求必应"成为现实。

### (二)师生对后勤安全与服务工作的满意度不断提升

学院的CRP系统每月就后勤安全与服务工作的各项内容向全体师生进行满意度调查,结果显示,自2009年推行校园110平台以来,师生对校园安全的平均满意度从47.8%提高到80%左右,最高时达到91%;师生对校园用水、用电、课室管理、设备管理等方面满意度也稳定在70%~80%之间。

系统显示，广东工程技术职业学院每月通过校园110所处理的安全问题、环境问题、设备报修问题达1000起左右。所有事件的完成时间均控制在48小时内，满意度达90%以上。

主要负责人：覃爱平、曾汝林、梁鹏等

单位：广州工程技术职业学院

# 琅琅书声诵经典　威威国风咏华章

——广东岭南职业技术学院国学经典早读项目

习近平总书记在中共中央政治局第十三次集体学习时指出："博大精深的中华优秀传统文化是我们在世界文化激荡中站稳脚跟的根基。"这为我们在高校开展文化育人工作，培养大学生对中华民族精神和优秀文化的认同感，提高文化软实力指明了方向。传统文化作为中华文化的"大数据"，挖掘和传承其精华，有所扬弃地予以继承，以独特、创新的传统文化学习模式为大学生创造"博学雅正"的校园文化氛围，是我们推进社会主义核心价值观的培育和践行、实现中华民族伟大复兴的重要手段。教育部在2014年《关于深化职业教育教学改革全面提高人才培养质量的若干意见》中也明确指出：职业教育要坚持立德树人、全面发展；坚持以价值观教育引领知识教育，建设一批学生真心喜爱和终身受益的德育课程；同时，要完善中华优秀传统文化教育，把中华优秀传统文化教育系统融入课程和教材体系。

这些政策的呼吁以及近年的"国学热"，一方面反映了广大人民对本土传统文化资源的热切渴求，另一方面也映照出全社会在传统文化教育方面的缺失。特别是面对伴随消费文化和眼球经济成长的"95"后大学生，他们或多或少地存在着缺失治学态度、懈怠孝悌行为、误读仁义精神、忘却家国情怀等问题。

因此，广东岭南职业技术学院从2007年起，将以传统文化教育为内核的博雅教育作为重要的办学特色，将国学教育同思想政治教育有机结合起来，尤其是全校自2010年起广泛开展的"国学经典早读"项目，对创新高职院校传统文化教育形式，推动高职学生对行为习惯的养成、人格修养的提升，以及社会主义核心价值观的践行都有着一定的示范作用。

## 一、项目概述

"国学经典早读"项目，即每天早上第一节课前师生共同进行15分钟的国学早读，共同研习古圣先贤的智慧，共同探讨生活与学习中的实际问题，将经典诵读化为行为修养，把学习变为行动。基于5年来的实施效果与反思，学校于2015年3月对项目进行了诸多改良和创新，使单一的早读转化成多维的育人成果：其一，将早读作为整体课程进行完整设计和管理，分单元、按不同的主题进行规范的教学设计；其二，早读采用以成果为导向的学习模式，注重学生参与的效果评价与反馈；其三，注重充分调动学生自主管理以及任课教师、学生工作者的全面参与；其四，在早读中着力营造明德崇礼、尊师重教的读书、分享的氛围；其五，注重以朗读的形式对经典名句的再创造，在早读中培养学生的分析综合能力、理解感受能力、审美鉴赏力；其六，重视早读模式的成果转化，形成了教材、教案、课题与微课等全方位、可复制、易推广的早读教学模式。（如图1所示）

图1 国学经典早读课堂

## 二、项目理念

中国优秀传统文化教育是高校德育工作的重要内容之一，也是思想政治教育不可或缺的部分。广东岭南职业技术学院基于高职学生文化积累薄弱的特点，从开展国学经典的早读入手，推动学生加强对优秀传统文化的学习。因此，"国学经典早读"作为广东岭南职业技术学院推广国学立德教育的重要项目，以切合学生实际的内容、多样化互动的形式、学生自主管理的模式、课程化教学的要求，将单一的自我诵读学习拓展为全方位能力的培养，帮助学生积累国学知识、养成诵读学习习惯、塑造良好人格修养。同时"国学经典早读"倡导师生共同研习先哲智慧，通过自己对国学经典的咏诵、老师的言传身教，以及朋辈之间的观点交流，启发学生对做人、做事、做学问的思考。

## 三、项目特色

"国学经典早读"从内容、主旨、主体、形式和要求上看，共有以下五大特点。

（一）专一的内容：国学经典为核心内容

国学经典早读的内容根据当代大学生的认知特点与社会主义核心价值观所倡导的理念，精选《论语》《中庸》《孟子》《道德经》《庄子》《荀子》《孙子兵法》等先秦百家之言及历代的名家名篇，同时围绕为学、孝悌、仁义、修身、诚信、处世、礼仪、家国八个主题篇章，配以选句的解析、主题相关的现实案例和思考题，使国学经典被"95"后大学生所理解和接受，并发挥其在现实社会实践中的指导作用。例如，以"贫而不谄，富而不骄"配合当今社会的炫富案例引发学生的思考辩论，同时配以慈善家的社会奉献行为，给予学生正面的人生观、价值观引导。

（二）融两大领域教育教学：思政教育与传统文化教育相贯通

国学经典早读在传统文化的教育中融入思想政治教育的理念和主旨，把传统文化学习的八大主题与社会主义核心价值观相贯通。例如，在为学篇章倡导治学敬业，在修身篇章倡导自由、平等和友善，在处事篇章倡导友善与民主，在礼仪篇章倡导文明，在家国篇章倡导爱国、富强与法制，等等，使学生在诵读古圣先贤的精辟文字的同时，结合当今社会的实践需求，明确学习优秀传统文化的现实意义。

（三）三大实施者：学生导读员、任课老师、辅导员三方合力

在早读组织工作中，学生导读员、任课老师、辅导员各司其职。将管理权交予学生，形成学生自主管理的模式，领读和组织工作均由班级学生导读员担任，并负责与任课老师共同准备早读教学方案，布置和协调早读实施环节，起着助教的作用；任课老师负责早读课程的教学环节，并能将教师个人的专业素养与国学智慧进行有机融合，引导学生在专业学习的同时，感受经典义化的博大精深并融会贯通；辅导员落实选拔与指导导读员开展工作、管理早读成绩，并将早读教学延伸至日常班级管理中，以主题班会、最佳党日等活动为载体，深入开展早读专题的实践环节。三方合力后，有效地解决了学生早读出现的松散、枯燥、教条等现实问题。

（四）分四重阶段：诵读—解析—研讨—演绎的递进式学习

在完成了一周一个主题篇章的诵读后，学生将在任课老师的指导下分周次逐步进行解析教学、研讨交流和成果演绎。这种有规律且生动多样的形式，避免了学生因单一诵读而产生的疲倦心理。同时，采用多种互动式学习，调动更

广泛的学生参与意见表达,不断激发学生对学习优秀传统文化的兴趣。

(五)全面参与:师生共同早读,提倡言传身教

国学经典项目的参与主体不仅仅是学生,所有任课老师及辅导员均参与其中(如图2所示)。此外,配合早读课的开展,项目还制定有标准化的早读课流程,对师生的行为举止进行规范,包括师生问候礼、诵读仪态等,通过个人行为践行优秀传统文化精神,更是通过师长言传身教的影响,以实现立德树人、专业融合所要达到的知行合一的境界。

图2 师生共同开展国学经典早读

## 四、项目实施

"国学经典早读"的实施由三个阶段构成,循序渐进,层层推进。从前期培养实施主体入手,在实施中形成早读教学的规范模式,同时,也将早读的内涵精神渗透到各项学生管理工作中。

(一)早读前期工作

**1. 导读员选拔**

每学期期末,由班级推选2~3名学生导读员,形成一支全面、得力的导读员团队。原则上每班导读员一学期更换一次,使更多有兴趣的学生参与早读管理,培养学生自主自治的能力。同时,定期召开导读员线下座谈和线上微信互动,形成导读员学习交流论坛,及时了解学生的早读动态和需求。

**2. 早读教学培训**

完成导读员选拔后,由学校博雅教育学院对全体导读员开展系列导读培训,内容涵盖传统礼仪、诵读技巧、读本知识解析、组织能力提升和团队建设

技巧等，对导读员在早读工作中的实际问题进行指导（如图3所示）。博雅教育学院还针对导读员定期开展特色传统文化学习营，以两天三夜体验式文化学习营来激发导读员对国学的热爱及其责任心、使命感。同时，博雅教育学院也对全体任课教师进行早读教学规范培训，以及期中各学院教师的教学示范展示与观摩，以达到每个专业都可以学国学的整体效果。

**图3　早读教学培训——导读员培训与论坛**

（二）早读实施过程

每一学期（共计16周）完成四个主题，一学年共完成八个主题的学习。每一主题按诵读周、解读周、研讨周、演绎周的步骤规范教学，做到教学时间一致性。诵读周，师生共同诵读经典名句名篇；解读周，采用名句解析、导入案例和启发思考等形式加深学习；研讨周，师生结合主题开展讨论或辩论，注重教师与学生的交流和分享；演绎周，由学生分组展示、演绎学习成果，并进行评价。学生可采用灵活的方式加以巩固和升华，如给父母写信、手工制作、班会研讨、编排情景剧等。

（三）早读评价与转化

**1. 日常早读考评**

国学经典早读项目的日常考评分为自评和他评两部分。他评由校学生自律委员会根据早读评分细则进行随机抽查，评分内容包括早读纪律、早读各环节实施效果等，力求全面展示各班早读情况。自评由任课老师在每月完成一个主题篇章教学后，根据每节课的教学情况对班级学习状况和自我教学状况填写自评表。最后，自律委员会将他评与教师自评的综合结果纳为班级早读的总体评价。

### 2. 学年末成果转化

为配合国学经典早读效果的呈现，学校于学年末举办"年度国学知识竞赛"与"早读优秀班级评比"等教学延伸项目。围绕早读内容开展生动有趣的国学知识挑战赛，根据专业特色鼓励师生共同构建学习成果的早读优秀班级评选，这些活动使国学教育的形式变得多种多样，教学成果也从多维度得以呈现，避免了全校不同专业学生只是单一地学习一样的国学知识的僵化形式。

## 五、项目支持

"国学经典早读"的有效实施主要依托于学校领导的高度重视、管理机制的完善，以及各部门的紧密合作。学生事务管理团队保障早读期间的班级管理，教学团队保障国学早读的标准化教学，研发团队保障项目的设计与教材的编写，最重要的是，全员博雅的理念保障了校园国学氛围的深度影响力。

### （一）学生事务管理团队

学生事务管理团队是班级管理、规范班级早读开展纪律的保障。在国学经典早读项目中，学院学生处（团委）全力保障导读员选拔培训和国学活动开展；全体辅导员直接参与早读课程的整体设计与学生早读效果的跟踪评定，并与班级建设、德育工作有机结合起来，让早读有落脚点；校自律委员会的学生干部定期跟踪早读日常考核工作，及时反馈效果。这样多层次的学生早读管理团队共同支撑早读实施的培训、教学管理、考核评价环节，使项目得以全面、有效、持续地开展。

### （二）二级学院教学团队

二级学院为早读项目的实施主体，所有任课教师都参与到国学早读的教学中，各学院教学团队积极参与国学教学研讨、培训、部署早读教学安排等相关工作，以保障各二级学院各专业的早读课教学。同时，任课教师在专业教学领域以恰当的方式进行传统文化的教育。例如，市场营销专业注重培养学生具备与专业相关的诚实守信的职业道德，结合"不信不立，不诚不行""人而无信，不知其可也""伯乐不可以欺马，君子不可以欺人"等名句的学习，使学生树立"以诚实守信为荣，以见利忘义为耻"的营销行业价值荣辱观。

### （三）博雅教育研发团队

广东岭南职业技术学院博雅教育学院作为全校博雅教育和国学教育的推广

部门，对早读项目进行全面策划、设计、教材编写、课程研发以及调研评价，并对传统文化不断深入学习研究，择其精华，适时而用，并打造各类国学教育项目，以形成一整套高职国学教育体系，相互支撑，逐步完善（如图4所示）。

图4　博雅教育学院进行传统文化课程研发

## 六、实施成效

### （一）学生道德修养水平明显提升

通过国学经典早读将为学、孝悌、仁义等八个主题贯穿于学生在校三年的学习，为学生的立德修身、文化素养建立了完整的教学体系。而早读流程中对师生行为礼仪规范也有明确的要求，从而使师生逐步形成良好的文明风貌，学生的整体道德水平明显提升，并能自觉践行社会主义核心价值观。例如，在课堂上，学生主动对教师行上课礼，而在课外，大多数师生也逐步养成了相互问候、文明礼让的良好习惯，实现了思想政治教育与传统文化教育倡导的知行合一的理念。

### （二）学生自学自治能力普遍增强

2015年3月以来，该项目共培养了三批学生骨干导读员，共432人。导读员均能担任班级早读期间的班级管理任务、班风学风建设任务、学生成绩评价任务等，大部分导读员能够独立完成早读课件制作，参与早读示范课录制，等等，形成了一支有力的学生自治管理学习型团队。

## （三）学校传统文化氛围日益浓厚

经过国学经典诵读的文化熏陶，广东岭南职业技术学院学生对传统文化学习的兴趣整体提升，与传统文化相关的校园活动参与度明显上升，形成了以国学知识竞赛、国学早读优秀班级评比、传统文化学习营、传统文化艺术节等为主体，师生喜闻乐见的国学系列文化活动，让国学在校园蔚然成风。

## （四）开口读书习惯逐步养成

经过早读课程的实施，学生基本形成朗读的习惯，对其汉语书写与表达能力的提升有着深远的影响。在朗读时，学生眼、耳、脑、口等多种器官相互作用，并站立大声诵读，便于集中注意力，提升了对语言文字的感悟和理解，体会到经典名篇的声韵美、节奏美。同时，增加新颖的早读分享形式，学生对所读内容进行思考后，再组织语言进行表达和交流，大大提升了学生的口头表达能力和语言组织能力。

# 七、项目成果

## （一）一套国学早读教材

该项目由课程研发小组编写了一套早读专用教材与配套的教师用书，在浩如烟海的典籍中选用了几乎是最精华、最符合社会主义核心价值观的内容，围绕为学、孝悌、仁义、修身、诚信、处世、礼仪、家国八个主题篇章，根据早读教学容量选编好每节课的内容，以诵读、解析、研讨和演绎不同的早读形式，结合极具现实意义的导析，制定了标准化的教学方法和教学步骤，使国学早读课程得以在不同专业同步开展。教材的编写把握住了优秀传统文化的内核，真正传播了传统文化中的精髓。

## （二）一个优秀传统文化新媒体平台

项目利用新媒体的影响力，将中华传统文化融入校园文化和媒体传播中，构建了博雅教育推广综合平台。将早读成果、网络教学资源、管理数据信息在博雅教育平台上进行传播，并及时有效地推送相关微信软文，把传统文化学习与新媒体有机结合起来。

## （三）一项省级科研课题

在项目建设的同期，早读课程作为"基于民办高职办学特色创新的博雅教育课程体系研究——以广东岭南职业技术学院为例"项目的主要组成部分，获得 2015 年度广东省教育研究院教育研究课题的立项。这使早读教学化管理和实施能够更科学、更系统地形成可复制的模式，以保障项目能在更广泛的层面推广和运用。

作者：卜佳锐、张丹、熊雨田等

单位：广东岭南职业技术学院

# 后　记

　　2015年，广东高校学生事务管理精品项目活动一如既往地得到了省内100多所高校的积极参与和鼎力支持。各高校立足于自身特点，着眼于实际情况，结合多年积累的工作经验，继承往年精品项目的精华并在此基础上力求创新，打造出了许多学生喜闻乐见的高校学生事务管理精品项目。

　　为充分发挥优秀精品项目的模范带头作用，引领各高校更好地打造以后的项目，广东省高等学校思想政治教育研究会学生工作专业委员会组织专家，在严格评审的基础上，充分借鉴往年精品项目的选材经验，精心挑选了40余项精品项目汇编入《广东高校学生事务管理精品项目》一书，涵盖服务学生成长成才、科技创新、素质教育、资助管理、心理辅导、团队教育等学生生活的多个方面，竭力为读者展示出各高校精品项目的先进理念和创新思维。

　　在此感谢各位编写人员为本书付梓所作出的辛勤努力，感谢广东各高校及其学生工作者的大力支持，感谢汇编过程中各位专家学者的专业指导。

　　由于水平和经验有限，本书不足与错漏之处在所难免，诚请各位领导、专家和广大读者批评指正。

编　者

2018年1月